AF557105

Enke

Arzneimittelrecht für Tierärzte

Praktische Antworten rund um Arzneimittelabgabe, Apothekenprüfung und Haftung

Jürgen Althaus

Unter Mitarbeit von Julia Laacks

Enke Verlag · Stuttgart

Anschriften
Jürgen **Althaus**
tiermedrecht Anwaltskanzlei Althaus
Feldstiege 100
48161 Münster
Deutschland

Julia **Laacks**
tiermedrecht Anwaltskanzlei Althaus
Feldstiege 100
48161 Münster
Deutschland

Bibliografische Information der Deutschen Nationalbibliothek
Die Deutsche Nationalbibliothek verzeichnet diese Publikation in der Deutschen Nationalbibliografie; detaillierte bibliografische Daten sind im Internet über http://dnb.d-nb.de abrufbar.

Ihre Meinung ist uns wichtig! Bitte schreiben Sie uns unter: www.thieme.de/service/feedback.html

Rüdigerstr. 14
70469 Stuttgart
Deutschland

www.enke.de

Printed in Germany

Umschlaggestaltung: Thieme Verlagsgruppe
Umschlaggrafik: Fotolia©psdesign1
Satz: L42 AG, Berlin
Druck: Westermann Druck Zwickau GmbH

DOI 10.1055/b-004-140 270

ISBN 978-3-13-240967-5 1 2 3 4 5 6

Auch erhältlich als E-Book:
eISBN (PDF) 978-3-13-240968-2
eISBN (epub) 978-3-13-240969-9

Wichtiger Hinweis: Wie jede Wissenschaft ist die Veterinärmedizin ständigen Entwicklungen unterworfen. Forschung und klinische Erfahrung erweitern unsere Erkenntnisse, insbesondere was Behandlung und medikamentöse Therapie anbelangt. Soweit in diesem Werk eine Dosierung oder eine Applikation erwähnt wird, darf der Leser zwar darauf vertrauen, dass Autoren, Herausgeber und Verlag große Sorgfalt darauf verwandt haben, dass diese Angabe **dem Wissensstand bei Fertigstellung des Werkes** entspricht.
Für Angaben über Dosierungsanweisungen und Applikationsformen kann vom Verlag jedoch keine Gewähr übernommen werden. **Jeder Benutzer ist angehalten**, durch sorgfältige Prüfung der Beipackzettel der verwendeten Präparate und gegebenenfalls nach Konsultation eines Spezialisten festzustellen, ob die dort gegebene Empfehlung für Dosierungen oder die Beachtung von Kontraindikationen gegenüber der Angabe in diesem Buch abweicht. Eine solche Prüfung ist besonders wichtig bei selten verwendeten Präparaten oder solchen, die neu auf den Markt gebracht worden sind. **Jede Dosierung oder Applikation erfolgt auf eigene Gefahr des Benutzers.** Autoren und Verlag appellieren an jeden Benutzer, ihm etwa auffallende Ungenauigkeiten dem Verlag mitzuteilen.
Vor der Anwendung bei Tieren, die der Lebensmittelgewinnung dienen, ist auf die in den einzelnen deutschsprachigen Ländern unterschiedlichen Zulassungen und Anwendungsbeschränkungen zu achten.

Vorwort

In den vergangenen Jahren wurde das Arzneimittelrecht für Tierärzte immer wieder verschärft. Das in die 16. AMG-Novelle eingeflossene Antibiotika-Minimierungskonzept hat auf Seiten der Tierärzteschaft zu vielen Fragen und Unsicherheiten geführt. Hinzu kommt, dass die Arzneimittelüberwachungsbehörden – politisch und gesetzgeberisch gewollt – vermehrt Kontrollen der tierärztlichen Hausapotheken und auch von Tierhaltungsbetrieben durchführen. Die Ergebnisse dieser Kontrollen sind in einigen Fällen harmlos und unspektakulär, haben in anderen Fällen jedoch weitreichende strafrechtliche und mitunter sogar approbationsrechtliche Konsequenzen. Der Verlauf und die Ergebnisse von Kontrollen wurden und werden zum Teil in Internet-Foren dargestellt und intensiv diskutiert, was bestehende Unsicherheiten auf Seiten der Tierärzte verschärft.

Diese Unsicherheiten haben sicherlich auch damit zu tun, dass die Überwachungsbehörden die bestehenden arzneimittelrechtlichen Regelungen (insbesondere AMG und TÄHAV) sehr eng oder gar fehlerhaft interpretieren. So ist festzustellen, dass zum Teil sogar die Veterinärbehörden angrenzender Landkreise voneinander abweichende Auffassungen vertreten, wenn es beispielsweise um die Frage geht, wie die Identität behandelter Nutztiere zu dokumentieren und wie der Erfolg einer Behandlung zu kontrollieren ist.

Ich bin im Rahmen der anwaltlichen Arbeit und im Rahmen von Vortragsveranstaltungen oftmals von Tierärzten mit arzneimittelrechtlichen Fragestellungen konfrontiert worden, die deutlich machten, dass ein erheblicher Informationsbedarf besteht. So bin ich mehrfach gebeten worden, Informationen in Form von Antworten auf die häufigsten arzneimittelrechtlichen Fragen einmal systematisch in einem Buch zusammenzustellen. So entstand die Idee zu dem vorliegenden Buch.

Das Buch soll Ihnen, verehrte Leserinnen und Leser, eine praktische Hilfestellung bieten, indem es die häufigsten arzneimittelrechtlichen und in Themenkomplexen zusammengefassten Fragen praxisrelevant und sprachlich möglichst „unjuristisch" beantwortet. Das Buch soll einen arzneimittelrechtlichen Bogen schlagen von den Voraussetzungen einer rechtmäßigen Arzneimittelabgabe und einer „ordnungsgemäßen Behandlung" über den Ablauf einer Apothekenkontrolle bis hin zur Darstellung strafrechtlicher und zivilrechtlicher Folgen. Ich bin mir bewusst, dass trotz der großen Anzahl der in diesem Buch beantworteten Fragen vielleicht immer noch darüber hinausgehende Fragen unbeantwortet bleiben. Die Beantwortung jeder denkbaren Frage aus dem Arzneimittelbereich hätte allerdings den Rahmen und auch das Ziel des Buchs gesprengt. Das Ziel des Buchs besteht darin, die häufigsten und praxisrelevantesten arzneimittelrechtlichen Fragen zu beleuchten und zu beantworten – und zwar aus anwaltlicher Sicht. So soll das Buch einerseits eine Informationsquelle, andererseits eine praktische Hilfestellung und in eventuellen Auseinandersetzungen mit Veterinärbehörden eine Argumentationshilfe liefern. Zu diesem Zweck ist das Buch mit optisch hervorgehobenen Merksätzen, Praxistipps und Fazits und vielen realen Beispielen aus der Praxis versehen.

Das Buch beschreibt die bis zur Drucklegung bestehende aktuelle Rechtslage. Der zu diesem Zeitpunkt vorliegende Entwurf der neuen Verordnung über tierärztliche Hausapotheken (TÄHAV) hat daher noch keinen Eingang in das Buch gefunden. Die Darstellung und Berücksichtigung der in diesem Entwurf vorgesehenen Änderungen (Erfordernis einer klinischen Untersuchung, Umwidmungsverbot für bestimmte Arzneimittel, partielle Antibiogrammpflicht, Dokumentations- und Nachweispflichten u. Ä.) wäre zum einen etwas spekulativ gewesen und hätte zum anderen einen zu großen Raum eingenommen. Sobald jedoch eine neue TÄHAV verabschiedet werden sollte, sollen deren Inhalte und deren Folgen jeder Erwerberin/jedem Erwerber dieses Buchs in Form eines Newsletters – gewissermaßen zur Ergänzung und Aktualisierung des Buchs – zur Verfügung gestellt werden.

Es ist mir bewusst, dass die Tierärzteschaft zunehmend weiblich ist. Ich habe dennoch aus Gründen der sprachlichen Vereinfachung in diesem Buch meist die Bezeichnung „der Tierarzt“ gewählt, welche ich jedoch als geschlechtsneutrale Berufsbezeichnung verstanden wissen möchte.

Abschließend bleibt mir zu hoffen, dass Sie, verehrte Leserinnen und Leser, Gefallen und einen praktischen Nutzen an dem Buch finden.

Zu guter Letzt möchte ich mich an dieser Stelle bei dem Lektorat und der Redaktion des Verlages für die uneingeschränkte Unterstützung bei der Realisierung dieses gemeinsamen Projekts bedanken.

Münster, im August 2017
Jürgen Althaus

Geleitwort

Für praktizierende Tierärztinnen und Tierärzte stellen die arzneimittelrechtlichen Bestimmungen eine zunehmend wachsende Herausforderung dar. Die Komplexität dieses Rechtsbereiches hat in den letzten Jahrzehnten so zugenommen, dass die Lesbarkeit der einzelnen arzneimittel-, betäubungsmittel- und lebensmittelrechtlichen Bestimmungen für den „Nicht-Juristen" erheblich eingeschränkt ist. Die Möglichkeiten, medizinisch gerechtfertigte und sinnvolle Therapieoptionen im jeweiligen Einzelfall umzusetzen, werden durch die bestehenden rechtlichen Vorschriften insbesondere im Bereich der Nutztiermedizin zum Teil erheblich eingeschränkt. Entscheidungen über die Behandlung der den Tierärzten anvertrauten Patienten sollen im Sinne des Tierschutzes in erster Linie auf der Basis medizinischen Denkens erfolgen. Sie dürfen nicht so weit eingeschränkt sein, dass sie allein durch die Einhaltung des vorgegebenen Rechtsrahmens bestimmt sind.

Das tierärztliche Dispensierrecht ist aus sehr gutem Grund im Arzneimittelrecht verankert; entsprechende Vorgaben zu Erwerb, Herstellung, Abgabe usw. finden sich in zahlreichen verschiedenen Gesetzesparagrafen und Verordnungen. Die Kenntnis der komplexen Verknüpfung dieser Rechtsbestimmungen ist für das Verständnis der jeweiligen Vorschriften unverzichtbar. In diesem Sinne ist es ein sehr sinnvolles Unterfangen, das Arzneimittelrecht von Juristen für die „rechtsunterworfenen Tierärztinnen und Tierärzte" zusammenzufassen.

Das vorliegende Buch leistet hier einen besonders wertvollen Beitrag, indem die speziellen Themenbereiche entsprechend dargestellt werden. Beispielhaft sei der Bereich der Arzneimittelabgabe erwähnt. Die auf der Basis der Rechtsvorschriften erfolgende Beantwortung konkreter Einzelfragen (z. B. Was versteht man unter Abgabe auf Vorrat?) führt den Leser sehr rasch zu für den Praxisalltag relevanten Antworten. Dabei wird nicht nur der entsprechende Rechtsrahmen umfassend dargestellt, sondern es werden auch zahlreiche praxisrelevante Beispiele gegeben.

Das vorliegende Buch wird Tierärztinnen und Tierärzte maßgeblich darin unterstützen, aus arzneimittelrechtlicher Sicht korrekt im Sinne der vorgegebenen Rechtsbestimmungen zu handeln. Es ist den Autoren in exzellenter Weise gelungen, die schwierige Rechtsmaterie sehr praxisgerecht aufzuarbeiten. Das Buch stellt somit für praktizierende Tierärzte eine sehr wertvolle Informationsquelle dar. Es wird auch für Studierende der Veterinärmedizin von großem Nutzen sein.

In der Hoffnung, dass wegen der sich recht häufig ändernden Rechtsvorschriften sehr regelmäßige und zeitnahe Aktualisierungen erfolgen, wünsche ich dem Buch eine weite Verbreitung in der Tierärzteschaft.

Prof. Dr. med. vet. Manfred Kietzmann
Institut für Pharmakologie, Toxikologie und Pharmazie, Stiftung Tierärztliche Hochschule Hannover

Inhaltsverzeichnis

Teil 3
Arzneimittelabgabe

Teil 4
Erwerb, Versand und Weitergabe von Arzneimitteln

Teil 5
Antibiotika

Teil 6

Wartezeit, Preisgestaltung und Fütterungsarzneimittel

Teil 7

Dokumentation/Belege

Teil 8

Apothekenführung

Teil 11

Strafverfahren/Ordnungswidrigkeitenverfahren

Teil 13
Haftungsrecht

Autorenvorstellung

Jürgen Althaus

1988–1993 Studium der Rechtswissenschaften an der Westfälischen Wilhelms-Universität, Münster
1993–1996 Referendariat am Landgericht in Münster
1996 Zulassung als Rechtsanwalt in Münster und Eintritt in die Kanzlei Mönig und Partner
seit 2000 Fachanwalt für Sozialrecht
ab 2002 Partner der Kanzlei Mönig und Partner
seit 2015 Lehrbeauftragter an der Tierärztlichen Hochschule Hannover
seit Mai 2017 Gründer und Inhaber der auf Tierärzte spezialisierten Anwaltskanzlei Althaus – tiermedrecht

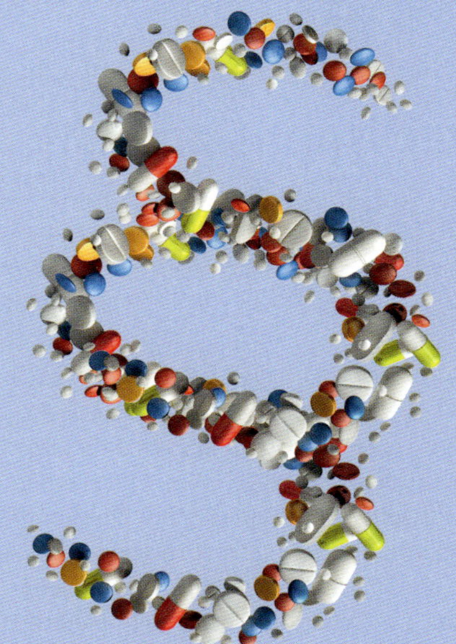

Fotolia©psdesign1

Teil 1 Arzneimittelrechtliche Grundlagen

1 Wo ist das tierärztliche Dispensierrecht geregelt und was bedeutet es?

Jürgen Althaus

Aus § 43 Abs. 1 Satz 1 AMG ergibt sich, dass Arzneimittel im Sinne des § 2 Abs. 1 AMG, die nicht gemäß § 44 AMG oder der nach § 45 Abs. 1 erlassenen Rechtsverordnung für den Verkehr außerhalb der Apotheken freigegeben sind (apothekenpflichtige Arzneimittel), grundsätzlich berufs- oder gewerbsmäßig für den Endverbraucher nur in Apotheken abgegeben werden dürfen.

Merke
Der Gesetzgeber hat den Apotheken für die Abgabe von apothekenpflichtigen Arzneimitteln an Endverbraucher ein Apothekenmonopol eingeräumt.

1.1 Begründung des Apothekenmonopols

Das Bundesverfassungsgericht hat sich bereits mehrfach mit der Verfassungsmäßigkeit des Apothekenmonopols beschäftigt und dieses im Ergebnis bejaht, so etwa in der Entscheidung vom 11.06.1958, Az. 1 BvR 596/56. In der zitierten Entscheidung geht das Bundesverfassungsgericht von einem „natürlichen Monopol" der Apotheken für die Abgabe von Arzneimitteln aus. Auch in späteren Entscheidungen (etwa vom 07.01.1959, Az. 1 BvR 100/97 oder vom 14.09.1994, Az. 1 AZR 761/93) bestätigt das Bundesverfassungsgericht das Apothekenmonopol und begründet dies u. a. damit, dass es notwendig sei, um eine sachverständige Beratung durch den Apotheker hinsichtlich der Auswahl des Arzneimittels und seiner Anwendung zu gewährleisten, einer Tablettensucht vorzubeugen, eine sachgerechte Prüfung der abzugebenden Arzneimittel zu ermöglichen und sicherzustellen und der Apotheke ihre Existenzgrundlage zu erhalten.

Das Bundesverfassungsgericht stellt klar, dass eine Apotheke kein Einzelhandel im Sinne des Wirtschaftslebens sei. Dem Einzelhandel fehle der individuelle therapeutische Zuschnitt, dem der Apotheker Rechnung zu tragen habe, sei es aufgrund der ärztlichen Verordnung, sei es aufgrund des rat- und hilfesuchenden Patienten bei der Selbstmedikation. Die Aufgabe einer von einem Apotheker persönlich und in eigener Verantwortung geführten Apotheke ist in der im öffentlichen Interesse gebotenen Sicherstellung einer ordnungsgemäßen Arzneimittelversorgung zu sehen (§ 1 Abs. 1 Apothekengesetz). Der Apotheker soll kraft seiner pharmazeutischen und pharmakologischen Ausbildung bei der Abgabe von Arzneimitteln an den Endverbraucher sicherstellen, dass die Arzneimittel den Verbraucher mit ordnungsgemäßer Qualität erreichen und ihm die Informationen gegeben werden, die er für eine zweckmäßige und sichere Anwendung des Arzneimittels benötigt.

In dem oben zitierten Urteil des Bundesverfassungsgerichts vom 13.02.1964 sieht das Gericht ein Arzneimittel als „eines der wichtigsten Hilfsmittel der ärztlichen Kunst, um Krankheiten zu erkennen, zu heilen und ihnen vorzubeugen, Schmerzen zu lindern und darüber hinaus allgemein die Gesundheit zu fördern."

Merke
Das in § 43 Abs. 1 Satz 1 AMG geregelte Apothekenmonopol ist Ausfluss folgender Forderungen:

- **Sicherheit des Arzneimittelverkehrs**
- **Qualität des Arzneimittels**
- **Beratung hinsichtlich Auswahl und Anwendung des Arzneimittels**

1.2
Ausnahme vom Apothekenmonopol: Das tierärztliche Dispensierrecht

Das oben beschriebene Apothekenmonopol erfährt insbesondere eine bedeutsame Ausnahme. Diese ist geregelt in §43 Abs. 4 AMG. Nach dieser Vorschrift dürfen Arzneimittel im Sinne des §2 AMG außerhalb von öffentlichen Apotheken im Rahmen des Betriebs einer tierärztlichen Hausapotheke durch Tierärzte abgegeben werden und vorrätig gehalten werden. Durch diese Vorschrift wird das tierärztliche Dispensierrecht als Ausnahme von §43 Abs. 1 AMG geregelt. **Dieses zugunsten der Tierärzte geregelte Dispensierrecht gilt allerdings nicht ausnahmslos, sondern eingeschränkt.** So dürfen apothekenpflichtige Arzneimittel durch die Ärzte ausschließlich „an Halter der von ihnen behandelten Tiere" abgegeben werden und auch nur zu diesem Zweck vorrätig gehalten werden.

1.2.1 Bedingungen des Dispensierrechts

Aus dem in §43 Abs. 4 AMG eingeräumten tierärztlichen Dispensierrecht ergeben sich folgende Konsequenzen:

- Die Abgabe von Arzneimitteln durch einen Tierarzt ist an den Betrieb einer tierärztlichen Hausapotheke gebunden.
- Die Abgabe von Arzneimitteln durch einen Tierarzt darf nur an Tierhalter erfolgen.
- Die Abgabe von Arzneimitteln durch einen Tierarzt darf nur an Halter erfolgen, deren Tiere der Tierarzt zuvor behandelt hat.
- Das Vorrätighalten von Arzneimitteln darf ausschließlich zum Zwecke der Abgabe an Tierhalter nach vorheriger Behandlung erfolgen.
- Die Abgabe und das Vorrätighalten von Arzneimitteln zu einem anderen als dem vorgenannten Zweck sind unzulässig.
- Der Erwerb und die Abgabe eines Arzneimittels an einen Dritten (z. B. Ehegatte, Tierarzt-Kollege und Ähnliches) sind unzulässig.
- Der Erwerb und die Anwendung eines Arzneimittels zum Zwecke der eigenen medikamentösen Therapie (Selbstmedikation) sind unzulässig.

Die vorstehenden Ausführungen mögen vielleicht geeignet sein, eine Vorstellung davon zu entwickeln, dass es sich bei dem tierärztlichen Dispensierrecht nicht um ein absolutes und unverrückbares Recht der Tierärzteschaft, sondern vielmehr um eine gesetzgeberisch eingeräumte – und somit auch jederzeit gesetzgeberisch abänderbare – Ausnahme von einem ansonsten bestehenden Apothekenmonopol handelt. Dies dürfte auch letztlich der Grund dafür sein, dass mittlerweile seit mehreren Jahren in der Tierärzteschaft besorgt die Diskussion um eine (teilweise) Abschaffung des Dispensierrechts verfolgt wird.

Fazit

Das tierärztliche Dispensierrecht stellt eine Ausnahme des ansonsten bestehenden Apothekenmonopols dar. Es gilt nur unter der Voraussetzung, dass Arzneimittel durch Tierärzte ausschließlich an Halter der von ihnen behandelten Tiere abgegeben und auch nur zu diesem Zweck vorrätig gehalten werden.

2 Wo sind die Voraussetzungen einer rechtmäßigen Abgabe/Verschreibung/ Anwendung von Arzneimitteln geregelt?

Jürgen Althaus

Die Abgabe, Verschreibung und die Anwendung von Arzneimitteln durch einen Tierarzt ist jeweils an sehr strenge Voraussetzungen gebunden. Diese Voraussetzungen sind geregelt in § 56a AMG. Bei dieser Vorschrift handelt es sich um eine der Kernvorschriften des Tierarzneimittelrechts. Sie ist von enormer praktischer Relevanz, weil sehr viele (wenn nicht gar die meisten) strafrechtlichen Ermittlungsverfahren auf dem Vorwurf basieren, ein Tierarzt habe gegen die Regelungen des § 56a AMG verstoßen.

Die Vorschrift des § 56a Abs. 1 AMG dient nach dem gesetzgeberischen Willen dem Ziel, die illegale Abgabe, Verschreibung und Anwendung von Arzneimitteln zu minimieren und bestenfalls auszuschließen, indem der Einsatz von Arzneimitteln bei Tieren auf den therapeutisch erforderlichen Umfang beschränkt werden soll. Arzneimittel dürfen daher nur in einer konkreten Behandlungssituation eingesetzt werden. Damit korrespondiert § 56a Abs. 1 AMG mit einer weiteren im Tierarzneimittelrecht relevanten Vorschrift des § 43 Abs. 4 AMG. Dort wiederum ist geregelt, dass Tierärzte Arzneimittel ausschließlich im Rahmen des Betriebs einer tierärztlichen Hausapotheke und des Weiteren ausschließlich an Halter der von „ihnen behandelten Tiere" abgeben und zu diesem Zweck vorrätig halten dürfen. Auch in dieser Vorschrift wird somit als wichtige Voraussetzung für eine Abgabe das Vorliegen einer konkreten Behandlungssituation genannt.

In den nachfolgenden Ausführungen sollen die in § 56a AMG normierten Voraussetzungen einer rechtmäßigen Abgabe/Verschreibung/Anwendung von Arzneimitteln detailliert dargestellt werden.

Fazit

Für die Abgabe, Verschreibung und Anwendung von Tierarzneimitteln ist eine konkrete Behandlungssituation notwendig. Die Voraussetzungen dafür sind geregelt in den §§ 56a und 43 AMG.

3 Welche Voraussetzungen sind an eine rechtmäßige Abgabe/Verschreibung/ Anwendung von Arzneimitteln zu stellen?

Jürgen Althaus

In der praktisch überaus relevanten Vorschrift des §56 a Abs. 1 Satz 1 AMG wird geregelt, dass ein Tierarzt für den Verkehr außerhalb der Apotheken nicht freigegebene Arzneimittel dem Tierhalter nur verschreiben oder an diesen nur abgeben darf, wenn

1. sie für die von ihm behandelten Tiere bestimmt sind,
2. sie zugelassen sind oder aufgrund besonderer Bestimmungen in Verkehr gebracht werden dürfen,
3. sie nach der Zulassung für das Anwendungsgebiet bei der behandelten Tierart bestimmt sind,
4. ihre Anwendung nach Anwendungsgebiet und Menge nach dem Stand der veterinärmedizinischen Wissenschaft gerechtfertigt ist, um das Behandlungsziel in dem betreffenden Fall zu erreichen,
5. die zur Anwendung bei Tieren, die der Gewinnung von Lebensmitteln dienen,
   a) vorbehaltlich des Buchstaben b, verschriebene oder abgegebene Menge verschreibungspflichtiger Arzneimittel zur Anwendung innerhalb der auf die Abgabe folgenden 31 Tage bestimmt ist, oder
   b) verschriebene oder abgegebene Menge von Arzneimitteln, die antimikrobiell wirksame Stoffe enthalten und nach den Zulassungsbedingungen nicht ausschließlich zur lokalen Anwendung vorgesehen sind, zur Anwendung innerhalb der auf die Abgabe folgenden 7 Tage bestimmt ist,

sofern die Zulassungsbedingungen nicht eine längere Anwendungsdauer vorsehen.

Zunächst kann festgehalten werden, dass sich die Vorschrift nach ihrem Wortlaut ausschließlich an Tierärzte („Der Tierarzt darf ...“) richtet. Des Weiteren regelt sie, unter welchen Voraussetzungen ein Tierarzt Arzneimittel anwenden, dem Tierhalter verschreiben oder an diesen abgeben darf. Die in der Vorschrift genannten Reglementierungen beziehen sich nicht auf jegliche Arzneimittel, sondern ausdrücklich auf apothekenpflichtige und verschreibungspflichtige Arzneimittel („... für den Verkehr außerhalb der Apotheken nicht freigegebene Arzneimittel ...“). Hier ist zu berücksichtigen, dass verschreibungspflichtige Arzneimittel gleichzeitig immer auch apothekenpflichtig sind. Dies ergibt sich aus der grundsätzlichen, in §43 Abs. 1 Satz 1 geregelten Apothekenpflicht von Arzneimitteln, somit auch für verschreibungspflichtige Arzneimittel. Des Weiteren gelten für verschreibungspflichtige Arzneimittel die Ausnahmen von der Apothekenpflicht (§44 AMG) nicht.

Ausschließlich freiverkäufliche Arzneimittel sind von den Regelungen des §56 a Abs. 1 Satz 1 AMG ausgenommen.

Des Weiteren ist es für das Verständnis der Regelung des §56 a Abs. 1 Satz 1 AMG bedeutsam zu wissen, dass die in den Nrn. 1 bis 5 geregelten Voraussetzungen kumulativ (vgl. „und“ in Nr. 4) vorliegen müssen.

! Merke
Bei Nichtvorliegen einer der genannten Tatbestandsvoraussetzungen sind die gesamten Voraussetzungen des §56 a Abs. 1 Satz 1 AMG nicht gegeben, sodass von einer rechtswidrigen Anwendung, Verschreibung oder Abgabe ausgegangen werden kann.

3.1
Behandelte Tiere

Arzneimittel müssen für die von dem Tierarzt behandelten Tiere bestimmt sein. Dadurch wird deutlich, dass Arzneimittel nur in einer konkreten Behandlungssituation eingesetzt werden dürfen. In praktischer Sicht ist dieses Tatbestandsmerkmal von sehr großer Bedeutung. Im Zusammenhang mit einer „Behandlung" ergibt sich eine Vielzahl von Fragen, wie etwa: Was versteht man unter einer „Behandlung"? Wie muss eine Behandlung erfolgen? Was ist ein „angemessener Umfang"? Welche Besonderheiten gelten bei der Behandlung von Tierbeständen? u. Ä. Die mit dem Behandlungsbegriff zusammenhängenden Einzelfragen werden in Frage 5 (S. 30) ausführlich beantwortet.

3.2
Verkehrsfähigkeit

Von dem Tierarzt anzuwendende, zu verschreibende oder abzugebende Arzneimittel müssen zugelassen sein. Die Zulassung ist in § 25 Abs. 1 Satz 1 AMG geregelt.

Eine Ausnahme gilt für Rezepturarzneimittel, die in einer tierärztlichen Hausapotheke oder einer öffentlichen Apotheke hergestellt werden. Diese bedürfen gemäß § 21 Abs. 2 AMG keiner Zulassung. Eine Ausnahme gilt ferner für Arzneimittel, die in einer Verordnung nach § 36 AMG aufgeführt sind, weil sie insofern von einer Einzelzulassung freigestellt sind. Schließlich bedürfen auch homöopathische Arzneimittel, die von der Möglichkeit der Registrierung nach §§ 38, 39 AMG Gebrauch gemacht haben, keiner Zulassung und können verschrieben und abgegeben werden.

3.3
Zulassung für das Anwendungsgebiet

In Nr. 3 ist das sog. „Primat der Zulassung" geregelt. Danach darf der Tierarzt dem Tierhalter ein Arzneimittel nur für das Anwendungsgebiet verschreiben oder an ihn abgeben, für das es eine Zulassung besitzt. Grundsätzlich sollen Arzneimittel angewendet werden, die für die zu behandelnde Tierart und das Anwendungsgebiet zugelassen sind. Das zugelassene Anwendungsgebiet kann der Packungsbeilage und der Fachinformation entnommen werden (§ 11 Abs. 1 AMG). Die von dem Tierarzt zu verschreibenden oder abzugebenden Arzneimittel müssen ferner zur Anwendung bei der zu behandelnden Tierart zugelassen sein.

3.4
Behandlungsziel

Die Anwendung des Arzneimittels muss nach Anwendungsgebiet und Menge nach dem Stand der veterinärmedizinischen Wissenschaft gerechtfertigt sein, um das Behandlungsziel in dem betreffenden Fall zu erreichen. Das Erreichen eines Behandlungsziels setzt notwendigerweise zunächst voraus, dass sich das betreffende Tier/der betreffende Tierbestand überhaupt in der Behandlung des Tierarztes befindet. Des Weiteren setzt das Erreichen eines Behandlungsziels voraus, dass eine Zielsetzung erfolgt. Hier kommt zum Tragen, dass der Tierarzt eine Diagnose stellen und eine Therapieentscheidung treffen muss. Richtigerweise muss die Therapieentscheidung auf der Diagnosestellung basieren. Von Bedeutung sind dabei die Regeln der veterinärmedizinischen Wissenschaft.

In Nr. 4 wird allerdings nicht nur die „Erforderlichkeit nach Anwendungsgebiet" geregelt, sondern auch die „Erforderlichkeit nach Menge". Die Menge des Arzneimittels muss gerechtfertigt sein, um das Behandlungsziel in dem betreffenden Fall zu erreichen. Es erfolgt somit auch eine Einschränkung hinsichtlich der Dosierung und der Dauer der Anwendung.

3.5 Lebensmittelliefernde Tiere

In Nr. 5 wird die Abgabemenge bei verschreibungspflichtigen Arzneimitteln für lebensmittelliefernde Tiere festgelegt. Die Festlegung erfolgt zweigeteilt, nämlich in Buchstabe a (vorbehaltlich des Buchstaben b) auf eine Menge, die zur Anwendung innerhalb der auf die Abgabe folgenden 31 Tage bestimmt ist und in Buchstabe b bei systemisch wirkenden Antibiotika auf eine Menge, die zur Anwendung innerhalb der auf die Abgabe folgenden 7 Tage bestimmt ist. Für beide Einschränkungen gilt, dass Zulassungsbedingungen eine längere Anwendungsdauer vorsehen können. In der Regelung der Ziffer 5 wird somit die „31-Tage-Regel“ bzw. die „7-Tage-Regel“ normiert. Die genauen Inhalte und Konsequenzen der vorstehend nur kurz beschriebenen Mengenbegrenzungen sind in Frage 12 (S. 48) näher beschrieben.

An dieser Stelle taucht erstmals die Begrifflichkeit „lebensmittelliefernde Tiere“ in diesem Buch auf. Das Arzneimittelrecht unterscheidet die Anwendung von Arzneimitteln bei Tieren im Allgemeinen und den besonderen Fall der Arzneimittelanwendung bei lebensmittelliefernden Tieren. Zu den lebensmittelliefernden Tieren gehören die Tierarten, die in Deutschland üblicherweise zur Gewinnung von Lebensmitteln gehalten werden. Dies sind bei den Säugetieren Rinder, Schweine, Schafe, Ziegen, Pferde, Esel, Maultiere und Kaninchen und beim Geflügel Hühner, Enten, Puten, Gänse, Tauben, Wachteln und Strauße, außerdem Nutzfische und Wildtiere in Gehegen. Bei diesen Tierarten ist es unerheblich, zu welchem Zweck sie von ihrem Besitzer gehalten werden. Auch Reitpferde, Rassegeflügel, Ziegen oder Schafe gelten als lebensmittelliefernde Tiere. Die Einordnung eines Tieres ist unter Umständen nicht ganz einfach. So kann ein Kaninchen in einem Fall ein lebensmittellieferndes Tier sein und in einem anderen Fall nicht.

Sofern ein Kleintierpraktiker im Rahmen seiner tierärztlichen Tätigkeit ein Kaninchen behandelt, ist es durchaus denkbar, dass dieses als lebensmittellieferndes Tier anzusehen ist, mit der Folge, dass dann die diesbezüglichen im Buch dargestellten Einschränkungen (z. B. besondere Anforderungen an die Dokumentation gemäß § 13 TÄHAV u. Ä.) Geltung erhalten.

Fazit

Einer der wichtigsten Voraussetzungen für eine rechtmäßige Abgabe/Verschreibung oder Anwendung von Arzneimitteln stellt eine vorangegangene Behandlung durch den Tierarzt dar.

4 Was versteht man unter einem Therapienotstand?

Jürgen Althaus

4.1 Rechtliche Grundlagen

Für die Anwendung durch den Tierarzt sowie die Abgabe und die Verschreibung von apothekenpflichtigen Arzneimitteln an einen Tierhalter gelten sehr enge Voraussetzungen. Gemäß dem Regeltatbestand des § 56a Abs. 1 AMG

- muss das Arzneimittel zunächst für die von dem Tierarzt selbst behandelten Tiere bestimmt sein,
- muss das Arzneimittel für die jeweilige Tierart und für das vorgesehene Anwendungsgebiet zugelassen sein (gemäß § 56a Abs. 1 Nr. 1 AMG) und
- muss das Arzneimittel nach dem Anwendungsgebiet und der Menge nach dem Stand der veterinärmedizinischen Wissenschaft gerechtfertigt sein, um das Behandlungsziel zu erreichen (§ 56 a Abs. 1 Nr. 4 AMG).

Die Vorschrift des § 56 a Abs. 1 AMG führt ausdrücklich lediglich die Verschreibung und die Abgabe an einen Tierhalter („Der Tierarzt darf für den Verkehr außerhalb der Apotheken nicht freigegebene Arzneimittel dem Tierhalter ... nur verschreiben oder an diesen nur abgeben, wenn ...") aus. Die gesetzliche Regelung gilt allerdings nicht nur für die Verschreibung und die Abgabe an einen Tierhalter, sondern auch für die Anwendung eines Arzneimittels durch den Tierarzt selbst (vgl. dazu Kommentierung in Zrenner/Paintner/Saalfrank/Wesser zu § 56 a AMG; Kommentierung in Kloesel/Zyran zu § 56 a zu Abs. 1). Somit wird durch § 56 a AMG die tierärztliche Verschreibung sowie die Abgabe und Anwendung von Arzneimitteln durch den Tierarzt an gesetzliche Regeln gebunden.

Der maßgebliche Ansatzpunkt ist die Forderung, dass Arzneimittel nur in einer konkreten Behandlungssituation eingesetzt werden. Des Weiteren sollen die Auswahl des anzuwendenden Arzneimittels innerhalb eines bestimmten Anwendungsgebietes und die Entscheidung über die einzusetzende Menge nach dem Stand der veterinärmedizinischen Wissenschaft gerechtfertigt sein.

4.2 Therapienotstand/Umwidmung

Probleme tauchen in der Praxis häufig dann auf, wenn für die Behandlung kein zugelassenes bzw. für das konkrete Anwendungsgebiet vorgesehenes Arzneimittel zur Verfügung steht und die notwendige arzneiliche Versorgung der Tiere ernstlich gefährdet ist. Tritt dieser Fall ein, so liegt ein **sogenannter Therapienotstand** vor (§ 56 a Abs. 2 AMG). Das Gesetz erlaubt hier im Einzelfall unter Beachtung gesetzlich festgelegter Sicherheitsmaßregeln eine Abweichung von den oben skizzierten Regelungen des § 56 a Abs. 1 AMG, wenn eine Gefährdung für die Gesundheit von Menschen und Tier nicht zu befürchten ist.

Das Gesetz sieht in § 56 a Abs. 2 AMG für den Fall eines Therapienotstandes eine abgestufte „Kaskaden-Regelung" („Umwidmungskaskade") vor. Danach darf ein Tierarzt im Falle der vorerwähnten Voraussetzungen eines Therapienotstandes bei Einzeltieren oder Tieren eines bestimmten Bestandes Arzneimittel nach folgendem Schema verschreiben, anwenden oder abgeben:

1. Stufe der Kaskade: § 56 a Abs. 2 Nr. 1 AMG
Soweit für die Behandlung ein zugelassenes Arzneimittel für die betreffende Tierart und das betreffende Anwendungsgebiet nicht zur Verfügung steht, ist ein Arzneimittel mit der Zulassung für die betreffende Tierart und ein **anderes** Anwendungsgebiet zu verwenden.

2. Stufe der Kaskade: § 56 a Abs. 2 Nr. 2 AMG
Soweit ein nach Nr. 1 geeignetes Arzneimittel für die betreffende Tierart nicht zur Verfügung steht, muss ein für eine **andere Tierart** zugelassenes Arzneimittel gewählt werden.

3. Stufe der Kaskade: § 56 a Abs. 2 Nr. 3 AMG
Soweit ein nach Nr. 2 geeignetes Arzneimittel nicht zur Verfügung steht, ist ein zur Anwendung **beim Menschen** zugelassenes Arzneimittel oder ein in einem Mitgliedstaat der Europäischen Union oder einem anderen Vertragsstaat des Abkommens über den Europäischen Wirtschaftraum zur Anwendung bei Tieren (im Falle der Anwendung bei lebensmittelliefernden Tieren für lebensmittelliefernde Tiere) zugelassenes Arzneimittel zu nutzen.

4. Stufe der Kaskade: § 56 a Abs. 2 Nr. 4 AMG
Soweit ein nach Nr. 3 geeignetes Arzneimittel nicht zur Verfügung steht, ist ein in einer Apotheke oder durch den Tierarzt nach § 13 Abs. 2 Satz 1 Nr. 3 d hergestelltes Arzneimittel anzuwenden.

4.2.1 Erläuterungen zur Umwidmung

Wenn also im Falle eines Therapienotstandes beispielsweise ein Arzneimittel mit der Zulassung für die betreffende Tierart und ein anderes Anwendungsgebiet (siehe 1. Stufe der Kaskade) zur Verfügung steht, so darf der Tierarzt nicht ein für eine andere Tierart zugelassenes Arzneimittel (2. Stufe der Kaskade) oder ein zugelassenes Humanarzneimittel (3. Stufe der Kaskade) verschreiben, anwenden oder abgeben.

Merke
Die vorbeschriebene Kaskadenregelung ist zwingend einzuhalten.

Die Feststellung des Vorliegens eines Therapienotstandes muss von dem behandelnden Tierarzt für jeden Einzelfall **auf Basis objektivierbarer Untersuchungsbefunde** (bei Antibiotika z. B. auf der Grundlage eines Antibiogramms) erfolgen. Hier gilt es zu beachten, dass ein Therapienotstand nicht bereits dann vorliegt, wenn ein zugelassenes Arzneimittel für eine bestimmte Tierart nicht vorliegt. Vielmehr muss die notwendige arzneiliche Versorgung der Tiere **„ansonsten ernstlich gefährdet“** sein. Daraus folgt, dass eine „ernstliche Gefährdung“ nicht bereits bei leichten Erkrankungen vorliegt, sondern erst dann, wenn **die Erkrankung einen gewissen Schweregrad** aufweist und eine arzneiliche Alternative nicht vorhanden ist.

Es kann davon ausgegangen werden, dass bei weniger häufig auftretenden Anwendungsgebieten sowie den sogenannten „Minor Species“ (dazu sind alle Tierarten zu zählen, die nicht zu den Hunden, Katzen, Pferden, Rindern, Schafen, Milchkühen, Schweinen und Hühnern gehören) der Therapienotstand häufiger gegeben ist, da wegen ihrer geringeren wirtschaftlichen Bedeutung weniger Arzneimittel zugelassen sind.

Beispiel
In der Kleintierpraxis kommt eine Umwidmung nach der dargestellten Kaskadenregelung häufig bei Augenpräparaten in Betracht. Hier liegen häufig bei bestimmten Augenerkrankungen keine oder nicht ausreichend wirksame Arzneimittel vor, die für Tiere zugelassen sind. In dieser Situation wird dann häufig im Einzelfall auf ein Arzneimittel zurückgegriffen, das für Menschen zugelassen ist (vgl. Stufe 3 der Kaskadenregelung).

Umwidmung aufgrund besserer Wirksamkeit

Im Rahmen von Apothekenkontrollen kommt es häufig zu Diskussionen zwischen Amtstierärzten und dem verantwortlichen Tierarzt für den Betrieb der tierärztlichen Hausapotheke über die Anwendbarkeit eines „Therapienotstandes“ in bestimmten Einzelfällen, beispielsweise wenn der Tierarzt bei einem Hund ein für Schafe zugelassenes Arzneimittel mit der Begründung eingesetzt hat, dass dieses wirksamer sei als das für Hunde zugelassene Präparat. Hier wird man dann im Einzelfall zu überprüfen haben, ob die Voraussetzungen des Therapienotstandes („arzneiliche Versorgung der Tiere ansonsten ernstlich gefährdet“) vorliegen.

Umwidmung aufgrund anderer Darreichungsform

Ähnliche Diskussionen werden auch geführt, wenn ein zugelassenes Präparat für ein bestimmtes Anwendungsgebiet zwar vorliegt, der Tierarzt allerdings auf ein für ein anderes Anwendungsgebiet zugelassenes Arzneimittel zurückgreift, um dieses in einer anderen Darreichungsform verabreichen zu können. Oftmals wird ein Therapienotstand bei einer anderen Applikationsart bzw. einer anderen Darreichungsform verneint.

Umwidmung aus Kostengründen

Ein häufiger Fall ist die Verabreichung eines Humanpräparates, obwohl ein für die Tierart und das Anwendungsgebiet zugelassenes Tierarzneimittel zur Verfügung steht. Dies wird dann häufig damit begründet, dass das Humanpräparat sehr viel preisgünstiger ist, als das Tierarzneimittel. Derartige Kostenerwägungen stellen kein geeignetes Kriterium für die Annahme eines Therapienotstandes dar. In derartigen Fällen ist somit auf das (unter Umständen teurere) Tierarzneimittel zurückzugreifen.

4.2.2 Besonderheiten bei lebensmittelliefernden Tieren

Bei Tieren, die der Gewinnung von Lebensmitteln dienen, gelten hinsichtlich der Kaskadenregelung einige Unterschiede. Diese finden sich ab der 2. Stufe dergestalt, dass nicht nur die Zulassung für eine andere Tierart, sondern darüber hinaus auch der Wirkstoff beachtet werden muss. Das Arzneimittel darf nur pharmakologisch wirksame Stoffe enthalten, die in der Tabelle 1 des Anhangs der Verordnung (EU) Nr. 37/2010 aufgeführt sind (§ 56 a Abs. 2 Satz 2 AMG). In der vorgenannten Tabelle 1 des Anhangs der Verordnung (EU) Nr. 37/2010 werden die zulässigen Stoffe, ihre Einstufung und zum Teil deren Rückstandshöchstmengen genannt. Der Vollständigkeit halber sei an dieser Stelle die Tabelle 2 erwähnt. Hier sind pharmakologisch wirksame Stoffe aufgeführt, für die ein absolutes Anwendungsverbot besteht.

Beispiel

Dies gilt beispielsweise für den Stoff Metronidazol. Es sind Fälle bekannt, in denen Putenbestände von der anderweitig nicht behandelbaren Schwarzkopfkrankheit befallen waren und die auf rechtswidrige Weise mit dem verbotenen Stoff Metronidazol behandelt wurden.

Eine weitere Besonderheit bei lebensmittelliefernden Tieren besteht darin, dass gemäß § 56 a Abs. 2 Satz 2 AMG umgewidmete Arzneimittel **nur durch den Tierarzt angewendet oder unter seiner Aufsicht verabreicht werden dürfen.** Im Rahmen der 11. AMG-Novelle wurde ein Abgabeverbot umgewidmeter Arzneimittel bei lebensmittelliefernden Tieren in das Gesetz aufgenommen. Dies hat allerdings zu einer Erschwerung der medikamentösen Versorgung der Tiere geführt. Aus diesem Grunde hat der Gesetzgeber das strikte Abgabeverbot wieder aufgehoben und durch das aktuelle Gesetz eine Verabreichung durch den Tierhalter unter tierärztlicher Aufsicht ermöglicht. Unter den Begriffen „unter tierärztlicher Aufsicht" ist allerdings nicht zu verstehen, dass der Tierarzt bei der Anwendung durch den Tierhalter persönlich anwesend sein muss (vgl. dazu: Kommentierung in Zrenner/Paintner/Saalfrank/Wesser zu § 56 a, Seite 220). Danach reicht es aus, wenn der Tierarzt seiner besonderen Verantwortung dadurch gerecht wird, dass er eine konkrete Behandlungsanweisung an den Tierhalter erteilt und sowohl die Arzneimittelanwendung als auch den Behandlungserfolg kontrolliert.

Wartezeit bei Umwidmung eines Arzneimittels

Gemäß § 12 a Tierärztliche Hausapothekenverordnung (TÄHAV) hat der Tierarzt den Tierhalter im Falle der Abgabe oder der Anwendung eines Arzneimittels bei lebensmittelliefernden Tieren auf die Einhaltung der Wartezeit hinzuweisen. Bei einer Umwidmung eines Arzneimittels sind jedoch grundsätzlich keine Wartezeiten für die entsprechende lebensmittelliefernde Tierart festgelegt. In diesem Fall gelten daher die in § 12 a Abs. 2 TÄHAV festgelegten Mindestwartezeiten wie folgt:

- bei Eiern: 7 Tage
- bei Milch: 7 Tage

- bei essbarem Gewebe von Geflügel und Säugetieren: 28 Tage
- bei essbarem Gewebe von Fischen: die Anzahl der Tage, die sich aus der Division von 500 durch die mittlere Wassertemperatur in Grad Celsius ergibt
- bei essbarem Gewebe von Einhufern, die der Gewinnung von Lebensmitteln dienen und bei denen Arzneimittel gemäß § 56 a Abs. 2 a AMG angewendet wurden: 6 Monate

4.2.3 Sonderfall Equiden

Abweichend von der oben dargestellten Regelung des § 56 a Abs. 2 Satz 2 AMG dürfen Arzneimittel für Einhufer, die der Gewinnung von Lebensmitteln dienen und für die nichts anderes in Abschnitt IX Teil II des Equidenpasses festgelegt ist, auch verschrieben, abgegeben oder angewendet werden, wenn diese Arzneimittel Stoffe enthalten, die in der Verordnung (EU) Nr. 1950/2006 (sogenannte „Positivliste") enthalten sind. Dabei gilt aber weiterhin, dass Arzneimittel, die nicht für Equiden zugelassen sind, nur bei Vorliegen eines oben beschriebenen „Therapienotstandes" eingesetzt werden dürfen.

Praxistipp
Der Einsichtnahme in den Equidenpass und der Überprüfung der Deklaration eines Pferdes als „Schlachttier" oder „Nicht-Schlachttier" kommt eine besondere praktische Bedeutung zu.

Bei Pferden, die nicht geschlachtet werden sollen, ist die Umwidmungskaskade wie für andere nicht lebensmittelliefernde Tiere anzuwenden. Es können daher im Therapienotstand alle erforderlichen Arzneimittel angewendet werden.

Bei Pferden, die zur Schlachtung bestimmt sind, dürfen im Therapienotstand – wie bei allen anderen lebensmittelliefernden Tieren – Arzneimittel mit Wirkstoffen aus Tabelle 1 des Anhangs der Verordnung (EU) Nr. 37/2010 umgewidmet werden. In diesen Fällen gelten die oben genannten und in § 12 a TÄHAV niedergelegten Mindestwartezeiten.

4.2.4 Folgen der Umwidmung

Im Falle einer Umwidmung trägt der Tierarzt die Verantwortung für eventuell aus der Umwidmung resultierende Schäden bei Patienten, Anwendern oder Verbrauchern von Lebensmitteln, die von den behandelten Tieren gewonnen wurden. Im Falle einer Umwidmung kann die Produkthaftung des pharmazeutischen Unternehmers entfallen.

Die Voraussetzungen für einen Therapienotstand und für eine daraus resultierende Umwidmung sind gesetzlich strikt definiert. Es ist daher erforderlich, dass sich ein betroffener Tierarzt intensiv mit den genannten Voraussetzungen, insbesondere mit den sich unter Umständen ändernden Wirkstofftabellen auseinandersetzt, um sich im Falle eines Therapienotstandes rechtstreu verhalten zu können. Die anwaltliche Praxis zeigt, dass die Frage nach dem Vorliegen eines Therapienotstandes und somit nach dem Vorliegen der Voraussetzungen für eine Umwidmung zum Teil Beurteilungsspielräume, gerade hinsichtlich der Gefährdung der arzneilichen Versorgung der Tiere, der Wirksamkeit oder der Darreichungsform eröffnet. Hier gibt es zum Teil unterschiedliche Auffassungen der Veterinärbehörden, die sich gerade im Falle einer Kontrolle der tierärztlichen Hausapotheke in Form unterschiedlicher Ergebnisse niederschlagen können.

4.3 Zusammenfassung

- Die erste Wahl muss immer auf ein Medikament fallen, welches für die jeweilige Krankheit des zu behandelnden Tieres bei genau dieser Tierart zugelassen ist.
- Voraussetzungen für einen Therapienotstand sind:
  - Es existiert kein für die Tierart und das Anwendungsgebiet zugelassenes Tierarzneimittel UND
  - die Gesundheit des Tieres ist ernstlich gefährdet UND
  - durch die Anwendung des umgewidmeten Arzneimittels ist keine Gefährdung von Mensch und Tier zu befürchten.

- Andere Gründe für die Umwidmung sind i. d. R. schwierig zu argumentieren:
  - Umwidmung aufgrund von Kostengründen ist nicht rechtens.
  - Umwidmung aufgrund besserer Wirksamkeit ist schwierig (bessere Wirksamkeit muss belegbar sein).
  - Umwidmung aufgrund anderer Darreichungsformen ist nur in Einzelfällen rechtens.
- Die Reihenfolge der Kaskadenregelung ist zwingend einzuhalten.
- Besonderheiten bei lebensmittelliefernden Tieren:
  - Rd./ Schw./Geflügel/Fische: Alle im Arzneimittel enthaltenen Wirkstoffe müssen in Tabelle 1 des Anhangs der Verordnung (EU) Nr. 37/ 2010 aufgeführt sein. Mindestwartezeiten: nach § 12 a Abs. 2 TÄHAV
  - Equiden: Alle im Arzneimittel enthaltenen Wirkstoffe müssen in Tabelle 1 des Anhangs der Verordnung (EU) Nr. 37/2010 aufgeführt sein oder in der Verordnung (EU) Nr. 1950/ 2006 (sogenannte „Positivliste“) enthalten ein. Wartezeit: 6 Monate
- Bei Umwidmung trägt der Tierarzt die Verantwortung für ggf. resultierende Schäden(Arzneimittelreaktionen beim Tier, Rückstände im Lebensmitteln, etc.).

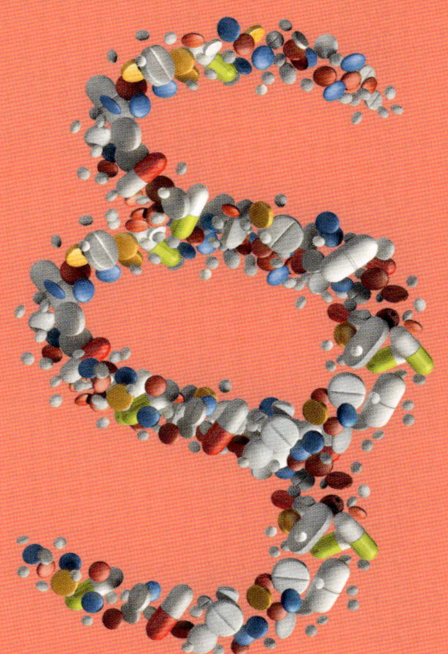

Fotolia©psdesign1

Teil 2
Untersuchung und Behandlung

5 Was versteht man unter einer „Behandlung" im Sinne von § 56 a AMG?

Jürgen Althaus

Im Eingangskapitel dieses Buches ist beschrieben worden, dass die Tierärzteschaft im Bereich der Mediziner eine Sonderstellung einnimmt, da ihr das tierärztliche Dispensierrecht eingeräumt wird. Dieses Dispensierrecht gilt allerdings nicht ausnahmslos, sondern eingeschränkt. So dürfen apothekenpflichtige Arzneimittel durch Tierärzte ausschließlich „an Halter der von ihnen behandelten Tiere" abgegeben und auch nur zu diesem Zweck vorrätig gehalten werden. Dies findet sich in der insoweit maßgebenden Vorschrift des § 43 Abs. 4 AMG.

In Frage 3 (S. 21) sind die Kernvorschrift des § 56 a Abs. 1 AMG und die dort geregelten Voraussetzungen für eine rechtmäßige Verschreibung, Anwendung und Abgabe von Arzneimitteln durch Tierärzte beschrieben worden. Danach darf ein Tierarzt ein apothekenpflichtiges Arzneimittel nur anwenden oder dem Tierhalter nur verschreiben oder an diesen nur abgeben, wenn es „für die von ihm behandelten Tiere bestimmt" ist (§ 56 a Abs. 1 Satz 1 Nr. 1 AMG).

5.1 Behandlung = Arzneimittel-Anwendung?

Dieser Begriff der „Behandlung" führt in der Praxis häufig zu Verunsicherungen. Landläufig wird unter einer „Behandlung" eine – meist – medikamentöse Therapie verstanden. Dies kann allerdings nicht mit dem in der Gesetzesvorschrift genannten Begriff der „Behandlung" gemeint sein, da eine solche gerade Voraussetzung für eine Anwendung, Verschreibung und Abgabe eines Arzneimittels ist.

Was also ist mit dem Begriff der „Behandlung" gemeint? Die Vorschrift des § 56 a Abs. 1 AMG liefert dazu keine Kriterien und insbesondere keine gesetzliche Definition.

§ Urteil

Nach der Entscheidung des Oberlandesgerichts Koblenz vom 05.11.1974 (zitiert in DAZ 1974, Seite 2089) ist unter einer Behandlung die Anordnung oder Durchführung von prophylaktischen oder therapeutischen Maßnahmen zu verstehen.
Diese Definition deckt sich mit der Auffassung des Bayerischen Obersten Landesgerichts in einer Entscheidung vom 14.05.1974 (Az. RReg 4 St 23/74). Nach dieser Entscheidung müsse darüber hinaus der Anordnung oder Durchführung derartiger Maßnahmen „in jedem Fall" die Stellung einer ärztlichen Diagnose vorausgehen.

5.2 Konkretisierung des Behandlungsbegriffs

Eine Behandlung von Tieren setzt in der Regel eine Untersuchung voraus, die nach Art und Umfang im Hinblick auf den Zustand der Tiere veterinärmedizinisch geboten ist und die Voraussetzung der Diagnose bildet (so: Kommentierung in Kloesel/Zyran zu § 56 AMG). Die Behandlung umfasse danach ferner die Durchführung der tierärztlich gebotenen Maßnahmen sowie die Auswahl und ggf. Anwendung von Arzneimitteln mit einer der Diagnose entsprechenden Indikation; sie schließt ab mit der Kontrolle der Arzneimittelanwendung und des Behandlungserfolges.

Die gesetzliche Bestimmung der „von ihm behandelten Tiere" wird darüber hinaus insbesondere in § 12 TÄHAV konkretisiert.

Dort heißt es:

„1. Arzneimittel, die für den Verkehr außerhalb der Apotheken nicht freigegebene Stoffe oder Zubereitungen aus Stoffen enthalten oder aufgrund ihres Verabreichungsweges oder ihrer Indika-

tion apothekenpflichtig sind, dürfen von Tierärzten an Tierhalter nur im Rahmen einer ordnungsgemäßen Behandlung von Tieren oder Tierbeständen abgegeben werden.

2. *Eine Behandlung im Sinne des Abs. 1 schließt insbesondere ein, dass nach den Regeln der tierärztlichen Wissenschaft*
   1. *die Tiere oder der Tierbestand in angemessenem Umfang untersucht worden sind und*
   2. *die Anwendung der Arzneimittel und der Behandlungserfolg vom Tierarzt kontrolliert werden."*

Nach dem Bericht des Ausschusses für Jugend, Familie und Gesundheit des Deutschen Bundestages vom 05.06.1974 (Drucksache 7/1845) muss unter dem Begriff „Behandeln" eine

> *„umfassende Bezeichnung für alle Maßnahmen, die ein Tierarzt bei ordnungsgemäßer Ausübung seines Berufes und unter Berücksichtigung aller gesundheitlichen und wirtschaftlichen Aspekte hinsichtlich Zweck und Erfolg der Behandlung in einem Tierbestand glaubt ergreifen zu müssen und die nach dem Stand der veterinärmedizinischen Wissenschaft zu rechtfertigen sind"*

verstanden werden (zitiert u. a. in Zrenner/Paintner/Saalfrank/Wesser, § 12 TÄHAV, Seite 43).

5.2.1 Rahmenbedingungen und Voraussetzungen einer Behandlung

Die vorstehenden Ausführungen und Definitionen werden wahrscheinlich immer noch nicht geeignet sein, einen genauen Überblick darüber zu liefern, was genau unter einer „Behandlung" im Sinne der gesetzlichen Vorschriften zu verstehen ist und wann eine solche als ausreichend anzusehen ist.

In der anwaltlichen Praxis spielt der Begriff der „Behandlung" insbesondere in Bußgeldverfahren und in Arzneimittelstrafverfahren eine herausragende Bedeutung, stellt doch eine „Behandlung" eine der wichtigsten Voraussetzungen einer ordnungsgemäßen Anwendung, Verschreibung und Abgabe von Arzneimitteln dar.

Im Zusammenhang mit einer „Behandlung" stellen sich vielfältige Fragen, die nachfolgend nur kurz skizziert und in den nachfolgenden Kapiteln des Buches im Einzelnen beleuchtet werden, wie:

- Was ist ein „angemessener Umfang" (S. 32)?
- Welche Besonderheiten gelten bei Tierbeständen bzw. im Rahmen einer Bestandsbetreuung (S. 32)?
- Welche Voraussetzungen gelten, wenn der Tierarzt das Tier oder den Tierbestand kennt?
- (Wann) Ist eine telefonische Beratung (S. 34) zulässig und als Behandlung anzusehen?
- Wie genau muss eine Untersuchung (S. 33) durchgeführt werden?
- Welche Voraussetzungen gelten bei der Abgabe vorbeugender Mittel/Entwurmungsmittel (S. 39)?
- Müssen alle Tiere (S. 36) eines Tierbestandes untersucht werden?
- Ist eine Symptomerkennung (S. 41) durch den Tierhalter zulässig?
- Wie ist der Behandlungserfolg (S. 44) zu kontrollieren?

Wegen der besonderen praktischen Bedeutung sollen diese Fragen in den nachfolgenden Kapiteln beantwortet werden.

Fazit

Eine „Behandlung" umfasst eine nach den Regeln der tierärztlichen Wissenschaft durchgeführte Untersuchung eines Tieres oder eines Tierbestandes in angemessenem Umfang sowie die Kontrolle der Anwendung eines Arzneimittels und des Behandlungserfolgs.

6 Was ist unter einem „angemessenen Umfang" einer Behandlung zu verstehen?

Jürgen Althaus

Gemäß § 12 Abs. 2 Nr. 1 TÄHAV schließt eine Behandlung insbesondere ein, dass nach den Regeln der tierärztlichen Wissenschaft die Tiere oder der Tierbestand „in angemessenem Umfang" untersucht worden sind. Auch diese Begrifflichkeit wird weder im Arzneimittelgesetz noch in der TÄHAV näher konkretisiert. Insofern ist hier wiederum auf einschlägige gerichtliche Entscheidungen oder Kommentierungen zurückzugreifen.

6.1 Umfang der Behandlung als Einzelfallentscheidung

Nach der Kommentierung in Zrenner/Paintner/Saalfrank/Wesser zu § 12 (Seite 44) stellt § 12 Abs. 2 TÄHAV gewisse Kriterien auf, wann eine Behandlung ordnungsgemäß ist. Von besonderer Bedeutung ist danach die Bestimmung „in angemessenem Umfang". Dieser angemessene Umfang kann je nach Lage des Einzelfalls verschieden sein, er muss aber zumindest eine einwandfreie Diagnose und damit eine exakte Indikation für den Einsatz des Arzneimittels ermöglichen (vgl. Zrenner/Paintner/Saalfrank/Wesser, a. a. O., Seite 44).

Nach den Ausführungen in der vorgenannten Kommentierung kommt es somit entscheidend auf die Umstände des Einzelfalls an. Über die Notwendigkeit, die Art und den Umfang der Untersuchung hat dabei stets der Tierarzt nach veterinärmedizinischen Grundsätzen zu entscheiden.

Beispiel

Bei der Behandlung eines einzelnen Kleintieres kann sich der Umfang einer Untersuchung aus dem tierärztlichen Standard ergeben, der etwa eine Adspektion, eine Auskultation, eine Palpation sowie ggf. labortechnische Untersuchungen (Blutprobe, Kotprobe) u. Ä. vorsieht. So wird bei einer Vorstellung eines Tieres mit einer inneren Erkrankung der „angemessene Umfang" der Untersuchung im Regelfall erheblich größer sein, als dies bei der Verletzung von Gliedmaßen der Fall ist.

In einzelnen Fällen kann der „angemessene Umfang" auf eine klinische Untersuchung beschränkt sein, während in anderen Fällen zusätzlich labortechnische Untersuchungen durchgeführt werden müssen, um eine exakte Diagnose stellen zu können. Sofern eine Diagnosestellung demgegenüber mit einfachen Mitteln und relativ wenig Aufwand – etwa im Rahmen einer klinischen Untersuchung – möglich ist, so kann auch eine solche Untersuchung das Kriterium eines „angemessenen Umfangs" erfüllen.

Der Umfang der Untersuchung und somit der einzelnen diagnostischen Maßnahmen kann im Einzelfall auch davon abhängen, ob und inwieweit der Tierarzt das Tier oder den Tierbestand bereits aus vorangegangenen Untersuchungen und Behandlungen kennt. So ist es unter Umständen sogar denkbar, dass eine telefonische Besprechung zwischen dem Tierarzt und dem Tierhalter eine ordnungsgemäße Behandlung darstellen kann.

6.1.1 Behandlung eines Tierbestands

Sofern es sich um die Untersuchung und Behandlung eines Tierbestandes handelt, können zum Teil andere Maßstäbe angelegt werden als bei der Behandlung eines Einzeltieres. Sofern es sich um eine Bestandsdiagnose handelt, kann der „angemessene Umfang" unter Umständen im Einzelfall geringer sein. Soweit es sich um Tiergroßbestände handelt, wird teilweise gefordert, dass der Tierarzt sich vor der Abgabe des Arzneimittels über die Größe des Bestandes informiert und, soweit er diesen noch nicht kennt, zumindest eine vorherige Besichtigung des Bestandes durchführt.

Des Weiteren wird es als ausreichend angesehen, wenn der Tierarzt den Gesamtbestand in Augenschein nimmt und klinisch erkrankte Tiere einer individuellen Kontrolle im Sinne einer klinischen Untersuchung unterzieht, um sich so einen Überblick über das Krankheitsgeschehen im Bestand zu verschaffen, etwa bei ansteckenden Krankheiten (so: Zrenner/Paintner/Saalfrank/Wesser, Kommentierung zu § 12 TÄHAV, Seite 44).

6.2

Tätigkeiten im Rahmen der ordnungsgemäßen Behandlung

In der Kommentierung von Kloesel/Cyran zu § 56 AMG werden die für eine ordnungsgemäße Behandlung „in angemessenem Umfang" erforderlichen Tätigkeiten des Tierarztes wie folgt zusammengefasst:

1. Feststellen des Zustandes des Tieres oder Tierbestandes (Untersuchung),
2. Stellen der Diagnose aufgrund der eigenen Untersuchung, ggf. unter Mitberücksichtigung der Mitteilung von Beobachtungen anderer Personen (z. B. des Tierhalters, Untersuchungen beauftragter veterinärmedizinischer Institute),
3. Entscheidung über die Notwendigkeit tierärztlicher Maßnahmen,
4. Anwenden, Verschreiben oder Abgeben der unter Zugrundelegung der Erkenntnisse der tierärztlichen Wissenschaft für erforderlich gehaltenen Mittel; die Erforderlichkeit bezieht sich sowohl auf die Art als auch auf die Menge der im Einzelfall eingesetzten Arzneimittel,
5. Überwachung der Wirkung (des Erfolgs) der eingesetzten Mittel,
6. ggf. Änderung der tierärztlichen Maßnahmen,
7. Entscheidung über die Notwendigkeit weiterer tierärztlicher Maßnahmen bezüglich des vom Tierarzt untersuchten Tieres,
8. Maßnahmen zur Vorbeugung im Falle einer konkreten Gefahr.

Fazit

Der „angemessene Umfang" einer Behandlung kann nicht generell bestimmt werden, sondern hängt von den konkreten Umständen des Einzelfalls ab. Im Ergebnis muss die Behandlung so umfangreich sein, dass eine konkrete und zutreffende Diagnose gestellt und eine konkrete Indikation für die medikamentöse Therapie festgestellt werden kann.

7 (Wann) Ist eine telefonische Beratung zulässig und als Behandlung anzusehen?

Jürgen Althaus

Gemäß § 56 a Abs. 1 Nr. 1 AMG darf ein Tierarzt apothekenpflichtige Arzneimittel dem Tierhalter nur verschreiben oder an diesen nur abgeben, wenn sie für die von ihm behandelten Tiere bestimmt sind. In Frage 6 (S. 32) ist der Begriff der „ordnungsgemäßen Behandlung" im Sinne der genannten Vorschrift und im Sinne von § 12 TÄHAV bereits eingehend beleuchtet worden.

In der Praxis stellt sich immer wieder die Frage danach, ob eine telefonische Konsultation des Tierarztes durch den Tierhalter als „Behandlung" und somit als Voraussetzung für eine ordnungsgemäße Arzneimittelabgabe durch den Tierarzt angesehen werden kann. Hier greift der in der juristischen Praxis häufig angewendete Antwortsatz:

„Es kommt darauf an!"

Merke

Sofern ein Tierarzt dem Tierhalter für einen noch nicht bestehenden Erkrankungsfall Arzneimittel „auf Vorrat" abgibt und der Tierhalter bei einem späteren Auftreten von Krankheitszeichen den Tierarzt telefonisch konsultiert, worauf dieser dem Tierhalter eine Behandlungsanweisung erteilt, so ist dieses Verhalten eindeutig rechtswidrig.

Beispiel

Wenn ein Tierarzt dem Tierhalter anlässlich einer Bestandsuntersuchung für einen konkreten Behandlungsfall Arzneimittel auch für noch nicht akut erkrankte, jedoch nach veterinärmedizinischer Erkenntnis in Kürze erkrankende Tiere abgibt (sogenannte „Abgabe im Voraus") und der Tierhalter bei Auftreten von Symptomen bei neu erkrankten Tieren den Tierarzt anruft, wird man eine telefonisch erteilte Behandlungsanweisung durch den Tierarzt lediglich als fortgesetzte Anweisung der bereits von dem Tierarzt zuvor diagnostizierten Erkrankung ansehen können. In diesem Fall hat der Tierarzt bereits vor der Abgabe des Arzneimittels eine Diagnose gestellt und eine Indikation für die Anwendung des konkreten Arzneimittels festgestellt.

Das Bayerische Oberste Landesgericht hat in einer älteren, jedoch nach wie vor aktuellen Entscheidung (Beschluss vom 14.05.1974, Az. RReg 4 St 23/74) Ausführungen dazu gemacht, unter welchen Umständen eine telefonische Konsultation als „Behandlung" angesehen werden kann.

Das Gericht führt im Rahmen der Entscheidungsgründe aus:

„Ebenso muss es dem Tierarzt aber auch gestattet sein, einem Tierhalter, der ihm telefonisch von einer neuen Erkrankung berichtet, bis zu seinem in Kürze vorgesehenen Besuch erste Verhaltensmaßregeln zu geben. Bereits damit beginnt die Behandlung des Tieres durch den Tierarzt. Kennt der Tierarzt den Tierhalter als zuverlässig, kennt er ferner den Stall und den Tierbestand sowie die in diesem in letzter Zeit aufgetretenen Krankheiten von früheren Besuchen und Behandlungen her persönlich, so wird man dem Tierarzt nicht verwehren können, aufgrund eines Telefonanrufs zur Behandlung neu erkrankter Tiere Medikamente abzugeben, wenn ihm die Krankheitssymptome ausreichend genau bekannt gegeben worden sind. Die nur fernmündliche Beratung ist nach der Gebührenordnung für Tierärzte ebenso zu honorieren wie die Beratung an Ort und Stelle, ebenso wie es für den Anfall der ärztlichen Beratungsgebühr keinen Unterschied macht, ob die Beratung in der Sprechstunde des Arztes oder fernmündlich erfolgt. Auch eine fernmündliche Beratung hinsichtlich vorliegender Krankheitsfälle kann daher eine Behandlung im Sinne der §§ 28, 34 AMG sein. Behandelt aber ein Tierarzt ein Tier ausnahmsweise durch einen an den Tierhalter fernmündlich erteilten Rat, so darf er an den Tier-

halter auch die zur Behandlung der Krankheit erforderlichen Arzneimittel abgeben. Diese Abgabe kann nicht dadurch wieder nachträglich gesetzwidrig werden, dass ein Tier gesundet, bevor der Tierarzt mit Rücksicht auf seine sonstige zeitliche Belastung den Stall besuchen kann, oder dass das Tier vor dem Eintreffen des Tierarztes eingeht oder dass es von einem anderen Tierarzt weiterbehandelt wird. Daraus allein, dass der Angeklagte möglicherweise Arzneimittel auf bloßen Telefonanruf hin abgegeben hat, kann ihm ohne nähere Klärung der Umstände noch kein strafrechtlicher Vorwurf gemacht werden.“

Nach der Kommentierung in Kloesel/Cyran zu § 43 sind an das Vorliegen der durch das Bayerische Oberste Landesgericht genannten Voraussetzungen strenge Anforderungen zu stellen. Die Abgabe von Arzneimitteln durch den Tierarzt zur Anwendung an Tieren, die er noch nicht untersucht hat, könne ausnahmsweise nur erlaubt sein, wenn es sich um einen Notfall handelt, der Tierarzt nicht abkömmlich, eine Apotheke nicht rechtzeitig erreichbar und Gefahr im Verzuge ist.

Sofern der Tierarzt jedoch das Tier, auf das sich der Bericht des Tierhalters bezieht, bereits einmal untersucht hat und es lediglich um die Art und das Ende der Weiterbehandlung geht, so könne der Tierarzt – so die zitierte Kommentierung weiter – auch im Normalfall vorläufige (telefonische) Ratschläge für die Behandlung bis zu seinem nächsten Besuch erteilen, ohne das Tier erneut untersucht zu haben, weil er dann die Zuverlässigkeit des Berichts des Tierhalters aufgrund eigener Wahrnehmung beurteilen könne. In diesem Falle dürfe der Tierarzt auch die insoweit notwendigen Arzneimittel an den Tierhalter abgeben.

§ Urteil

In einer Entscheidung (Urteil vom 24.03.1988, Az. RReg 4 St 249/87) sieht das Bayerische Oberste Landesgericht bei der Abgabe vorbeugender Mittel (Impfungen und dergleichen) eine telefonische Beratung ebenfalls dann als ordnungsgemäße Behandlung an, wenn eine Diagnose problemlos und eine Untersuchung nutzlos erscheint.

In der Praxis ist der seitens der Veterinärbehörden gegen einen Tierarzt erhobene Vorwurf einer Arzneimittelabgabe ohne eine vorherige Behandlung überaus häufig. Um sich gegen diesen Vorwurf zu verteidigen, wird es Aufgabe eines von einem strafrechtlichen Ermittlungsverfahren betroffenen Tierarztes sein, konkrete Umstände des Einzelfalls im Sinne der vorzitierten Entscheidungen des Bayerischen Obersten Landesgericht darzulegen. Vor dem Hintergrund, dass eine Arzneimittelabgabe durch einen Tierarzt nur für die von ihm behandelten Tiere rechtmäßig ist, kommt der Darlegung der Umstände des Einzelfalls eine besondere Bedeutung zu. Letztlich wird es dem Tierarzt nur dadurch gelingen, dem häufig pauschal seitens der Veterinärbehörde erhobenen Vorwurf einer „Abgabe ohne Behandlung“ zu begegnen.

Fazit

Eine telefonische Beratung stellt nicht grundsätzlich eine ordnungsgemäße „Behandlung“ dar. Lediglich in konkreten Einzelfällen kann eine telefonische Beratung als zulässige „Behandlung“ angesehen werden.

8 Müssen alle Tiere eines Bestandes untersucht werden?

Jürgen Althaus

Info

Besonders relevant für Nutztierpraktiker.

8.1 Einzeltierbehandlung versus Bestandsbetreuung

In veterinärbehördlichen Schreiben (Strafanzeigen, Untersagungsverfügungen u. Ä.) wird häufig darauf abgestellt, dass eine Behandlung des „konkret erkrankten Tieres" erforderlich sei und dass eine Anwendung von Arzneimitteln nur durchgeführt werden könne bei „zuvor tierärztlich untersuchten Einzeltieren". Dabei scheint man sich behördlicherseits an der einfachen Situation zu orientieren: Kuh krank – Tierarzt wird gerufen – Tierarzt untersucht und diagnostiziert – Tierarzt gibt Medikament für die untersuchte Kuh ab – Tierhalter wendet Medikament bei der erkrankten Kuh an – Tierarzt kontrolliert.

Einige Veterinärbehörden scheinen dabei auf die Vorstellung abzustellen, dass ein Tierarzt regelmäßig Einzeltiere untersucht und erheben diese Vorstellungen zu einer Forderung. Sie gehen insofern davon aus, dass lediglich eine Untersuchung und Behandlung eines Einzeltieres eine ordnungsgemäße „Behandlung" im Sinne der arzneimittelrechtlichen Vorschriften darstellt. Sie definieren somit augenscheinlich den Begriff der „Behandlungen" im Sinne von „Einzeltierbehandlungen" und fordern diese.

8.1.1 Aus der Rechtsprechung

In diesem Zusammenhang ist zunächst der Wortlaut des § 12 Abs. 2 TÄHAV heranzuziehen. Dort heißt es in Absatz 2:

> *„Eine Behandlung im Sinne des Abs. 1 schließt insbesondere ein, dass nach den Regeln der tierärztlichen Wissenschaft*
> *1. die Tiere oder der Tierbestand in angemessenem Umfang untersucht worden sind und…"*

Damit kann zunächst festgehalten werden, dass die Behandlung eines Einzeltieres und eine ordnungsgemäß durchgeführte fortlaufende Betreuung eines Tierbestandes als gleichwertig anzusehen sind (so das Niedersächsische Finanzgericht, Urteil vom 12.03.1976, V 51/72, zitiert u. a. in Kloesel/Cyran zu § 56, Rz 37).

Nach der vorgenannten Kommentierung unterscheidet die TÄHAV zwischen der Behandlung einzelner Tiere und Tierbestände. Es heißt in der Kommentierung zu § 56, Rz 39:

> *„Großbestände: Bei Großbeständen bedarf es für eine ordnungsgemäße Behandlung nicht der Untersuchung eines einzelnen Tieres, weil anderenfalls die Unterscheidung zwischen Tier und Tierbestand in der TÄHAV nicht notwendig wäre.*
> *…*
> *Der Tierbestand – wie übrigens auch das Einzeltier – muss lediglich in ‚angemessenem Umfang' untersucht werden. Das dürfte bedeuten, dass der Tierarzt sämtliche Tiere zumindest durch Begehen der Anlage in Augenschein nimmt und dabei als auffällig erkannte und von dem Tierhalter als krankheitsverdächtig bezeichnete Tiere untersucht oder stichprobenweise Untersuchungen an einzelnen Tieren vornimmt."*

Die Kommentierung von Zrenner/Paintner/Saalfrank/Wesser führt dazu zu § 58 aus:

„Durch die Umstrukturierung der landwirtschaftlichen Betriebe zu Spezialbetrieben mit zum Teil sehr hohen Tierzahlen hat sich auch der Einsatz des Arzneimittels gewandelt. Stand früher die Einzelbehandlung im Vordergrund, so ist es heute die Prophylaxe und die Behandlung von Beständen. Ziel ist es, den Infektionsdruck abzufangen, um zu verhindern, dass die Tiere überhaupt erkranken."

Auch in dieser Kommentierung wird somit zwischen einer Einzelbehandlung im eigentlichen Sinne und den Erfordernissen an eine Behandlung von Tierbeständen unterschieden.

Ähnlich wird es gesehen in der Stellungnahme des Tierarzneimittelfachbeirats (TAMFB) zu Fragen des Bayerischen Staatsministeriums für Umwelt, Gesundheit und Verbraucherschutz vom 05.08.2009 (Stand: 12.10.2011). Dort wird wie folgt unter Ziffer 4.5.1 ausgeführt:

„Es ist grundsätzlich jeder Bestand als ein Patient zu betrachten. Die Untersuchung umfasst eine ausführliche Anamneseerhebung, die Untersuchung exemplarischer Tiere sowie eine Bestandsbegehung."

In einer weiteren Stellungnahme des Tierarzneimittelfachbeirates zu Fragen des Bayerischen Staatsministeriums für Umwelt, Gesundheit und Verbraucherschutz („Mindestanforderungen an eine ordnungsgemäße Behandlung") vom 04.03.2008 heißt es:

„Besteht eine Behandlung aus mehreren Einzelmaßnahmen, z. B. wiederholte Verabreichung von Arzneimitteln, und besteht für das weitere Vorgehen ein vom behandelnden Tierarzt erstellter, eindeutiger Behandlungsplan, kann die Fortführung einer Behandlung auf Anweisung des Tierarztes durch den Tierhalter erfolgen.

...

Ist bereits zu Beginn der Erkrankung eine Reihe von Tieren einer Tiergruppe oder ggf. des Tierbestandes an derselben Krankheit erkrankt (eindeutige Symptomatik), muss nicht jedes Einzeltier einer Untersuchung durch den Tierarzt unterzogen werden.

...

Es besteht Einigkeit, dass bei einem tierärztlich diagnostizierten und therapeutisch begleiteten Bestandsproblem nicht bei jedem neu erkrankten Einzeltier der Tierarzt gerufen werden muss, bevor Arzneimittel durch den Landwirt verabreicht werden dürfen."

Die aufgezeigte Fragestellung hat sogar die höchstrichterliche Rechtsprechung beschäftigt. Der Bundesgerichtshof führt dazu in dem Urteil vom 03.07.2003, Az. 1 StR 453/02, eindeutig aus:

„Bei der Behandlung von Großtierbeständen, die die TÄHAV in § 12 ausdrücklich in ihren Anwendungsbereich einbezieht, ist danach zwar nicht die Untersuchung eines jeden Einzeltieres erforderlich; der Tierarzt muss aber die Bestandsuntersuchung nach den Regeln der Tiermedizin vornehmen und die Anwendung der Arzneimittel sowie den Behandlungserfolg kontrollieren."

Ähnlich sieht es auch das Oberverwaltungsgericht Nordrhein-Westfalen (Urteil vom 27.11.1992. Aktenzeichen 5 B 2973/02) und das Verwaltungsgericht München (Urteil vom 09.11.2005, Az. M 18 K 044 098).

Merke

Die von einigen Behörden geforderte „Behandlung" im Sinne einer „Einzeltierbehandlung" findet bei der Betreuung eines Tierbestandes zumindest dann keine rechtliche Stütze, wenn es sich bei der Erkrankung um eine Bestandserkrankung handelt.

8.2 Einzeltiererkrankung versus Bestandserkrankung

Hinsichtlich der Einordnung von Indikationen, Managementmaßnahmen, Einzeltiererkrankungen und Bestandserkrankungen bei verschiedenen Tierarten darf an dieser Stelle auf die bereits zitierte Stellungnahme des Tierarzneimittelfachbeirats zu Fragen des Bayerischen Staatsministeriums für Umwelt, Gesundheit und Verbraucherschutz vom 05.08.2009 (Stand: 12.10.2011) verwiesen werden. Wenn aber nun im Einzelfall bei einem Tierbestand nicht die Untersuchung einzelner Tiere gefordert werden kann, so mag man sich an dieser Stelle die Frage stellen, wie der Begriff „Tierbestand" zu definieren ist bzw. wann ein „Tierbestand" vorliegt, mit der Folge, dass bei bestimmten Erkrankungen nicht die Einzeltiere untersucht werden müssen.

Dazu besagt die Kommentierung in Kloesel/Cyran zu § 56 AMG, Ziffer 40:

> *„Darüber, wie viele Tiere gemeinsam gehalten werden müssen, wenn man von einem Tierbestand sprechen kann, gibt es keine Vorschriften. Absolute Zahlen können dafür auch nicht entscheidend sein. Ein Tierbestand wird im Gegensatz zur Einzeltierhaltung dann vorliegen, wenn die Zahl der Tiere ihre Einzelbetreuung unmöglich oder doch unwirtschaftlich macht, vielmehr eine – insbesondere mechanische – Fütterung und Wartung ohne Rücksicht auf die Bedürfnisse des Einzeltieres durchgeführt wird."*

Sofern ein Tierarzt sich durch eine Veterinärbehörde dem Vorwurf ausgesetzt sieht, er habe nicht die Einzeltiere eines Tierbestandes untersucht, so sollte sich der Tierarzt zum einen argumentativ mit der Frage auseinandersetzen, ob es sich bei der maßgeblichen Erkrankung um eine Einzeltiererkrankung oder aber um eine Bestandserkrankung handelt. Zum anderen sollte er sich mit der Größe des von ihm betreuten Tierbestanden auseinandersetzen und diese als Argument anführen.

Beispiel

Im Falle der Betreuung einer überschaubaren Gruppe von Milchkühen mag eine individuelle Untersuchung von Einzeltieren – selbst bei Vorliegen einer Bestandserkrankung – gefordert werden können. Dies gilt allerdings nicht bei der Betreuung beispielsweise von Geflügelbetrieben mit mehreren Tausend Tieren.

Fazit

Hinsichtlich der Frage, ob alle Tiere eines Bestandes untersucht werden müssen, bestehen zum Teil voneinander abweichende Sichtweisen der Veterinärbehörden.

9 Welche Voraussetzungen gelten bei der Abgabe vorbeugender Mittel/Entwurmungsmittel?

Jürgen Althaus

Diese Frage ist in der Praxis sehr bedeutsam und fehlerrelevant. Dies soll anhand des nachfolgenden praktischen Beispiels verdeutlicht werden:

9.1 Abgabe von Antiparasitika ohne vorherige Behandlung

Beispiel

In einem Pferdepensionsbetrieb sind 35 Pferde eingestallt. Der Betriebsinhaber wendet sich zum Zwecke der Vereinheitlichung des Entwurmungs-Regimes an die einige Pferde des Betriebes betreuende Tierarztpraxis. Dort gibt man für sämtliche Pferde des Pensionsbetriebes ein Entwurmungsmittel ab.

Bei Entwurmungsmitteln handelt es sich grundsätzlich um apothekenpflichtige Arzneimittel. Für die Abgabe derartiger Mittel an den Tierhalter gelten somit die allgemeinen Voraussetzungen des § 56 a Abs. 1 AMG. Danach darf der Tierarzt das Mittel (auch Entwurmungsmittel) an den Tierhalter nur „für die von ihm behandelten Tiere" abgeben. Von einer ordnungsgemäßen „Behandlung" im Sinne der genannten Vorschrift ist sicherlich dann nicht auszugehen, wenn der Tierarzt lediglich 5 von 35 in den Betrieb eingestallte Pferde regelmäßig betreut, jedoch in der Praxis dem Pensionsstallinhaber ein Arzneimittel für sämtliche 35 Pferde aushändigt.

Merke

Der in der Praxis häufig vorkommende Fall der Abgabe von Antiparasitika ohne vorherige Begutachtung der Tiere stellt mangels einer „ordnungsgemäßen Behandlung" einen Verstoß gegen § 56 a Abs. 1 AMG und somit u. U. einen Straftatbestand dar.

Die Reaktionen von Tierärzten anlässlich von Seminaren und Fortbildungsveranstaltungen zeigen regelmäßig, dass sich viele Tierärzte den dargestellten Erfordernissen nicht bewusst sind.

Fraglich ist in dem dargestellten Fall, in welcher Form eine „Behandlung" im Sinne einer vorherigen Untersuchung stattzufinden hat. Sofern sich ein Tierarzt rechtmäßig verhalten will, muss er vor der Abgabe eines Arzneimittels insbesondere eine Indikation für die Anwendung des betreffenden, d. h. konkreten, Arzneimittels stellen. Dies wird möglicherweise erst nach einer labortechnischen Untersuchung zur Bestimmung des Wurmbefalls möglich sein.

Die vorstehenden Ausführungen lassen sich übrigens zwanglos auf die Kleintierpraxis übertragen. Auch dort sind apothekenpflichtige Entwurmungsmittel erst nach einer ordnungsgemäßen Untersuchung durch den Tierarzt zulässig.

Merke

Die gelegentlich in Praxen zu beobachtende Routine, ein Entwurmungsmittel an der Praxisrezeption an den Tierhalter „auf Bestellung" abzugeben, ohne dass dieser sein Tier vorgestellt hat, ist nicht zulässig.

9.2 Abgabe von Arzneimitteln zur Prophylaxe

Wie sieht es aber aus bei der Abgabe vorbeugender Mittel? Ist auch bei derartigen Arzneimitteln eine vorherige Behandlung im Sinne einer Untersuchung durch den Tierarzt notwendig?

Beispiel
Ein Tierarzt gibt zur prophylaktischen Behandlung von Ferkeln gegen Eisenmangelanämie in den ersten Lebenstagen ein Eisen-Präparat ab, ohne die Ferkel vorher in Augenschein zu nehmen.

Es ist zunächst darauf hinzuweisen, dass die Zulässigkeit der Abgabe von Arzneimitteln zu prophylaktischen Zwecken ausdrücklich in § 43 Abs. 4 Satz 2 AMG geregelt ist. Dies bedeutet zunächst, dass die Abgabe von Arzneimitteln „zur Durchführung tierärztlich gebotener und tierärztlich kontrollierter krankheitsvorbeugender Maßnahmen bei Tieren" rechtmäßig ist. Somit wird auch die tierärztlich indizierte Prophylaxe als „Behandlung" im Sinne von § 43 Abs. 4 Satz 2 AMG angesehen.

Der Tierarzneimittelfachbeirat führt in seiner Stellungnahme zu Fragen des Bayerischen Staatsministeriums vom 05.08.2009 (Stand: 12.10.2011) zu dieser Thematik aus:

> *„Alle Fälle prophylaktischer, metaphylaktischer und therapeutischer Verabreichungen von Arzneimitteln müssen, insbesondere soweit diese nicht vom Tierarzt selbst durchgeführt werden, mit einer eingehenden Beratung des Tierbesitzers/Tierhalters und Behandlungsanweisung durch den Tierarzt verknüpft sein."*

(Ziffer 4.3.1 der Stellungnahme, Seite 5)

9.2.1 Managementmedikamente

Zur Frage der Verwendung antibiotischer Trockensteller weist der Fachausschuss Rind in der vorgenannten Stellungnahme unter Ziffer 4.4.3 auf Folgendes hin:

> *„Die systematische Anwendung ‚antibiotischer Trockensteller' im Rahmen eines Eutergesundheitsprogramms erfordert bei klinisch gesunden Tieren, die insbesondere keine Symptome einer klinischen Mastitis aufweisen (keine äußerlich erkennbaren Erscheinungen einer Euterentzündung, keine Sekretveränderungen), keine vorherige Einzeltieruntersuchung durch den Tierarzt."*

Zu der in dem vorgenannten Beispielsfall dargestellten Thematik (Eisenmangelanämie) führt der Tierarzneimittel-Fachbeirat in der zitierten Stellungnahme unter Ziffer 4.5.1 aus:

> *„Unabhängig von der bei Vorliegen einer Einzeltiererkrankung ggf. gebotenen Untersuchung des jeweils betroffenen Tieres ist vor jeder Abgabe von Arzneimitteln zur Behandlung von Bestandserkrankungen zumindest eine Besichtigung der Stallabteile bzw. Stallungen unverzichtbar. Ausnahmen sind hier lediglich die sog. Managementmedikamente. Klassisches Beispiel ist das Eisendextran, da es jedem Ferkel, das geboren wird, am 1. bis 3. Lebenstag appliziert werden muss. Ebenso werden für einen Betrieb mit einem Drei-Wochen-Abferkelmanagement entsprechende Präparate zur Synchronisation der Sauen notwendig sein."*

In der Strafrechtspraxis ist es nicht selten, dass eine Veterinärbehörde dem Tierarzt auch bei Managementpräparaten vorwirft, diese ohne eine vorherige Behandlung abgegeben zu haben. Wie in diesem Buch bereits mehrfach dargestellt, wird es sodann Aufgabe des Tierarztes sein, die genauen Zusammenhänge darzustellen und deutlich zu machen, dass und warum im Einzelfall eine vorherige Untersuchung vor der Abgabe des Arzneimittels entbehrlich sein kann.

Fazit
Auch die Abgabe vorbeugender Mittel/Entwurmungsmittel setzt eine „Behandlung" durch den Tierarzt, somit eine Untersuchung in angemessenem Umfang und eine Kontrolle des Behandlungserfolgs voraus.

10 Ist eine Symptomerkennung durch den Tierhalter zulässig?

Jürgen Althaus

Info

Relevant für
- Nutztierpraxis
- Pferdepraxis
- (Kleintierpraxis).

10.1 Hintergrund

Es ist in den vergangenen Monaten an vielerlei Stellen diskutiert worden, dass sich die tierhaltende Landwirtschaft in einem Strukturwandel befindet. Während die Anzahl der Tiere gleichbleibend ist, reduziert sich die Anzahl der Tierhaltungsbetriebe immer weiter. Dies bedeutet, dass immer mehr Tiere in immer weniger Haltungsbetrieben gehalten werden. Gleichzeitig ist festzustellen, dass die tierärztliche Bestandsbetreuung zunehmend auch aus Präventivmaßnahmen gegen Krankheiten und einem umfassenden Tiergesundheits-Monitoring mit regelmäßigen Auswertungen und den daraus folgenden Behandlungsmaßnahmen auf Einzeltier-, Tiergruppen- und Bestandsebene besteht. So nehmen viele Tierärzte im Rahmen der Bestandsbetreuung folgende tierärztliche Tätigkeiten vor:
- Einzeltieruntersuchungen
- Beurteilung von Gruppen (z. B. Trockensteher)
- Futtermittelkontrollen
- Fruchtbarkeitsuntersuchungen
- Trächtigkeitsuntersuchungen
- Beurteilung der Klauengesundheit
- Befunderhebung (z. B. im Bereich der Stoffwechselerkrankungen/Eutererkrankungen)
- Probennahmen und Laborauswertungen beim Einzeltier
- Erstellung von Resistogrammen
- statistische Erhebungen/Dokumentationen
- Zusammenfassung der Krankheits- und Behandlungsergebnisse in Statistiken
- Analyse der Tiergesundheit (Verhältnis des Ist-Zustandes mit den Normzahlen)
- Datenerfassung über die Einzeltierbehandlung bis hin zur Analyse und Erfassung des Tierbestandes
- Beratungsgespräche mit Tierhaltern
- und Ähnliches

Die Auflistung soll aufzeigen, wie vielfältig und komplex die tierärztlichen Tätigkeiten häufig sind. Die Praxis zeigt, dass die angestrebte Bestandsgesundheit nur dann zu erreichen ist, wenn der Tierhalter und ggf. dessen Angestellte professionell und fachlich geschult im Sinne der Zielsetzung arbeiten (können).

10.2 Rechtliches

In – rechtswidrigen und strafbaren – Einzelfällen mag es durchaus vorkommen, dass ein Tierhalter aufgrund seiner Erfahrungen und Kenntnisse selbstständig, d. h. ohne Hinzuziehung eines Tierarztes, Befunderhebungen durchführt, eine Indikation für eine Arzneimittelanwendung stellt und sodann Arzneimittel aus einem auf rechtswidrige Weise beschafften Arzneimittelvorrat anwendet. Hinsichtlich der Rechtswidrigkeit eines derartigen Verhaltens wird auf die Ausführungen zur „Abgabe auf Vorrat“ (S. 51) verwiesen.

Es sind allerdings ebenso Fälle denkbar, in denen ein Tierarzt fachlich intensiv mit einem Tierhalter zusammenarbeitet, und zwar in einer Form, wie sie in dem nachfolgenden Beispielsfall beschrieben werden soll:

Beispiel

Ein Tierarzt betreut ordnungsgemäß und engmaschig im Rahmen der Bestandsbetreuung einen großen Tierbestand. Der Haltungsbetrieb wird professionell geführt. Das Personal des Betriebs wird durch den Tierarzt geschult und im Hinblick auf das Erkennen von Krankheitssymptomen sensibilisiert. Der Tierarzt erstellt für den Tierhalter Checklisten, aus denen hervorgeht, welche ersten Maßnahmen bzw. Verhaltensweisen (etwa: Separieren des zu behandelnden Tieres, Statusfeststellung, Dokumentation des Euterbefundes, Einfrieren einer Milchprobe, Separieren von Milch, Thermometrieren u. Ä.) angezeigt sind. Das so geschulte Personal des Tierhalters wird daraufhin in die Lage versetzt, Symptome festzustellen und speziell für diese Erkrankung durch den Tierarzt „im Voraus" abgegebene Medikamente aufgrund einer tierärztlichen Behandlungsanweisung anzuwenden.

Die zuständige Veterinärbehörde sah das Verhalten des Tierarztes als rechtswidrig und damit strafbar an und ging im Rahmen einer gegen den Tierarzt erstatteten Strafanzeige davon aus, dass es hier an einer „ordnungsgemäßen Behandlung" durch den Tierarzt als Voraussetzung der Abgabe eines Arzneimittels an den Tierhalter fehle. In dem vorliegenden Fall erfolge – so die Argumentation der Veterinärbehörde – die „Behandlung" eigenmächtig durch den Tierhalter bzw. dessen Personal. Dieses erkenne die Symptome und stelle eine Diagnose.

Es wird im Kapitel „Abgabe im Voraus" (S. 55) ausführlich dargestellt, dass und unter welchen Voraussetzungen im Einzelfall ein Tierarzt bei einer noch zu erwartenden Erkrankung des Bestandes Arzneimittel auch für solche Tiere abgeben kann, die zwar noch nicht akut erkrankt sind, mit aller Wahrscheinlichkeit allerdings in naher Zukunft erkranken werden. Dies gilt insbesondere bei endemischen und anderen regelmäßig auftretenden Erkrankungen, wie beispielsweise Mastitiden.

Wenn ein Tierarzt nach diesen Grundsätzen im Rahmen des Bestandsbesuchs den Gesundheitszustand und den daraus resultierenden Bedarf feststellt und dem Tierhalter „im Voraus" Arzneimittel zur Anwendung durch diesen abgibt, so kann dies im Einzelfall den arzneimittelrechtlichen Grundsätzen sowie der sich aus § 58 AMG beschriebenen rechtlichen Situation entsprechen. Es ist gesetzlich vorgesehen, dass der Tierarzt dem Tierhalter zusammen mit den abgegebenen Medikamenten eine Behandlungsanweisung erteilen muss. Im Zeitpunkt der Medikamentenabgabe stehen – dies entspricht gerade der Besonderheit einer „Abgabe im Voraus" – noch nicht sämtliche zu behandelnden Tiere individuell fest. In diesem Fall dient eine von dem Tierarzt erstellte „Checkliste" dazu, den Tierhalter oder dessen Mitarbeiter in die Lage zu versetzen, Krankheitssymptome zu erkennen. Es geht auch nicht darum, dass der Tierhalter selbst Befunde erhebt, eine Diagnose stellt und eine Therapieindikation erkennt. Vielmehr geht es darum, dass der Tierhalter in der Lage ist, die tierärztliche Behandlungsanweisung umzusetzen.

Zu dieser Thematik heißt es in der Stellungnahme des Tierarzneimittelfachbeirats (…) zu den Mindestanforderungen an eine „ordnungsgemäße Behandlung":

> *„3. Abgabe von ‚Trockenstellern' und ‚Euterinjektoren' zur Mastitisbehandlung und selbstständige Anwendung durch den Tierhalter*
> *Hinsichtlich des Umfangs des Einsatzes sogenannter ‚Trockensteller' in einem Bestand wird auf die von der Deutschen Veterinärmedizinischen Gesellschaft erstellten „Leitlinien zur Behandlung der Mastitis als Bestandsproblem" verwiesen, die als Stand der tiermedizinischen Wissenschaft angesehen werden können. Es besteht Einigkeit, dass nach entsprechender Diagnosestellung im Rahmen einer Bestandssanierung die Abgabe von Trockenstellern für die als behandlungsbedürftig identifizierten Tiere und die Anwendung nach tierärztlicher Untersuchung auf Anweisung erfolgt."*

Dies spricht für die Zulässigkeit des in dem Beispielsfall dargestellten Verhaltens. Anders sieht es dann aus, wenn sich ein Tierarzt ausschließlich auf Informationen verlässt, die ihm von dem Tierhalter mitgeteilt werden.

Das Verwaltungsgericht München hat dazu in einem Urteil vom 09.11.2005 (Az. M 18 K 04.4 098) ausgeführt:

„Der Begriff des Behandelns setzt nach Normzweck und systematischer Stellung des § 43 Abs. 4 AMG voraus, dass der Tierarzt die zu impfenden Tiere persönlich untersucht und eine individuelle Diagnose erstellt. Eine notwendigerweise veterinärmedizinisch vertretbare Diagnosestellung und Entscheidung über die Notwendigkeit tierärztlicher Maßnahmen wie die Verschreibung eines Arzneimittels setzt jedoch stets die Feststellung des Zustandes des Tieres oder des Tierbestandes voraus. Hierzu bedarf es regelmäßig der Untersuchung der Tiere oder des Tierbestandes, wobei unter Umständen die bloße Besichtigung des Bestandes und die Erkenntnis über dessen Spezifika genügen können.

Der Tierhalter kann die notwendigerweise zutreffende Diagnose nicht mit hinreichender Sicherheit stellen, diese ist einem Tierarzt vorbehalten. Im vorliegenden Fall verlassen sich die Tierärzte also auf Informationen, die sie nicht überprüfen. Dies genügt nicht, um das Tatbestandsmerkmal ‚behandeln' zu erfüllen. Eine solche ‚Behandlung' kann auch nicht durch den Tierzuchttechniker erfolgen, da diesem die notwendigen medizinischen Kenntnisse hierfür fehlen.“

Der von dem Verwaltungsgericht München entschiedene Fall ist mit dem eingangs dargestellten Beispielsfall nicht vergleichbar. In dem Beispielsfall erfolgt die Untersuchung und Diagnostik ausschließlich durch den Tierarzt und nicht durch den Tierhalter. Der Tierarzt gibt aufgrund einer von ihm ordnungsgemäß durchgeführten „Behandlung“ ein Arzneimittel für bereits akut erkrankte und mit größter Wahrscheinlichkeit in naher Zukunft weitere erkrankende Tiere zur Anwendung durch den Tierhalter ab. Der Tierhalter soll lediglich aufgrund der tierärztlichen Behandlungsanweisung feststellen, wann die bei der Abgabe der Arzneimittel noch nicht erkrankten Tiere ebenfalls akut erkrankt sind.

Fazit

Eine Symptomerkennung durch den Tierhalter kann im Einzelfall zulässig und hilfreich sein. Sie kann allerdings eine ordnungsgemäße Behandlung nicht ersetzen. Eine solche ist ausschließlich dem Tierarzt vorbehalten und zwingende Voraussetzung für die Anwendung, Abgabe oder Verschreibung eines Arzneimittels.

11 Wie ist der Behandlungserfolg zu kontrollieren?

Jürgen Althaus

11.1 Rechtsvorschriften und Erläuterungen

Es ist bereits in Frage 3 (S. 21) ausgeführt worden, dass das tierärztliche Dispensierrecht auf Fälle einer ordnungsgemäßen Behandlung beschränkt ist. Die Rechtmäßigkeit der Medikamentenabgabe richtet sich insbesondere danach, ob Medikamente zur Behandlung von Tieren abgegeben werden, die von einem Tierarzt „behandelt" wurden. Die gesetzliche Bestimmung der „von ihm behandelten Tiere" des § 56 a Abs. 1 Nr. 1 AMG wird in § 12 TÄHAV konkretisiert.

Dort heißt es:

> *„Arzneimittel, die für den Verkehr außerhalb der Apotheken nicht freigegebene Stoffe enthalten oder aufgrund ihres Verabreichungsweges oder ihrer Indikation apothekenpflichtig sind, dürfen von Tierärzten an Tierhalter nur im Rahmen einer ordnungsgemäßen Behandlung von Tieren oder Tierbeständen abgegeben werden. Eine Behandlung im Sinne des Abs. 1 schließt insbesondere ein, dass nach den Regeln der tierärztlichen Wissenschaft*
> 1. *die Tiere oder der Tierbestand in angemessenem Umfang untersucht worden sind und*
> 2. *die Anwendung der Arzneimittel und der Behandlungserfolg vom Tierarzt kontrolliert werden."*

! Merke

§ 12 Abs. 2 TÄHAV nennt die Kontrolle der Arzneimittelanwendung und die Kontrolle des Behandlungserfolgs durch den Tierarzt als Voraussetzung für eine ordnungsgemäße Behandlung.

Es ist gesetzlich nicht normiert, auf welche Art und Weise die in § 12 Abs. 2 TÄHAV genannte Kontrolle der Arzneimittelanwendung und die Kontrolle des Behandlungserfolges erfolgen müssen. Der Gesetz- bzw. Verordnungsgeber schweigt dazu. In den maßgeblichen Kommentierungen finden sich dazu ebenfalls keine Angaben.

Auf eine schriftliche Anfrage der Tierärztekammer Nordrhein an das in Nordrhein-Westfalen für die Arzneimittelüberwachung zuständige Landesamt für Naturschutz, Umweltschutz und Verbraucherschutz Nordrhein-Westfalen (LANUV) teilte das LANUV mit:

> *„Je nach Ausmaß der Erkrankung ist die Art der Kontrolle des Behandlungserfolges eine Einzelfallentscheidung. Minimalste Kontrollmöglichkeit ist eine Rücksprache mit dem Tierhalter, ob der gewünschte Behandlungserfolg eingetreten ist, weiter gehend wäre ein Kontrolltermin möglich…"*

Somit ist es nach der obersten Veterinärbehörde in Nordrhein-Westfalen für die Kontrolle des Behandlungserfolges unter Umständen ausreichend, wenn der Tierarzt sich mündlich oder telefonisch beim Tierhalter nach der Wirksamkeit bzw. dem Erfolg der durchgeführten Behandlung informiert.

Zu einem ähnlichen Ergebnis kommt die Ausarbeitung von M. Schütz (Tierarzneimittelrecht - Ein Leitfaden für die Praxis, S. 26). Diese Auffassung wird wiederum bestätigt durch die Stellungnahme des Tierarzneimittelfachbeirates (TAMFB) zu Fragen des Bayerischen Staatsministeriums vom 05.08.2009 (Stand: 12.10.2011, dort S. 14). Die Stellungnahme führt zur Kontrolle des Behandlungserfolges aus:

> *„In Abhängigkeit vom Einzelfall kann die Behandlungskontrolle durch den behandelnden Tierarzt ausnahmsweise auch durch (telefonische) Rücksprache mit dem Landwirt erfolgen."*

Wenn somit in der Fachliteratur im Einzelfall eine (telefonische) Rücksprache mit dem Tierhalter als geeignete Kontrolle des Behandlungserfolges angesehen wird, **dürfte weder in jedem Falle zwingend eine persönliche Kontrolle durch den Tierarzt, noch eine persönliche Kontrolle bei jedem Einzeltier, noch eine persönliche Kontrolle sämtlicher Identifikationsmerkmale erforderlich sein.**

Als Argument für diese Sichtweise mag man heranziehen, dass auch bei der Behandlung eines Tierbestandes nicht die Untersuchung eines jeden Einzeltieres erforderlich ist. Dazu wird beispielsweise in der Kommentierung von Zrenner/Paintner/Saalfrank/Wesser zu § 12 (S. 44 f.) ausgeführt:

> *„In manchen Fällen werden dem Tierarzt nur einige Tiere eines Bestandes zur Untersuchung vorgestellt werden, z. B. einige Karpfen; aufgrund der Untersuchung einiger weniger Tiere ist der Tierarzt unter Berücksichtigung der Anamnese gezwungen, eine Bestandsdiagnose zu stellen. Soweit es sich um Tiergroßbestände handelt, wird der Tierarzt vor Abgabe von Arzneimitteln sich über die Größe des Bestandes zu informieren haben; soweit er diesen noch nicht kennt, ist auf alle Fälle eine vorherige Besichtigung des Bestandes notwendig."*

Insofern ist es nach hiesigem Verständnis für eine Kontrolle des Behandlungserfolges zumindest ausreichend, wenn der Tierarzt anlässlich eines auf die Abgabe des Arzneimittels folgenden Bestandsbesuchstermins den Tierbestand als solchen bzw. einzelne Tiere orientierend in Augenschein nimmt und sich davon ein Bild verschafft, ob und inwieweit der Behandlungserfolg eingetreten ist. Zu einer anderen Sichtweise gelangt das Landgericht Schweinfurt in einem sehr aktuellen Urteil vom 03.05.2016 (Az. 3 Ns 11 Js 4331/12). Das Urteil wird in diesem Buch mehrfach angesprochen, da es Bedeutung in verschiedenen inhaltlichen Bereichen hat. Dem Urteil liegt – vereinfacht zusammengefasst – folgender Sachverhalt zugrunde:

Beispiel

Ein Tierarzt betreut aufgrund eines Bestandsbetreuungsvertrages regelmäßig **in mindestens wöchentlichem Abstand** den Kälberbestand eines Milchviehhalters. Anlässlich der Bestandsbesuche untersucht der Tierarzt die Tiere des Bestandes, wozu insbesondere eine Gruppe von in einer Bucht gehaltenen Kälbern gehört. Nach der Diagnosestellung mehrerer Krankheiten, u. a. Kälberdurchfall, gibt der Tierarzt an den Tierhalter entsprechende Arzneimittel zur Anwendung durch diesen ab. Bei der Ausfüllung des tierärztlichen Abgabebelegs lässt sich der Tierarzt von dem Tierhalter die – tatsächlich unzutreffenden – Ohrmarkennummern der zu behandelnden Kälber nennen. Nachdem der Tierhalter aufgrund der tierärztlichen Behandlungsanweisung die Kälber medikamentös behandelt hat, erfolgt nach wenigen Tagen ein weiterer Bestandsbesuch durch den Tierarzt. Der Tierarzt nimmt wiederum eine Inaugenscheinnahme der in der Bucht befindlichen Kälber vor und stellt fest, dass das Arzneimittel durch den Tierhalter offensichtlich ordnungsgemäß angewendet wurde und dass die medikamentöse Behandlung wegen des Fehlens von Krankheitssymptomen erfolgreich war.

§ Urteil

Das zuständige Veterinäramt des Landratsamts bemängelte die Fehlerhaftigkeit der von dem Tierarzt dokumentierten Ohrmarkennummern und ging davon aus, dass eine ordnungsgemäße Behandlung im Sinne von § 12 Abs. 2 TÄHAV nicht erfolgt sei. Damit liegen die Voraussetzungen einer ordnungsgemäßen Arzneimittelabgabe gemäß § 56 a Abs. 1 Nr. 1 AMG nicht vor, wodurch wiederum ein Straftatbestand verwirklicht worden sei.

In erster Instanz wurde der Tierarzt durch das Amtsgericht Schweinfurt zu einer hohen Geldstraße verurteilt. Das erstinstanzliche Urteil wurde in zweiter Instanz durch das Landgericht Schweinfurt im Wesentlichen inhaltlich bestätigt.

In den Entscheidungsgründen wird die von dem Landgericht angehörte Sachverständige wie folgt zitiert:

> *„Die Identitätsprüfung, die nicht nur anhand der Ohrmarkennummern, sondern auch mit anderen Maßnahmen vorgenommen werden könne, habe besondere Bedeutung für die Kontrolle des Behandlungserfolges und für den Verbraucherschutz. Ohne zutreffende Nämlichkeitsprüfung sei eine Rückverfolgbarkeit, welche Tiere behandelt wurden, nicht in zuverlässiger Weise möglich, sodass der Tierarzt den Behandlungserfolg nicht kontrollieren kann…*
>
> *…*
>
> *Die Identitäts- oder Nämlichkeitsprüfung … müsse vom Tierarzt selbst vorgenommen werden.“*

Das Gericht führt sodann im Rahmen der Entscheidungsgründe bei der Begründung der Annahme einer Strafbarkeit weiter aus:

> *„Die Sachverständige hat dargelegt, dass zentraler Bestandteil einer angemessenen tierärztlichen Untersuchung im Sinne von § 12 Abs. 1, Abs. 2 Nr. 1 TÄHAV eines Tieres vor der Abgabe von Medikamenten die Identitäts- oder Nämlichkeitsprüfung des untersuchten Tieres ist. Dies gelte insbesondere dann, wenn -- wie hier – die Identitätsfeststellung einfach und zweifelsfrei anhand von Ohrmarkennummern vorgenommen werden kann. Anderenfalls, so die Sachverständige, könne nicht mehr nachvollzogen werden, welches Tier behandelt worden ist. Auch könne, wenn eine Rückverfolgbarkeit nicht gegeben ist, eine Kontrolle des Behandlungserfolges durch den Tierarzt nicht erfolgen, was § 12 Abs. 2 Nr. 2 TÄHAV gerade erfordere.*
>
> *…*
>
> *Dem Angeklagten war ausschließlich bewusst …, was ihn dann veranlasst hat, die Identitätsprüfung der von ihm untersuchten und behandelten Tiere durch Kontrolle der Ohrmarkennummern selbst vorzunehmen. Dem Angeklagten war also sehr wohl bewusst, … dass er grundsätzlich immer selbst dazu verpflichtet ist, sich über die Identität der von ihm behandelten Tiere zu vergewissern.“*

Das **Landgericht Schweinfurt** geht somit in Abweichung von den eingangs beschriebenen Literaturstimmen von Folgendem aus:

- Eine (telefonische) Rücksprache mit dem Tierhalter ist für die Kontrolle des Behandlungserfolges nicht ausreichend.
- Die Kontrolle des Behandlungserfolges hat durch den Tierarzt persönlich und aufgrund eigener Wahrnehmung zu erfolgen.
- Anlässlich der Kontrolle des Behandlungserfolges ist die Identität der behandelten Tiere von dem Tierarzt persönlich zu überprüfen.
- Anlässlich der Kontrolle des Behandlungserfolges hat der Tierarzt aufgrund einer Überprüfung der Ohrmarkennummern festzustellen, welche Tiere behandelt wurden und ob bei diesen Tieren der gewünschte Behandlungserfolg eingetreten ist.

Das Urteil des Landgerichts Schweinfurt wurde mittlerweile im Rahmen der Revision durch das Oberlandesgericht Bamberg durch Beschluss vom 16.12.2016 bestätigt.

Auf der Grundlage der eingangs zitierten Literaturstimmen müssen die Entscheidungen des Landgerichts Schweinfurt und des Oberlandesgerichts Bamberg als eine zu weit gehende und die Anforderungen an eine Kontrolle des Behandlungserfolges übersteigende Sichtweise angesehen werden.

8 Fazit

Gemäß § 12 Abs. 2 TÄHAV ist die Kontrolle des Behandlungserfolgs zwingender Bestandteil einer ordnungsgemäßen Behandlung. Dies gilt nach den rechtlichen Vorgaben unabhängig davon, ob ein Tierarzt ein Kleintier, ein Pferd oder einen Tierbestand behandelt hat.

Hinsichtlich der Frage, wie der Behandlungserfolg konkret zu kontrollieren ist, besteht zum Teil Uneinigkeit bei unterschiedlichen Veterinärbehörden. Der Tierarzt sollte die Sichtweise der für ihn zuständigen Veterinärbehörde in Erfahrung bringen und – sofern diese rechtlich nicht von der Hand zu weisen ist –sein Verhalten darauf abstimmen.

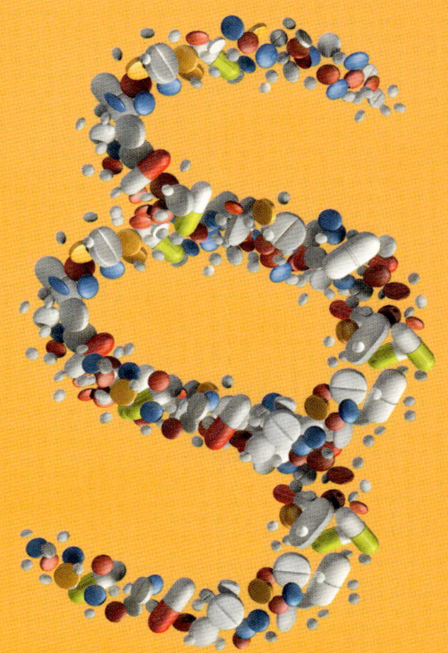

Fotolia©psdesign1

Teil 3
Arzneimittelabgabe

12 Was bedeutet die „7-Tage-Regel“ bzw. die „31-Tage-Regel“?

Jürgen Althaus

Info
Besonders relevant für Nutztier- und Pferdepraktiker.

In der anwaltlichen Praxis ist festzustellen, dass es immer wieder zu strafrechtlichen Ermittlungsverfahren im Zusammenhang mit der Abgabe von Arzneimitteln kommt. Neben dem Vorwurf einer nicht „ordnungsgemäßen Behandlung“ wird von Seiten der Veterinär- und Überwachungsbehörden oft der Vorwurf einer rechtswidrigen „Abgabe auf Vorrat“ erhoben. Was unter einer „Abgabe auf Vorrat“ zu verstehen ist, wird in Frage 13 (S. 51) ausführlich beschrieben.

Gesetzliche Grundlage einer ordnungsgemäßen Arzneimittelabgabe ist der § 56 a Abs. 1 AMG. Danach ist eine Arzneimittel-Abgabe dann als rechtlich unzulässig und damit als strafbar zu beanstanden, wenn unter anderem bzw. insbesondere die abgegebene Menge nicht gerechtfertigt ist, um das Behandlungsziel zu erreichen oder einen Verstoß gegen die 7- bzw. 31-Tage-Regel vorliegt.

12.1 Was besagen die 7- bzw. 31-Tage-Regel und wie werden sie festgelegt?

In § 56 a Abs. 1 Nr. 5 AMG wird normiert, dass ein Tierarzt verschreibungspflichtige Arzneimittel bei Tieren, die der Gewinnung von Lebensmitteln dienen, nur in einer Menge abgeben darf, die zur Anwendung innerhalb der auf die Abgabe folgenden 31 Tage bestimmt ist (a). Demgegenüber dürfen Arzneimittel, die antimikrobiell wirksame Stoffe enthalten, die nach den Zulassungsbedingungen nicht ausschließlich zur lokalen Anwendung vorgesehen sind, in einer Menge abgegeben werden, die zur Anwendung innerhalb der auf die Abgabe folgenden 7 Tage bestimmt ist (b).

Das Gesetz unterscheidet somit zwischen einer sogenannten **„31-Tage-Regel“** und einer **„7-Tage-Regel“**.

Durch die beschriebene gesetzliche Regelung wird die Menge verschreibungspflichtiger Arzneimittel, die zur Anwendung bei lebensmittelliefernden Tieren verschrieben oder abgegeben werden darf, begrenzt. Die Begrenzung der Abgabemenge dient dem Erfordernis des sorgfältigen Umgangs mit Antibiotika, um der Zunahme von Resistenzen gegenüber diesen Arzneimitteln zu begegnen. Gleichzeitig soll durch die Mengenbegrenzung eine sogenannte „Abgabe auf Vorrat“ (S. 51) vermieden werden.

12.1.1 31-Tage-Regel

Verschreibungspflichtige Arzneimittel, bei denen für eine Tierart eine Wartezeit besteht, dürfen über die nach § 56 a Abs. 1 Satz 1 Nr. 5 AMG im Übrigen auf 7 Tage begrenzte Anwendungsdauer hinaus für eine Anwendungsdauer von höchstens 31 Tage an den Tierhalter abgegeben werden. Obwohl das Gesetz dies nicht ausdrücklich vorsieht, wird als Voraussetzung für die Inanspruchnahme der 31-Tage-Ausnahmeregelung eine monatliche Begutachtung des Tierbestandes gesehen (so: Prof. Dr. Ungemach und Dr. Bottermann in den Auslegungshinweisen zum 11. Gesetz zur Änderung des Arzneimittelgesetzes, Ziffer 1.2).

Unter einer „Begutachtung“ wird dabei eine „fachliche Beurteilung durch einen Tierarzt anhand einer klinischen Untersuchung in angemessenem Umfang unter Einbeziehung von durch den Tierhalter vorgelegten und beim Tierarzt verfügbaren tiergesundheitsbezogenen Daten des Bestandes“ angesehen (vgl. Ungemach/Bottermann, a. a. O.). Des Weiteren wird als Voraussetzung angesehen, dass es sich bei der von dem Tierarzt durchgeführten Behandlung um eine „fortgesetzte“ Behandlung handelt, also um eine solche, die bereits vor der Inanspruchnahme der 31-Tage-Regelung begonnen hat.

Sofern ein Tierarzt die erforderliche Begutachtung nicht im monatlichen Rhythmus durchführt, kann er – so die zitierten Auslegungshinweise in Ziffer 1.2. – die 31-Tage-Regel nicht für sich in Anspruch nehmen. Es verbleibt in diesem Fall bei einer Befristung des Abgabezeitraums auf 7 Tage, sofern die Zulassungsbedingungen keine längere Behandlungsdauer vorsehen.

Eine erneute Verschreibung oder Abgabe von verschreibungspflichtigen Arzneimitteln für weitere Behandlungen im Rahmen des jeweiligen Behandlungsfalls ohne eine nochmalige Untersuchung ist nur für Anwendungen innerhalb der auf die erste Abgabe oder Verschreibung folgenden 31 Tage möglich. Eine erneute Verschreibung oder Abgabe von Arzneimitteln für weitere 31 Tage setzt demgegenüber voraus, dass der Tierarzt bei den behandelten Tieren vor weitergehender Abgabe eine weitere Untersuchung vornimmt. Dies ergibt sich aus § 56 a Abs. 1 Satz 2.

12.1.2 7-Tage-Regel

Eine Ausnahme von der vorerwähnten 31-Tage-Regelung gilt für Arzneimittel, die antimikrobiell wirksame Stoffe enthalten (sogenannte Antibiotika), und die nach den Zulassungsbedingungen nicht ausschließlich zur lokalen Anwendung vorgesehen sind, also ihre Wirkung systemisch entfalten. Diese Arzneimittel dürfen nur für einen Behandlungszeitraum von 7 Tagen verschrieben oder abgegeben werden. Eine Ausnahme kann im Einzelfall dann gelten, wenn die Zulassung des betreffenden Arzneimittels eine längere Anwendungsdauer vorsieht.

Bei der Anwendung von antimikrobiell wirksamen Substanzen sind grundsätzlich die Antibiotika-Leitlinien zu beachten. Dort wiederum wird eine über den Zeitraum von 7 Tagen hinausgehende Antibiotika-Verabreichung (mit Ausnahme einiger Einzelfälle) ausgeschlossen. Somit gilt im Falle der Abgabe von Antibiotika die Möglichkeit der Abweichung von der 7-Tage-Regel nur für solche, die nach den Zulassungsbedingungen ausschließlich lokal angewendet werden dürfen (vgl. dazu: Kommentierung in Kloesel/Cyran zu § 56 a Abs. 1 Satz 1 Nr. 5 und Satz 2).

12.2 Praktische Anwendung

In der juristischen Praxis kommt es gelegentlich zu strafrechtlichen Verfolgungen von Tierärzten, weil die Veterinärbehörden zum Teil die vorstehenden Fristenregelungen falsch definieren bzw. auslegen oder aber die Besonderheiten des Einzelfalls nicht berücksichtigen. So wird beispielsweise teilweise nicht berücksichtigt, dass die Zulassungsbedingungen eine über 7 Tage hinausgehende Anwendungsdauer vorsehen und dass es dem Tierarzt im Rahmen seiner Therapiefreiheit erlaubt ist, **von der festgelegten Anwendungsdauer abzuweichen.**

Probleme können auch dann auftreten, wenn der Tierhalter eigenmächtig von der tierärztlichen Behandlungsanweisung abweicht.

Beispiel

Ein Tierarzt gibt einem Tierhalter nach ordnungsgemäßer Untersuchung des Bestandes ein Antibiotikum für den Zeitraum von 7 Tagen ab. Der Tierhalter verschiebt eigenmächtig den Behandlungsbeginn um mehr als eine Woche. Anlässlich der sodann festgestellten Kontrolle durch die Veterinärbehörde stellt diese fest, dass ein erheblich zu hoher Rest des Antibiotikums vorhanden ist.

Sofern in dem dargestellten Beispielsfall die Veterinärbehörde darauf abstellt, dass das von dem Tierarzt abgegebene Medikament tatsächlich erst nach mehr als 7 Tagen zur Anwendung gelangt ist und dass darin ein Verstoß gegen die 7-Tage-Regel zu sehen ist, so werden von Seiten der Behörde sachwidrige Erwägungen angestellt, die ihre rechtliche Grundlage jedenfalls nicht in der eingangs zitierten Vorschrift finden.

Die 7-Tage-Regel bezieht sich ausdrücklich auf die Anwendungsdauer, den Bedarf und die Abgabemenge des Medikaments. Die gesetzliche Regelung bedeutet nichts anderes, als dass nur eine solche Menge von Antibiotika abgegeben werden darf, die zur Anwendung „innerhalb der auf die Abgabe folgenden 7 Tage“ bestimmt ist. Die gesetzliche Vorschrift verpflichtet den Tierarzt somit zur Abgabe einer solchen Maximalmenge, die in den folgenden 7 Tagen verbraucht werden kann. Damit soll nach dem Sinn und Zweck der Vorschrift vermieden werden, dass die abgegebene Menge über einen Zeitraum von 7 Tagen hinaus ausreichend ist.

In dem dargestellten Beispielsfall stellte die Behörde allerdings darauf ab, dass die Anwendung durch den Tierhalter „wesentlich später, als im Rahmen der 7-Tage-Regel erlaubt", erfolgt ist. Darauf kann es allerdings nicht ankommen. Die gesetzliche Vorschrift normiert gerade nicht den Beginn der Arzneimittelanwendung, sondern die Anwendungsmenge. Dass der Tierhalter (von dem Tierarzt unbeabsichtigt und eigenverantwortlich) das abgegebene Medikament erst nach einem Zeitraum von mehr als 7 Tagen angewendet hat, kann nicht zu einem Verstoß gegen die 7-Tage-Regel auf Seiten des Tierarztes führen.

12.2.1 Abgabe im Voraus

Schwierigkeiten können in der Praxis teilweise auch dann auftreten, wenn ein Tierarzt anlässlich der Bestandsuntersuchung ein Antibiotikum auch für Tiere abgibt, die zum Zeitpunkt der Untersuchung noch nicht klinisch erkrankt sind, allerdings nach wissenschaftlichen Erkenntnissen und Erfahrungen kurzfristig erkranken werden (sogenannte „Abgabe im Voraus"). Hier wird teilweise von Seiten der Veterinärbehörden der Vorwurf einer unangemessenen Abgabemenge im Sinne einer unzulässigen „Abgabe auf Vorrat" erhoben. Eine Abgabe von Arzneimitteln für akut noch nicht klinisch erkrankte, jedoch in Kürze erkrankende Tiere („Abgabe im Voraus") wird unter bestimmten Umständen allgemein als zulässig angesehen (vgl. dazu die Ausführungen zur „Abgabe im Voraus" (S. 55); ferner: Schütz in Tierarzneimittelrecht - ein Leitfaden für die Praxis, Seite 28).

In derartigen Fällen ist der Behandlungserfolg nach 7 Tagen zu kontrollieren, wobei ggf. bis dahin noch nicht verbrauchte Arzneimittelreste für eine weitere Verwendung neu zu verordnen sind. Insoweit ist zu beachten, dass mit Ablauf der 7-Tage-Frist die bisher erteilte tierärztliche Behandlungsanweisung für den konkreten Fall erlischt, sodass eine neue Behandlungsanweisung zu erteilen ist. Der Gesetzgeber geht insofern offensichtlich davon aus, dass eine antibiotische Behandlung spätestens 7 Tage nach der Diagnosestellung und Verordnung durch den Tierarzt entweder abgeschlossen ist oder es einer Kontrolle des Behandlungserfolges mit eventueller Neuverordnung bedarf.

Fazit

Arzneimittel für lebensmittelliefernde Tiere dürfen vom Tierarzt für maximal 31 Tage an den Tierhalter abgegeben werden. Handelt es sich um Antibiotika, sind es maximal 7 Tage Behandlungsdauer. Ist eine weitere Behandlung notwendig, ist eine erneute Begutachtung der Patienten durch den Tierarzt erforderlich.

In der Strafrechtspraxis wird Tierärzten häufig vorgeworfen, gegen die „7-Tage-Regel" bzw. die „31-Tage-Regel" verstoßen zu haben, also eine rechtswidrige „Abgabe auf Vorrat" vorgenommen zu haben.

13 Was versteht man unter Abgabe auf Vorrat?

Jürgen Althaus

Info
Besonders relevant für Nutztierpraktiker.

13.1 Rechtliches

Generell ist eine Arzneimittel-Abgabe nur dann als rechtlich zulässig anzusehen, wenn sie aufgrund einer ordnungsgemäßen Behandlung erfolgt (§ 43 Abs. 4 i. V. m. § 56 a AMG). Eine solche Behandlung schließt nach den gesetzlichen Vorschriften eine Untersuchung in angemessenem Umfang sowie die Kontrolle der Anwendung und des Behandlungserfolges ein. Was genau unter einer „ordnungsgemäßen Behandlung" zu verstehen ist, wird in Frage 5 (S. 30) ausführlich dargestellt.

Merke
Ein Tierarzt darf keine Arzneimittel abgeben, ohne dass er selbst eine Diagnose gestellt hat.

In der anwaltlichen Praxis ist festzustellen, dass es immer wieder zu strafrechtlichen Ermittlungsverfahren im Zusammenhang mit der Abgabe von Arzneimitteln kommt. Neben dem Vorwurf einer nicht „ordnungsgemäßen Behandlung" wird von Seiten der Veterinär- und Ermittlungsbehörden oft der Vorwurf einer rechtwidrigen „Abgabe auf Vorrat" erhoben.

Merke
Von einer „Abgabe auf Vorrat" ist auszugehen,

- **wenn ein Tierarzt Arzneimittel an einen Tierhalter abgibt, ohne dass er selbst die Tiere oder den Bestand untersucht hat und ohne dass er selbst eine Diagnose gestellt hat.**
- **wenn ein Tierarzt einem Tierhalter für den ihm bekannten Bestand ohne konkreten Krankheitsbezug Arzneimittel abgibt, damit der Tierhalter im Krankheitsfall ausreichend Medikamente zur Verfügung hat.**

Bei einer „Abgabe auf Vorrat" erfolgt die Abgabe eines Arzneimittels unabhängig von einem konkreten Krankheitsfall bzw. unabhängig von einem tatsächlichen und konkreten Bedarf. Eine solche Arzneimittelabgabe verstößt gegen § 56 a Abs. 1 AMG und **ist rechtswidrig**. Daher ist es nicht möglich, dass ein Tierarzt dem Tierhalter verschreibungspflichtige Arzneimittel für eine „Notapotheke" abgibt, um den Tierhalter dadurch in die Lage zu versetzen, seine Tiere im Falle eines eventuellen zukünftigen Krankheitsausbruchs ohne Einschaltung des Tierarztes und ohne eine tierärztliche Behandlungsanweisung medikamentös selbst zu behandeln.

13.2 Tatsächlich Abgabe auf Vorrat?

Fallstricke im Alltag sind häufig das Verhalten der Tierhalter. So kommt es oft vor, dass Arzneimittelüberwachungs- oder Veterinärbehörden bei einem Tierhalter ein nicht aufgebrauchtes Gebinde eines Arzneimittels vorfinden. Hier wird häufig schnell der (oftmals unberechtigte) Vorwurf einer „Abgabe auf Vorrat" gegen den Tierarzt erhoben, obwohl die Abgabemenge einzelfallorientiert angemessen war. Die Ursachen können vielfältig sein und sollen nachfolgend anhand von Beispielen verdeutlicht werden:

Beispiele

Frühzeitige Beendigung der Behandlung

Ein Tierarzt gibt an den Tierhalter nach einer ordnungsgemäßen Untersuchung ein Antibiotikum zur Behandlung eines Tierbestandes ab. Die von dem Tierarzt berechnete Menge (Anzahl der Tiere, Körpergewicht der Tiere, Dosierung, Anwendungsdauer) ist korrekt. Der Tierhalter stellt nach einer mehrtätigen Anwendung des Arzneimittels eine Verbesserung der Krankheitssymptomatik bei den Tieren fest und beendet die medikamentöse Behandlung vor Ablauf der von dem Tierarzt genannten Behandlungsdauer. Dies erfolgt aufseiten des Tierhalters in der Hoffnung, eine gewisse Arzneimittelmenge einzusparen und für eventuelle zukünftige Krankheitsfälle bevorraten zu können.

Tod des behandelten Tieres

Ein Tierarzt gibt an einen Tierhalter für dessen Tier ein Antibiotikum ab. Vor Erreichen der von dem Tierarzt veranschlagten Behandlungsdauer verstirbt das Tier. Der Tierhalter behält den Arzneimittelrest für eventuelle weitere Krankheitsfälle.

Nicht-Einhalten der tierärztlichen Anweisungen

Ein Tierarzt gibt an den Halter eines Geflügel-Aufzuchtbetriebs (50.000 Tiere) nach dem Nachweis hochresistenter geflügelpathogener Colikeime zwei Präparate, welche antimikrobiell wirksame Stoffe enthalten, ab. Der Tierarzt schreibt in der schriftlichen Behandlungsanweisung: „*... rate ich bei Einstallung zu einer metaphylaktischen Behandlung über das Tränkwasser mit Colistinsulfat, 150 g in 1.000 Liter Wasser für 4–5 Tage*“. Der Tierhalter verschiebt den Therapiebeginn entgegen der eindeutigen Behandlungsanweisung des Tierarztes eigenmächtig um 15 Tage nach hinten. Wenige Tage nach der Einstallung der 50.000 Tiere erfolgte eine Bestandskontrolle durch die Veterinärbehörde. Anlässlich dieser Kontrolle stellte die Behörde im Vergleich zu der tierärztlichen Behandlungsanweisung fest, dass nahezu der gesamte Medikamentenbestand noch vorhanden war. Auch hier ging die Behörde davon aus, dass der Tierarzt eine unangemessen große Arzneimittelmenge zum Zwecke der Bevorratung an den Tierhalter abgegeben hat.

Voreiliges Beurteilen durch die Behörde

Ein Tierarzt betreut einen Milchviehbetrieb mit annähernd 2.000 Tieren im Rahmen einer ordnungsgemäßen integrierten Bestandsbetreuung. Anlässlich eines der regelmäßigen Bestandsuntersuchungstage gibt der Tierarzt nach ordnungsgemäßer Untersuchung/Behandlung die erforderlichen Arzneimittel an den Tierhalter ab. Nur einen Tag später findet die Veterinärbehörde im Rahmen einer Bestandskontrolle ein „aufgefülltes Medikamentenlager“ (aufgrund der sehr großen Anzahl von Tieren wurden die Arzneimittel in einem mit mehreren Regalen versehenen Lagerraum deponiert) vor. Ohne Durchführung irgendwelcher Verbrauchsberechnungen und ohne eine konkrete Bestandsaufnahme ging die Veterinärbehörde allein wegen der Menge der Arzneimittel davon aus, dass es sich dabei um einen rechtswidrigen Vorrat handelte.

Fehlen anderweitiger Gebindegrößen

Ein Tierarzt gibt an den Halter eines Milchviehbestandes eine Packung mit Euterinjektoren (ein im Bestand nachgewiesen wirksames Penicillin) in einer Gebindegröße von 100 Injektoren ab. Die Veterinärbehörde berechnet anlässlich einer Bestandskontrolle einen tatsächlichen Bedarf von max. 24 Injektoren und geht zulasten des Tierarztes davon aus, dass dieser die übrigen Injektoren „auf Vorrat“ an den Tierhalter abgegeben habe.

Die vorstehend aufgelisteten Beispiele sollen lediglich der Veranschaulichung dienen, aus welchem Grunde möglicherweise die Kontrollbehörde eine größere Arzneimittelmenge vorfinden kann. Selbstverständlich soll nicht ausgeschlossen werden, dass Fälle denkbar sind, in denen ein Tierarzt einem Tierhalter tatsächlich Arzneimittel zur Anhäufung eines Vorrats abgibt.

§ Urteil

In einem aktuellen Urteil vom 03.05.2016 hat das Landgericht Schweinfurt (Az. 3 Ns 11 Js 4331/12) einen Tierarzt zu einer hohen Geldstrafe verurteilt. Das Urteil wird in diesem Buch mehrfach an unterschiedlichen Stellen beschrieben. Dem Urteil liegt der Sachverhalt zugrunde, dass ein Tierarzt sich bei der Behandlung von Tieren eines Milchviehbetriebes tatsächlich unzutreffende Ohrmarken (zum Teil Ohrmar-

ken von Tieren, die zu diesem Zeitpunkt nicht mehr im Bestand waren) nennen lässt und diese seiner Dokumentation zugrunde legt. Das Landgericht Schweinfurt ging davon aus, dass mangels der Feststellbarkeit der Tieridentitäten eine ordnungsgemäße Behandlung durch den Tierarzt überhaupt nicht vorgelegen habe. Das Gericht sah es als erwiesen an, dass der Tierhalter durch die Nennung falscher Ohrmarkennummern das Ziel verfolgt habe, sich „Arzneimittel auf Vorrat zu verschaffen und sich das Geld für spätere Arztbesuche zu sparen".
Das Urteil wurde in dem Revisionsverfahren durch das Oberlandesgericht Bamberg durch Beschluss vom 16.12.2016 bestätigt.

13.2.1 Häufige Vorwürfe gegen Tierärzte

Die Veterinärbehörden werfen einem betroffenen Tierarzt meistens einen dieser drei Punkte vor:

- Es wurde keine „ordnungsgemäße Behandlung" durchgeführt; vgl. Frage 5 (S. 30).
- Es wurde gegen die Fristenregelung des § 56 a Abs. 1 Nr. 5 AMG verstoßen; vgl. Frage 12 (S. 48).
- Die Menge der abgegebenen Arzneimittelmenge ist nach dem Stand der Wissenschaft nicht gerechtfertigt, um das Behandlungsziel zu erreichen.

Zur Erinnerung: In § 56 a Abs. 1 Nr. 5 AMG wird bezüglich der **Fristenregelung normiert**, dass ein Tierarzt verschreibungspflichtige Arzneimittel bei Tieren, die der Gewinnung von Lebensmitteln dienen, nur in einer Menge abgeben darf, die zur Anwendung innerhalb der auf die Abgabe folgenden 31 Tage bestimmt ist. Demgegenüber dürfen Arzneimittel, die antimikrobiell wirksame Stoffe enthalten und die nach den Zulassungsbedingungen nicht ausschließlich zur lokalen Anwendung vorgesehen sind, in einer Menge abgegeben werden, die zur Anwendung innerhalb der auf die Abgabe folgenden 7 Tage bestimmt ist. Das Gesetz unterscheidet somit zwischen einer sogenannten **„31-Tage-Regel"** und einer **„7-Tage-Regel**.

Der seitens einer Veterinärbehörde möglicherweise erhobene Vorwurf einer „Abgabe auf Vorrat" geht des Weiteren häufig einher mit dem weiteren Vorwurf, dass der Tierarzt Arzneimittel in einer Menge an einen Tierhalter abgegeben hat, **die nach dem Stand der tierärztlichen Wissenschaft nicht gerechtfertigt ist, um das Behandlungsziel zu erreichen** (§ 56 a Abs. 1 Nr. 4 AMG). In strafrechtlichen Auseinandersetzungen ist daher meist eine sehr exakte Argumentation wichtig, unter Berücksichtigung konkreter Umstände des Einzelfalls. Hier ist die erforderliche Menge möglichst konkret zu berechnen (Anzahl der Tiere, Gewicht der Tiere, Dosierung, Behandlungsdauer). Besonderheiten treten dann auf, wenn ein Tierarzt (vgl. Beispiel oben) aufgrund multiresistenter Keime **die von dem Hersteller vorgesehene Dosierungsempfehlung überschreitet oder aber diese aus anderen Gründen unterschreitet.**

Bei der Formulierung des Vorwurfs einer „Abgabe auf Vorrat" lässt sich eine Veterinärbehörde teilweise von pauschalen Annahmen und teilweise von eigenen – manchmal vagen – Berechnungen leiten, oft ohne konkrete Umstände des Einzelfalls in die Beurteilung einfließen zu lassen. Dies hat seinen Grund darin, dass meist zunächst ein Vorwurf seitens der Veterinärbehörde erhoben wird und sich ein betroffener Tierarzt erst im Anschluss daran äußert und im Rahmen einer Stellungnahme auf einzelfallspezifische Besonderheiten hinweist.

Wie bereits oben ausgeführt, ist eine „Abgabe auf Vorrat" rechtswidrig. Dies ergibt sich zwar nicht aus dem unmittelbaren Wortlaut des Arzneimittelgesetzes, jedoch aus den daraus resultierenden – oben aufgezeigten – Grundsätzen. Des Weiteren ergibt sich dies zum Teil aus den einschlägigen Kommentierungen und aus der Rechtsprechung.

Maßgeblich ist insofern beispielsweise eine ältere, aber nach wie vor maßgebliche Entscheidung des Bayerischen Obersten Landesgerichts vom 14.05.1974 (Az. RReg 4 St 23/74). Dort heißt es in den Entscheidungsgründen:

> *„Dagegen ist das Landgericht zutreffend davon ausgegangen, dass es dem Tierarzt nicht gestattet ist, dem Tierhalter Arzneimittel auf Vorrat abzugeben (Schreiben des Bundesministeriums für Jugend, Familie und Gesundheit vom 13.06.1973, Deutsches Tierärzteblatt 1973, S. 253). § 28 Abs. 4 Nr. 2 AMG gestattet es dem Tierarzt nur, für die*

konkrete Behandlung eines bestimmten Tieres Arzneimittel abzugeben; nur in diesem Umfang darf er nach § 34 Abs. 1 Nr. 4 AMG seinerseits Arzneimittel beziehen. Dies bedeutet, dass er bei jeder konkreten Behandlung überlegen muss, welche Menge eines bestimmten Arzneimittels zu dieser Behandlung erforderlich sein wird; nur diese Menge darf er dem Tierhalter überlassen, nicht jedoch darüber hinaus eine Menge, die auch für die Behandlung etwa künftiger Erkrankungen ausreicht oder die lediglich den Arzneimittelvorrat des Tierhalters oder seines Nachbarn ergänzen soll, wenn der Tierhalter ein erkranktes Tier ohne Zuziehung des Tierarztes mit anderweitig beschafften Arzneimitteln selbst behandelt hat. Hierbei ist allerdings zu beachten, dass die für eine Behandlung erforderliche Menge häufig nicht von vornherein bestimmt werden kann und dass deshalb dem Landwirt verbleibende Reste nicht stets auf eine Abgabe zur Vorratshaltung schließen lassen. Es ist ferner möglich, dass für die Behandlung ausnahmsweise nur eine wesentlich geringere als die vom Tierarzt vorgesehene Menge gebraucht wird, so etwa, wenn das Tier schon nach der Verabreichung einer geringen Menge des Mittels entweder gesund wird oder aber infolge eintretender Komplikationen eingeht. Eine zulässige Abgabe kann nicht nachträglich zur unzulässigen werden. Schließlich darf der Tierarzt einem Tierhalter auch dann eine größere als die erforderliche Menge eines Arzneimittels abgeben, wenn das Mittel nur in genormten Packungen im Handel ist und wenn keine kleinere, für den voraussichtlichen Bedarf des Tierhalters ausreichende Packung erhältlich ist."

13.3 Zusammenfassung

Eine „Abgabe auf Vorrat" ist automatisch ein Verstoß gegen § 56 a Abs. 1 AMG, was wiederum gemäß § 95 Abs. 1 Nr. 8 einen Straftatbestand darstellt. Angesichts der politischen Zielsetzung einer Antibiotikaminimierung und einer daraus resultierenden verstärkten Kontrolle der abgegebenen Arzneimittelmengen wird der Vorwurf einer rechtswidrigen „Abgabe auf Vorrat" in naher Zukunft sicherlich nicht an Bedeutung verlieren.

Praxistipp

- Dokumentation der ordnungsgemäßen Behandlung
- Fristenregelung einhalten
- nachvollziehbare Berechnung der benötigten Menge an Arzneimitteln
- bei Abweichungen der Dosierungsangaben vom Hersteller Gründe hierfür auf jeden Fall dokumentieren

14 Was ist eine Abgabe im Voraus?

Jürgen Althaus

Info
Besonders relevant für Nutztierpraktiker.

14.1 Begriffsabgrenzung

Von einer in der vorstehenden Frage beschriebenen rechtswidrigen „Abgabe auf Vorrat" ist grundsätzliche eine – im Einzelfall rechtmäßige – „Abgabe im Voraus" zu unterscheiden.

In der tiermedizinischen Praxis kommt es immer wieder vor, dass ein Tierarzt schon bei seinem Besuch feststellt, dass sich mit höchster Wahrscheinlichkeit innerhalb der nächsten Tage weitere Tiere an der bereits in dem Bestand diagnostizierten Erkrankung anstecken werden und sodann ebenso einer sofortigen Behandlung bedürfen, so z. B. im Falle einer hochansteckenden Erkrankung, wie etwa Kälberdurchfall.

Beispiel
Ein Tierarzt stellt bei einem Stalldurchgang fest, dass einige Tiere husten. Das Allgemeinbefinden der Tiere ist aber noch unauffällig und eine Verabreichung von Medikamenten ist zum Zeitpunkt der klinischen Untersuchung noch nicht angezeigt. Dennoch wird durch den Tierarzt die Prognose gestellt, es könnte bei einzelnen oder mehreren Tieren eine Verschlimmerung der Symptome auftreten. Der Tierarzt belässt daher für diese Tiere Medikamente im Stall, damit für den prognostizierten Verlauf die Möglichkeit besteht, unmittelbar Medikamente einsetzen zu können.
Wenn nun der erwartete Verlauf eintritt, meldet sich der Tierhalter telefonisch und nimmt Kontakt mit dem Tierarzt auf. Der Tierarzt erteilt sodann eine tierärztliche Anweisung zur Anwendung der für diesen Fall überlassenen Arzneimittel.

Wenn also im Einzelfall bereits bei der Untersuchung und der Diagnose durch den Tierarzt festgestellt werden kann, dass weitere Tiere erkranken werden und ebenso einer sofortigen Behandlung bedürfen, so wird generell eine Abgabe „im Voraus" für die aller Wahrscheinlichkeit nach erkrankenden Tiere als rechtmäßig angesehen. Grundlage sind hierfür allerdings belegbare und nachvollziehbare Erfahrungswerte des Tierarztes für den konkreten Bestand bzw. wissenschaftliche Erkenntnisse zum Krankheitsverlauf.

14.2 Rechtliches

Hier ist insofern beispielsweise auf die Auslegungshinweise von Herrn Professor Ungemach und Herrn Dr. Bottermann zur 11. AMG-Novelle zu verweisen. Dort heißt es:

> *„7. Abgabe von Arzneimitteln im Voraus*
> *Im Grundsatz ist eine Abgabe von Arzneimitteln nur nach vorheriger klinischer Untersuchung der zu behandelnden Tiere möglich. Unter bestimmten Voraussetzungen (z. B. im Rahmen eines für den ordnungsgemäß behandelten Bestand festgestellten Hygiene- und Prophylaxe-Programms nach § 12 Abs. 5 TÄHAV) ist für noch nicht in Bestand eingestallte Tiere jedoch auch eine Abgabe im Voraus (nicht auf Vorrat) im Rahmen der arzneimittelrechtlich vorgegebenen Zeiträume von max. 7 bis 31 Tage möglich."*

Unter Ziffer 1.1. der vorgenannten Auslegungshinweise heißt es weiter:

> *„Im Falle von Bestandserkrankungen, bei denen eine Soforttherapie der erkrankten Tiere erforderlich ist, kann für die betreffende Erkrankung eine Abgabe von Antibiotika auch für Tiere erfolgen, die aufgrund belegbarer und nachvollziehbarer Erfahrungswerte für den konkreten Bestand innerhalb der nächsten sieben Tage voraussichtlich noch erkranken werden, wobei die Erfahrungen in dem Bestand zu Grunde zu legen sind."*

In einer Stellungnahme des Tierarzneimittelfachbeirats des Bayerischen Staatsministeriums für Umwelt, Gesundheit und Verbraucherschutz zu den Mindestanforderungen an einer ordnungsgemäße Behandlung (Stand: 04.03.2008) heißt es:

„Besteht eine Behandlung aus mehreren Einzelmaßnahmen, z. B. wiederholte Verabreichung von Arzneimitteln und besteht für das weitere Vorgehen ein vom behandelnden Tierarzt erstellter eindeutiger Behandlungsplan, kann die Fortführung einer Behandlung auf Anweisung des Tierarztes durch den Tierhalter erfolgen. Ist nach dem Ergebnis der Untersuchung eines oder mehrerer Tiere damit zu rechnen, dass kurzfristig weitere Tiere derselben Tiergruppe oder ggf. des Tierbestandes von demselben Krankheitsgeschehen betroffen sein werden, so gilt Satz 1 dieses Absatzes entsprechend für die Tiere dieser Tiergruppe oder ggf. des Tierbestandes. Ist bereits zu Beginn der Erkrankung eine ganze Reihe von Tieren einer Tiergruppe oder ggf. des Tierbestandes an derselben Krankheit erkrankt (eindeutige Symptomatik), muss nicht jedes Einzeltier einer Untersuchung durch den Tierarzt unterzogen werden.“

Zu dieser Thematik wird in dem „Leitfaden Tierarzneimittel“ der Stabstelle Ernährungssicherheit des Regierungspräsidiums Tübingen ausgeführt:

„Eine Abgabe im Voraus hingegen steht im Zusammenhang mit der Behandlung des Tierarztes und ist in besonderen Einzelfällen möglich.“

! Merke

Im Falle einer „Abgabe im Voraus“ erfolgt keine „Abgabe auf Vorrat“, also zur Auffüllung einer Not-Stallapotheke, damit der Tierhalter bei plötzlichem Auftreten einer Erkrankung ohne tierärztliche Behandlungsanweisung Medikamente anwenden kann. Vielmehr erfolgt die Abgabe von Arzneimitteln auf der Grundlage einer ordnungsgemäßen tierärztlichen Behandlung. Eine derartige Behandlung ist – wenn die oben genannten Voraussetzungen vorliegen – rechtmäßig.

Die abzugebende Menge ist dann für die voraussichtlich noch erkrankenden Tiere (Prognose über die Ausbreitung der jeweiligen Erkrankung) festzulegen. Die Dokumentation der Tieridentität ist so konkret wie möglich auf den zu erstellenden Nachweisen gemäß § 13 Abs. 1 TÄHAV anzugeben (Festlegung der Tiergruppe, die prognostisch von der Ausbreitung der Erkrankung betroffen sein kann).

In der Praxis ist häufig festzustellen, dass Veterinärbehörden bei Auffinden von Arzneimittelmengen gegen den Tierarzt den Vorwurf einer rechtswidrigen „Abgabe auf Vorrat“ (S. 51) erheben. Hier wird es dann Aufgabe des Tierarztes bzw. dessen anwaltlichen Vertreters sein, die Voraussetzungen einer rechtmäßigen „Abgabe im Voraus“ darzustellen und die insoweit in dem Bestand konkret zu beachtenden Umstände des Einzelfalls (ansteckende endemische Erkrankung, Symptome, Befunde und prognostizierter Vergleich) darzulegen.

Fazit

Eine „Abgabe im Voraus“ ist an Voraussetzungen geknüpft. Erst wenn diese vorliegen, kann eine „Abgabe im Voraus“ – im Einzelfall – rechtmäßig sein.

15 Darf ein Arzneimittel für ein noch nicht geborenes oder noch nicht eingestalltes Tier abgegeben werden?

Jürgen Althaus

Nur relevant für Nutztierpraktiker.

15.1 Metaphylaxe

In der Nutztierpraxis kommt es immer wieder vor, dass der behandelnde Tierarzt es als notwendig erachtet, bei seinem Besuch Arzneimittel abzugeben für Tiere, die erst in einigen Tagen in dem Bestand des Tierhalters eingestallt werden.

Beispiel

Ein Tierarzt betreut auf der Grundlage eines Bestandsbetreuungsvertrages langjährig einen Ferkelmastbetrieb. Aufgrund des Bestandsbetreuungsvertrages erfolgen regelmäßige engmaschige Bestandsbesuche, anlässlich derer sowohl der Bestand als solcher als auch Einzeltiere ordnungsgemäß durch den Tierarzt untersucht und behandelt werden. Der Tierarzt ist dabei – gemeinsam mit dem Tierhalter – um eine weitestgehende Bestandsgesundheit bemüht. Der Schwerpunkt der tierärztlichen Tätigkeit liegt somit im Gesundheitsmanagement. Die durchgeführten Bestandsbetreuungsmaßnahmen bestehen in der Beratung hinsichtlich Präventivmaßnahmen gegen Erkrankungen (Tierhaltung, Hygiene, Fütterung etc.) und einem Tiergesundheits-Monitoring mit regelmäßigen Auswertungen der Leistungsdaten sowie den daraus folgenden Therapiemaßnahmen.
Anlässlich eines aktuellen Bestandsbesuchs teilt der Tierhalter dem Tierarzt mit, dass er in zwei Tagen eine Lieferung von 500 Ferkeln aus einem bekannten Ferkelerzeugerbestand erhalten werde. Aufgrund dieser Informationen geht der Tierarzt davon aus, dass die Tiere wegen des in zwei Tagen anstehenden Transportes und Umstallstresses gesundheitlich sehr empfindlich sein und mit größter Wahrscheinlichkeit an den im Ferkelerzeugerbestand bekannten Infektionen (Streptokokken, E. coli, Hämophilus parasuis) erkranken werden. Dem Tierarzt war insofern bekannt, dass im Vorfeld der Lieferung des Öfteren nach Einstallung in den Mastbestand gesundheitliche Probleme bei den Tieren des betreffenden Ferkelerzeugers auftraten. Ausbrüche für Streptokokken, E. coli und Hämophilus parasuis-Erkrankungen waren keine Seltenheit. Hinzu kommt die Information des Tierarztes über ein unzureichendes Impfregime im Ferkelerzeugerbetrieb.
Daraufhin gibt der Tierarzt an den Tierhalter Antibiotika und Antiparasitika zur Bekämpfung der genannten Diagnosen ab, wobei die Anzahl der in zwei Tagen einzustallenden Tiere, deren Gewicht, die Dosierung pro Tier und Tag sowie die Anwendungsdauer berücksichtigt wurden.
Die zuständige Veterinärbehörde prüfte anlässlich einer Kontrolle der tierärztlichen Hausapotheke insbesondere die den Arzneimittelabgaben zugrunde liegenden AUA-Belege. Dabei stellte man die Abgabe von Arzneimitteln für noch nicht im Bestand befindliche Tiere fest. Die Veterinärbehörde bemängelte das Fehlen einer „ordnungsgemäßen Behandlung“ als Grundvoraussetzung einer Abgabe von Arzneimitteln an den Tierhalter und somit einen Verstoß gegen § 56 a Abs. 1 AMG. Die Veterinärbehörde erstattete bei der zuständigen Staatsanwaltschaft Strafanzeige wegen des Verdachts eines Verstoßes gegen § 95 Abs. 1 Nr. 8 i. V. m. § 56 a Abs. 1 AMG.

Die Arzneimittelabgabe durch den Tierarzt erfolgte in dem dargestellten Beispielsfall im Rahmen einer durchzuführenden Metaphylaxe. In der Tiermedizin, vor allem in der Herdenbetreuung, wird der Begriff der „Metaphylaxe" für spezielle Behandlungen gebraucht, die bei noch nicht klinisch erkrankten Tieren durchgeführt werden. Tritt eine Infektionskrankheit oder Parasitose bei einem Einzeltier auf, werden häufig metaphylaktisch alle anderen Tiere des Bestandes behandelt, da bei ihnen eine gleiche Erkrankung wahrscheinlich ebenfalls im Entstehen ist. Die Metaphylaxe wird insofern als Sonderform der Prophylaxe in begründeten Verdachtsfällen auf eine konkrete Erkrankung angesehen.

An der Stelle sei auf die Ausführungen in diesem Buch zur „Abgabe im Voraus" (S. 55) verwiesen.

In den Auslegungshinweisen zum 11. Gesetz zur Änderung des Arzneimittelgesetzes von Herrn Prof. Dr. Ungemach und Herrn Dr. Bottermann vom 31.01.2003 wird zu dieser Thematik ausgeführt:

> *„Im Falle von Bestandserkrankungen, bei denen eine Soforttherapie der erkrankten Tiere erforderlich ist, kann für die betreffende Erkrankung eine Abgabe von Antibiotika auch für Tiere erfolgen, die aufgrund belegbarer und nachvollziehbarer Erfahrungswerte für den konkreten Bestand innerhalb der nächsten sieben Tage voraussichtlich noch erkranken werden, wobei die Erfahrungen in dem Bestand zugrunde zu legen sind.*
> …
> *Unter bestimmten Voraussetzungen (z. B. im Rahmen eines für den ordnungsgemäß behandelten Bestand festgelegten Hygiene- und Prophylaxeprogramms nach § 12 Abs. 5 TÄHAV) ist für noch nicht im Bestand eingestallte Tiere jedoch eine Abgabe im Voraus (nicht auf Vorrat!) im Rahmen der arzneimittelrechtlich vorgegebenen Zeiträume von max. 7 bzw. 31 Tagen möglich."*

Der „Leitfaden Tierarzneimittel" der Stabsstelle Ernährungssicherheit des Regierungspräsidiums Tübingen führt dazu aus:

> *„Im Einzelfall kann bereits bei der Untersuchung und der Diagnose durch den Tierarzt festgestellt werden, dass weitere Tiere erkranken werden und ebenso einer sofortigen Behandlung bedürfen. Grundlage hierfür müssen belegbare und nachvollziehbare Erfahrungswerte des Tierarztes für den konkreten Bestand bzw. wissenschaftliche Erkenntnisse zum Krankheitsverlauf sein. Hier kann der Tierarzt ausnahmsweise Arzneimittel bereits für Tiere abgeben, die am Tag des Besuchs noch nicht erkrankt sind. Von einer solchen ‚Abgabe im Voraus' ist die verbotene ‚Abgabe auf Vorrat' zu unterscheiden."*

15.1.1 Einstallprophylaxe

Zur Frage der Einstallprophylaxe heißt es in der Kommentierung des Arzneimittelgesetzes in Zrenner/Paintner (Auflage 2008) zu § 12 TÄHAV:

> *„Da das Kommen und Gehen eine dem Bestand immanente Eigenschaft ist, können Arzneimittel im Rahmen einer ordnungsgemäßen Bestandsbetreuung auch für Tiere abgegeben werden, die zum Zeitpunkt des tierärztlichen Besuchs noch nicht im Bestand stehen, aber in der nächsten Zeit bis zum nächsten tierärztlichen Besuch eingestellt werden, weil es gerade darauf ankommt, die Tiere in den nächsten Tagen zur Abschirmung von infektiösen Krankheiten unter medikamentösen Schutz zu stellen. Es wird nicht immer möglich sein, neu eingestellte Tiere immer sofort durch einen Tierarzt untersuchen zu lassen, wie es die Richtlinien vorsehen. Die Zulässigkeit der Abgabe einer sorgfältig abgewogenen Arzneimittelmenge kann nur dann bejaht werden, wenn der Tierbestand im Hinblick auf seinen Krankheitsstatus einer sorgfältigen tierärztlich-diagnostischen Überwachung nach den Regeln der veterinärmedizinischen Wissenschaft unterliegt und wenn die Anwendung der Arzneimittel bei dem in aller Kürze neu einzustellenden Tieren veterinärmedizinisch eindeutig gerechtfertigt ist."*

An dieser Stelle muss darauf hingewiesen werden, dass die aktuelle Auflage des genannten Kommentars aus dem Jahr 2016 stammt und die vorzitierte Textstelle dort nicht mehr aufgeführt wird.

Von besonderem Interesse ist in diesem Zusammenhang allerdings ferner eine Stellungnahme des Tierarzneimittelfachbeirats zu Fragen des Staatsministeriums für Umwelt, Gesundheit und Verbraucherschutz vom 12.10.2011. Bei dem Tierarzneimittelfachbeirat handelt es sich um Vertreter der Tierärztlichen Fakultät der Universität München, Vertreter der Bayerischen Landestierärztekammer, Vertreter des Tiergesundheitsdienstes und Vertreter der Veterinärverwaltung.

Hinsichtlich der hier in Rede stehenden Problematik einer Einstallungsmetaphylaxe heißt es unter Ziffer 4.5.1 (Allgemeines zur Untersuchung und Behandlung von Erkrankungen des Schweins) auf S. 13 f.:

> *„Anmerkung: Es ist in fast allen Krankheitsfällen in einem Schweinebetrieb notwendig, dass nach Diagnosestellung bei exemplarisch untersuchten Tieren eine Metaphylaxe durchgeführt wird. Metaphylaxe ist dabei eine Behandlung von allen Tieren eines Abteils, des Stalls oder einer Gruppe in Bezug auf eine konkrete Erkrankung, an der nach tierärztlicher Feststellung mit hoher Wahrscheinlichkeit klinisch noch gesunde Tiere ebenfalls erkranken werden. In einigen Fällen (z. B. in Ferkelaufzuchtbetrieben) kann es im Rahmen der Metaphylaxe notwendig werden, die Tiere schon bei Einstallung zu behandeln.*
>
> …
>
> *Im Falle der metaphylaktischen Behandlung erübrigt sich in der Regel eine Einzeltieruntersuchung der zum Arzneimittel-Abgabezeitpunkt (noch) gesunden Tiere…“*

Des Weiteren ist zu verweisen auf die in der vorgenannten Stellungnahme zitierte Stellungnahme des Ausschusses für Jugend, Familie und Gesundheit zum Begriff der Behandlung (S. 15 der Stellungnahme).

Dort heißt es wiederum:

> *„Dazu gehören ganz selbstverständlich die geeigneten Maßnahmen, die veterinärmedizinisch geboten sind, um beispielsweise den drohenden Ausbruch einer übertragbaren Krankheit, die Ausbreitung bestimmter Krankheitserreger oder Parasiten im Tierbestand oder das Auftreten einer Eisenmangelanämie zu verhüten…“*

Auf der Grundlage der vorstehenden Literaturzitate dürfte es somit gerechtfertigt sein, die von einem Tierarzt vorgenommene Abgabe von Arzneimitteln für die zu einem späteren Zeitpunkt einzustellenden Tiere unter den genannten Voraussetzungen als Teil einer „ordnungsgemäßen Behandlung“ und damit arzneimittelrechtlich als nicht zu beanstanden anzusehen. Dies dürfte jedenfalls dann gelten, wenn der Tierbestand im Hinblick auf seinen Krankheitsstatus einer sorgfältigen tierärztlich-diagnostischen Betreuung unterliegt und wenn die Anwendung der Arzneimittel bei den in Kürze neu einzustellenden Tieren veterinärmedizinisch notwendig ist.

! Merke

Sofern eine Veterinärbehörde das beschriebene Vorgehen des Tierarztes mit den genannten Argumenten als rechtswidrig und strafbar ansehen sollte, so wird es Aufgabe des Tierarztes sein, die besonderen Umstände des Einzelfalles (regelmäßige intensive Bestandsbetreuung, gesundheitliche Schwierigkeiten im Erzeugerbestand, veterinärmedizinisch begründbare Notwendigkeit einer sofortigen medikamentösen Therapie, intensive nachfolgende tierärztliche Betreuung der eingestallten Tiere u. Ä.) detailliert darzustellen.

15.2 Zusammenfassung

Bei engmaschiger tierärztlicher Bestandsbetreuung, bekannten gesundheitlichen Problemen im Bestand oder Zulieferbetrieb sowie begründbarer Notwendigkeit der unverzüglichen Behandlung können Metaphylaxe und Einstallungsbehandlung rechtskonform sein.

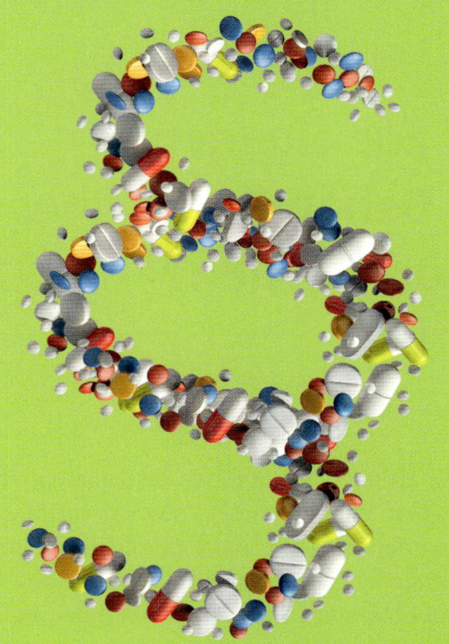

Fotolia©psdesign1

Teil 4
Erwerb, Versand und Weitergabe von Arzneimitteln

16 Darf ein Arzneimittel zur eigenen Behandlung oder zur Behandlung eines Angehörigen erworben werden?

Jürgen Althaus

Beispiel

Ein Tierarzt bezieht von einem Pharma-Großhändler ein zur Anwendung beim Menschen zugelassenes Herz-Arzneimittel. Bei einer Überprüfung der tierärztlichen Hausapotheke stellte die Überwachungsbehörde fest, dass zwar Belege über den Erwerb des Arzneimittels vorliegen, nicht allerdings Belege über die Abgabe bzw. Anwendung. Im Rahmen des Ermittlungsverfahrens stellte sich sodann heraus, dass der Tierarzt das Arzneimittel zur Behandlung seiner herzkranken Ehefrau erworben und an diese abgegeben hat. Es wurde daraufhin ein strafrechtliches Ermittlungsverfahren gegen den Tierarzt eingeleitet.

Gemäß § 43 Abs. 3 AMG dürfen apothekenpflichtige Arzneimittel nur von Apotheken abgegeben werden. Eine Ausnahme von diesem Apothekenmonopol findet sich in § 43 Abs. 4 AMG. Hier wird das eingeschränkte tierärztliche Dispensierrecht normiert.

Das Sonderrecht von Tierärzten, Arzneimittel abzugeben, ist allerdings an einschränkende Voraussetzungen geknüpft. So legt § 43 Abs. 4 AMG fest, dass Arzneimittel im Rahmen des Betriebs einer tierärztlichen Hausapotheke durch Tierärzte an Halter der von ihnen behandelten Tiere abgegeben und zu diesem Zweck vorrätig gehalten werden dürfen. Somit dürfen Arzneimittel ausschließlich an einen sehr enggesteckten Personenkreis, nämlich **Halter der von ihnen behandelten Tiere**, abgegeben werden.

Die Abgabe von Arzneimitteln an andere Personen, somit auch an Angehörige, ist ebenso rechtswidrig, wie die Anwendung im Rahmen einer Eigenbehandlung. Auch das Vorrätighalten von Arzneimitteln in der tierärztlichen Hausapotheke darf ausschließlich „zu diesem Zweck" (§ 43 Abs. 4 Satz 1 AMG) erfolgen. Als „Zweck" ist die Abgabe an Halter der von dem Tierarzt behandelten Tiere bzw. eine entsprechende Anwendung anzusehen.

In dem eingangs dargestellten Fall hat somit der Tierarzt das Arzneimittel nicht zu Praxiszwecken erworben und nicht an einen Halter eines von ihm behandelten Tieres abgegeben.

Fazit

Der Erwerb und die Abgabe von Arzneimitteln zu praxisfremden Zwecken ist unzulässig.

17 Darf ein Tierarzt an einen Tierhalter Arzneimittel versenden?

Jürgen Althaus

17.1 Historisch

Bis vor einiger Zeit gab es ein generelles Verbot des Versandes von apothekenpflichtigen Tierarzneimitteln. Das Verbot sollte einer unkontrollierten Anwendung von Arzneimitteln durch Tierhalter vorbeugen. Die Abgabe dürfe – so die damalige Gesetzesbegründung – nur in Anwesenheit des Tierarztes beim Tierhalter oder des Tierhalters in der Praxis des Tierarztes vollzogen werden. Dadurch werde in gewissem Umfang unmöglich gemacht, dass Arzneimittel aufgrund einer vorgeblichen Behandlung abgegeben werden, die der Tierarzt in der Realität rein physisch nicht erbringen kann, weil die Entfernung des behandelten Tierbestandes von seiner Praxis zu groß ist. Es sollte also einer Fernbehandlung vorgebeugt werden, da diese – so der Gesetzgeber in der Gesetzesbegründung – „nicht auf einer Untersuchung des Tieres oder der Tiere aufbaut".

Das generelle Verbot des Versandhandels mit Tierarzneimitteln ergab sich aus § 43 Abs. 5 AMG. Danach durften Tierarzneimittel, die nicht für den Verkehr außerhalb der Apotheken freigegeben waren, an Tierhalter nur in der Apotheke oder durch den Tierarzt ausgehändigt werden; ein Versand war nicht vorgesehen. Das Versandverbot wurde regelmäßig durch die Rechtsprechung bestätigt. Das Verbot wurde auch als verfassungsgemäß gesehen, da es sowohl dem Tierschutz als auch dem Gesundheitsschutz des Menschen diene.

17.2 Heutige Handhabung

§ Urteil

Eine Änderung ergab sich aufgrund eines in diesem Bereich grundlegenden Urteils des Bundesgerichtshofs vom 12.11.2009 (Az. I ZR 210/07). Der BGH hat in diesem Urteil die Auffassung vertreten, die vorzitierte Regelung des § 43 Abs. 5 genüge nicht den verfassungsrechtlichen Anforderungen, **soweit das Verbot auch die Fälle der Belieferung für nicht zu Ernährungszwecken gehaltene Haustiere umfasst.** Für diese Gruppe von Tieren sei die Versendung von Tierarzneimitteln als statthaft anzusehen.

Der Gesetzgeber hat die Bedenken des Bundesgerichtshofs aufgegriffen und die Vorschrift des § 43 Abs. 5 AMG durch das 15. Änderungsgesetz abgeändert bzw. der BGH-Rechtsprechung angepasst.

Grundsätzlich dürfen apothekenpflichtige Tierarzneimittel an den Tierhalter nur in der Apotheke oder in der tierärztlichen Hausapotheke oder durch den Tierarzt selbst ausgehändigt werden. Abweichend davon dürfen Arzneimittel, die ausschließlich (!) zur Anwendung bei Tieren, die nicht der Gewinnung von Lebensmitteln dienen, zugelassen sind, von Apotheken, die eine behördliche Erlaubnis haben, im Wege des Versandes abgegeben werden. Des Weiteren dürfen Arzneimittel der vorgenannten Art im Rahmen des Betriebs einer tierärztlichen Hausapotheke, jedoch nur unter bestimmten Voraussetzungen, abgegeben werden.

17.2.1 Arzneimittel-Zulassung bedingt Ausnahme

Versand durch Apotheke

Die sich nun aus § 43 Abs. 5 AMG ergebende Ausnahmeregelung folgt aus der Argumentation des BGH in seinem Urteil zum Versandhandel mit Tierarzneimitteln, die nicht für lebensmittelliefernde Tiere bestimmt sind. Die Ausnahmeregelung gilt somit ausschließlich für Arzneimittel, deren Kennzeichnung eine Tierart angibt, die üblicherweise nicht der Gewinnung von Lebensmitteln dient, sondern „Hausgenossen" des Adressaten sind (so der BGH in dem genannten Urteil). Die Ausnahmeregelung des § 43 Abs. 5 AMG stellt ausschließlich auf die „Zulassung", nicht aber auf den Verwendungszweck ab. So gilt die Ausnahme für Arzneimittel, die ausschließlich für nicht-lebensmittelliefernde Tiere zugelassen sind. Demgegenüber gilt die Ausnahme nicht für Arzneimittel, die sowohl für lebensmittelliefernde als auch für nicht-lebensmittelliefernde Tiere zugelassen sind, und zwar auch dann nicht, wenn das Arzneimittel ausschließlich bei nicht-lebensmittelliefernden Tieren angewendet werden soll. **Entscheidend ist die „Ausschließlichkeit" der Zulassung.** Somit dürfen gemäß § 43 Abs. 5 Satz 3 apothekenpflichtige Arzneimittel für nicht-lebensmittelliefernde Tiere durch Apotheken im Wege des Versandes abgegeben werden.

Versand durch Tierarzt

Für den Tierarzt sieht § 43 Abs. 5 AMG ebenfalls eine Ausnahme vor. Danach dürfen Arzneimittel, die nicht für lebensmittelliefernde Tiere bestimmt sind, im Versandwege durch Tierärzte abgegeben werden. Diese Regelung stellt eine Ausnahmeregelung zu § 43 Abs. 4 Satz 1 AMG dar, wonach die Abgabe von Arzneimitteln ausschließlich im Rahmen des Betriebs einer tierärztlichen Hausapotheke durch den Tierarzt zugelassen ist.

Die zugunsten des Tierarztes eingeräumte Ausnahmeregelung ist allerdings an Voraussetzungen geknüpft, nämlich: Der Versand darf ausschließlich für ein Tier erfolgen, **das von dem Tierarzt behandelt wird** (vgl. § 43 Abs. 5 Satz 4 AMG: „…für vom Tierarzt behandelte Einzeltiere…"). Es ist bereits in Frage 5 (S. 30) ausführlich beschrieben worden, was genau unter einer „Behandlung" zu verstehen ist. Nach der Rechtsprechung setzt eine „Untersuchung in angemessenem Umfang" und somit eine „Behandlung" im Sinne der genannten gesetzlichen Vorschriften voraus, dass der Tierarzt für den konkreten Einzelfall eine Indikation für ein konkretes Arzneimittel sowie eine Diagnose bestimmen kann.

Als weitere Voraussetzung sieht das Gesetz vor, dass der Versand „im Einzelfall" erfolgt.

Merke

Der Gesetzgeber sieht den Versand durch Tierärzte ausdrücklich nicht als Regelfall, sondern als Ausnahmefall.

Gemäß der Gesetzesbegründung zum 15. Änderungsgesetz darf ein Tierarzt auch nicht in seinem Internetauftritt auf die Möglichkeit des Versandes von Arzneimitteln hinweisen. Auch diese Begründung stellt den Ausnahmecharakter der Versandmöglichkeit heraus.

Schließlich darf der Versand durch einen Tierarzt nur in einer für die **kurzfristige Weiterbehandlung** notwendigen Menge erfolgen. Dies wird allerdings im Einzelfall nicht ausschließen, dass auch ein einmalig anzuwendendes Arzneimittel im Wege des Versandes abgegeben werden kann – aber eben nur, wenn die weiteren genannten Voraussetzungen vorliegen.

Die hier dargestellten Regelungen des § 43 Abs. 5 AMG gelten dem Wortlaut nach für apothekenpflichtige und somit auch verschreibungspflichtige Arzneimittel, nicht aber für frei verkäufliche Arzneimittel. Derartige Arzneimittel können durch einen Tierhalter legal beim Tierarzt, in einer Apotheke, in Drogerien, im Tierfachhandel oder im Versandhandel erworben werden. Anders als bei apothekenpflichtigen Arzneimitteln setzt die Abgabe von frei verkäuflichen Arzneimitteln durch einen Tierarzt gerade **nicht** voraus, dass das medikamentös zu therapierende Tier sich in seiner Behandlung befindet.

Fazit

Die Lockerung des Versandverbots gilt nicht uneingeschränkt, sondern nur für vom Tierarzt behandelte Einzeltiere. Und auch dann nur unter bestimmten Voraussetzungen. Der Versand von Arzneimitteln durch einen Tierarzt aufgrund einer „Bestellung" eines Tierhalters für von dem Tierarzt nicht behandelte Tiere bleibt unzulässig.

18 Darf man Arzneimittel an einen Kollegen abgeben bzw. „ausleihen"?

Jürgen Althaus

Beispiel

Ein Tierarzt stellt im Rahmen der Kleintiersprechstunde fest, dass ein von ihm zur akuten Behandlung eines Kleintieres erforderliches Arzneimittel nicht mehr in der tierärztlichen Hausapotheke vorhanden ist. Die sofortige Bestellung beim Hersteller bzw. beim Großhändler nimmt zu viel Zeit in Anspruch. Also fragt der Tierarzt bei seinem im selben Ort ansässigen Nachbarkollegen an und bittet diesen, ihm mit dem Medikament „auszuhelfen". Bei nächster Gelegenheit werde man sich revanchieren und das Arzneimittel „zurückgeben".

Was hier wie eine anerkennenswerte Gefälligkeit klingt, ist in arzneimittelrechtlicher Hinsicht untersagt und sogar strafbar.

18.1 Rechtliches

In § 43 Abs. 4 Satz 1 AMG heißt es:

> *„Arzneimittel im Sinne des § 2 Abs. 1 oder Abs. 2 Nr. 1 dürfen ferner im Rahmen des Betriebs einer tierärztlichen Hausapotheke durch Tierärzte an Halter der von ihnen behandelten Tiere abgegeben und zu diesem Zweck vorrätig gehalten werden."*

Diese Regelung ist Ausfluss des eingeschränkten tierärztlichen Dispensierrechts. Ein Tierarzt darf demgemäß Arzneimittel nur abgeben wenn

- er **selbst** eine tierärztliche Hausapotheke betreibt und
- er das Arzneimittel direkt an den Halter der von ihm behandelnden Tiere abgibt.

Vereinfacht bedeutet dies, dass ein Tierarzt ein Arzneimittel an keine andere Person abgeben darf, als an den Halter eines von ihm behandelten Tieres. Somit darf ein Tierarzt ein Arzneimittel auch nicht an einen benachbarten tierärztlichen Kollegen abgeben.

Das eingangs beschriebene Verhalten erfüllt den Straftatbestand des § 95 Abs. 1 Nr. 8 i. V. m. § 56a Abs. 1 AMG, in dem der benachbarte tierärztliche Kollege ein Arzneimittel nicht an den Halter eines von ihm behandelten Tieres abgibt, sondern an einen anderen Tierarzt und somit an eine Person außerhalb des zulässigen Personenkreises.

18.1.1 Praxisgemeinschaft

Eine Rechtswidrigkeit und damit Strafbarkeit einer Arzneimittelabgabe ist auch in den Fällen anzunehmen, in denen zwei Tierärzte im Rahmen einer Gruppenpraxis (Praxisgemeinschaft) praktizieren und **lediglich einer der beiden Praxisinhaber eine tierärztliche Hauapotheke** betreibt.

Beispiel

Ein tierärztliches Ehepaar betreibt zwei tierärztliche Einzelpraxen, welche im Rahmen einer Gruppenpraxis (Praxisgemeinschaft) kooperieren. Der Ehemann betreibt eine Gemischtpraxis. Die Ehefrau betreibt eine reine Kleintierpraxis. Beide Praxen werden in denselben Räumlichkeiten betrieben. Die tierärztliche Hausapotheke ist auf den Namen der Praxis des Ehemannes angezeigt und wird offiziell von diesem betrieben. Die Ehefrau bedient sich zum Zwecke der medikamentösen Versorgung der von ihr behandelten Tiere aus dem Bestand der (für sie fremden) tierärztlichen Hausapotheke.

Die zuständige Veterinärbehörde hat gegen beide betroffenen Tierärzte Strafanzeige erstattet mit dem Vorwurf eines Verstoßes gegen § 95 Abs. 1 Nr. 8 i. V. m. § 56a Abs. 1 AMG.

Definition Praxisgemeinschaft Bei einer Gruppenpraxis (Praxisgemeinschaft) handelt es sich um einen Zusammenschluss von mindestens zwei selbständigen Tierärzten. Der Zusammenschluss erfolgt allerdings – anders als bei einer Gemeinschaftspraxis – in Form einer Organisationsgemeinschaft zur gemeinsamen Nutzung von Räumlichkeiten, Personal, Gerätschaften und Ähnliches. Die betreffenden tierärztlichen Praxen bleiben **rechtlich selbständig**. Jede Praxis besitzt einen eigenen Kundenstamm, einen eigene Buchhaltung und eine eigene Steuernummer. So ist auch jede Praxis verpflichtet, eine eigene und von der jeweils anderen Praxis getrennte tierärztliche Hausapotheke zu führen. **Die Nutzung einer gemeinsamen tierärztlichen Hausapotheke ist rechtlich nicht möglich.**

Ferner ist selbst dann, wenn jede Praxis eine eigene selbständige tierärztliche Hausapotheke betreibt, **ein Austausch von Medikamenten untereinander nicht möglich.** Schließlich ist hier zu beachten, dass auch eine gemeinsame Belieferung der tierärztlichen Hausapotheken durch eine Pharmafirma oder einen Großhändler ausscheidet. Letzteres wird in der Praxis häufig nachgefragt, wenn der Wille zur Gründung einer Praxisgemeinschaft („Einkaufsgemeinschaft") besteht. Letztlich stellt sich sodann das Verbot einer gemeinsamen Belieferung häufig als Argument gegen die Gründung einer Praxisgemeinschaft dar. In dem dargestellten Beispiel haben sich die tierärztlichen Eheleute tatsächlich strafbar gemacht. Die beiden Verfahren konnten letztlich durch Zahlung geringer Geldauflagen eingestellt werden.

18.2 Zusammenfassung

- Arzneimittel nur an Tierhalter aus dem eigenen Kundenstamm abgeben
- keine Abgabe an Kollegen
- Vorsicht bei Praxisgemeinschaften:
  - Nutzung einer gemeinsamen Hausapotheke ist nicht möglich
  - Gemeinsamer Einkauf ist nicht möglich

19 Darf man bei einem Verkauf einer Praxis den Arzneimittel-Bestand übergeben?

Jürgen Althaus

Wenn eine tierärztliche Praxis von einem tierärztlichen Kollegen an einen Nachfolger veräußert wird, so betrifft dies regelmäßig die Übergabe sowohl des materiellen Wertes des Anlagevermögens als auch des den Kundenbeziehungen innewohnenden immateriellen Wertes der Praxis. Spätestens bei der Festlegung des Kaufpreises stoßen die Kaufvertragsparteien auf die Frage, wie der Wert des Medikamentenbestandes der tierärztlichen Hausapotheke bestimmt werden soll und ob die Medikamente überhaupt von einem tierärztlichen Kollegen an einen anderen tierärztlichen Kollegen abgegeben werden dürfen.

Im Rahmen der Beantwortung der vorstehenden Frage zur Weitergabe von Arzneimitteln an Kollegen (S. 65) ist dargestellt worden, dass die Abgabe von Arzneimitteln durch einen Tierarzt nur im Rahmen des Betriebs einer tierärztlichen Hausapotheke und nur an einen privilegierten Personenkreis, nämlich **ausschließlich an Tierhalter der von dem Tierarzt behandelten Tiere** abgegeben werden darf. Aus dieser Regelung resultieren möglicherweise Bedenken von Kaufvertragsparteien bezüglich der Rechtmäßigkeit der Übergabe des Arzneimittelbestandes.

19.1 Sonderregelung für Praxisübergabe

Für Fälle der beschriebenen Art gibt es allerdings eine arzneimittelrechtliche Sonderregelung in § 43 Abs. 6 AMG. Danach dürfen Arzneimittel im Rahmen der Übergabe einer tierärztlichen Praxis an den Nachfolger im Betrieb der tierärztlichen Hausapotheke abgegeben werden. Diese Regelung wurde durch die 13. AMG-Novelle in das Gesetz eingefügt. Damit wird die Abgabe des gesamten vorhandenen Arzneimittelbestandes im Rahmen der Übergabe einer tierärztlichen Praxis an den Nachfolger im Betrieb der tierärztlichen Hausapotheke legitimiert. Bei dem dadurch erfolgenden Übergang der tatsächlichen Verfügungsgewalt über die Arzneimittel handelt es sich um eine „Abgabe" von Arzneimitteln im rechtlichen Sinne. Diese Abgabe ist allerdings rechtmäßig.

Praxistipp

In praktischer Hinsicht muss der die tierärztliche Hausapotheke übergebende Tierarzt den Verbleib der von ihm bezogenen Arzneimittel dokumentieren. Gleichzeitig muss der übernehmende Tierarzt den Erwerb der Arzneimittel dokumentieren. Es erscheint sinnvoll, den Arzneimittelbestand der tierärztlichen Hausapotheke genau im Hinblick auf die Arzneimittelbezeichnung-/Chargennummer und -menge zu inventarisieren. Dies wird aufgrund entsprechender kaufvertraglicher Regelungen ohnehin meist zum Stichtag der Praxisübergabe gemacht, um auf Basis der Inventur den Wert des Medikamentenbestandes zu ermitteln. Sofern diese Inventarliste in doppelter Ausfertigung erstellt wird, kann der abgebende Tierarzt damit den Verbleib und der erwerbende Tierarzt damit den Erwerb der Arzneimittel dokumentieren.

In einem nächsten Schritt muss der Praxisabgeber gegenüber der zuständigen Veterinärbehörde den Betrieb der tierärztlichen Hausapotheke abmelden. Viele Veterinärbehörden sehen hierfür entsprechende Formulare vor, in denen eine Mitteilung vorgesehen ist, dass und an wen die tierärztliche Hausapotheke abgegeben wird/wurde.

Gleichzeitig muss der Praxiserwerber und somit der den Medikamentenbestand käuflich übernehmende Tierarzt bei der zuständigen Veterinärbehörde den Betrieb einer tierärztlichen Hausapotheke nach § 67 AMG anzeigen. Näheres dazu lesen Sie in Frage 44 (S. 125).

19.1.1 Betäubungsmittel

Häufig taucht im Zusammenhang mit der käuflichen Übertragung des Medikamentenbestandes die weitere Frage auf, wie zu verfahren ist, wenn die tierärztliche Hausapotheke neben Arzneimitteln auch Betäubungsmittel aufweist. In diesem Fall gelten weitergehende betäubungsmittelrechtliche Besonderheiten, die sich insbesondere aus § 12 BtMG ergeben. Danach ist zunächst für jedes Betäubungsmittel der Ist-Bestand vom Inhaber der BtM-Nummer der zu übergebenden tierärztlichen Hausapotheke festzustellen und auf dem entsprechenden, bei der Bundesopiumstelle erhältlichen, Formblatt als „Abgabemenge“ unter Angabe des Datums und Namen des Erwerbers (Nachfolger in der tierärztlichen Hausapotheke/Inhaber der „neuen“ BtM-Nummer) zu vermerken. Der Erwerber des Betäubungsmittels (also der Praxisnachfolger) muss dem „Abgebenden“ den Erhalt des Betäubungsmittels schriftlich bestätigen. Dies kann auch auf dem vorerwähnten Formblatt des „Abgebenden“ erfolgen.

Die so ermittelte „Abgabemenge“ kann sodann vom Nachfolger in der tierärztlichen Hausapotheke und Inhaber der „neuen“ BtM-Nummer unter Angabe des Datums und Namen des „alten“ Inhabers der BtM-Nummer in sein entsprechendes Formblatt übernommen werden.

Der Inhaber der BtM-Nummer, der seine tierärztliche Hausapotheke an den Nachfolger übergibt, muss der Bundesopiumstelle die Aufgabe seiner tierärztlichen Hausapotheke bzw. deren Verlegung mitteilen. Ebenso muss er auch die Menge und Bezeichnung der jeweiligen Betäubungsmittel angeben, die er an seinen Nachfolger in der tierärztlichen Hausapotheke übergeben hat. Der Nachfolger/Erwerber der Betäubungsmittel ist entsprechend auch gegenüber der Bundesopiumstelle zu benennen.

Merke

Durch die Ausnahmeregelungen des § 4 Abs. 1 BtMG dürfen die vorhandenen Betäubungsmittel ohne Erlaubnis nach § 3 BtMG vom Vorgänger auf den Nachfolger im Betrieb der tierärztlichen Hausapotheke übergeben werden, es sind jedoch die Abgabebelege nach der Betäubungsmittel-Binnenhandelsverordnung zu erstellen und der Bundesopiumstelle zu übermitteln. Weitere Angaben lassen sich der Homepage der Bundesopiumstelle (bfarm.de) entnehmen.

Fazit

Grundsätzlich ist die Übergabe einer tierärztlichen Hausapotheke an den Praxisnachfolger möglich. Eine genaue Dokumentation ist aber notwendig. Auch Betäubungsmittel können an den Nachfolger übergeben werden. In beiden Fällen ist unbedingt den Meldemodalitäten bei den zuständigen Behörden genüge zu tun.

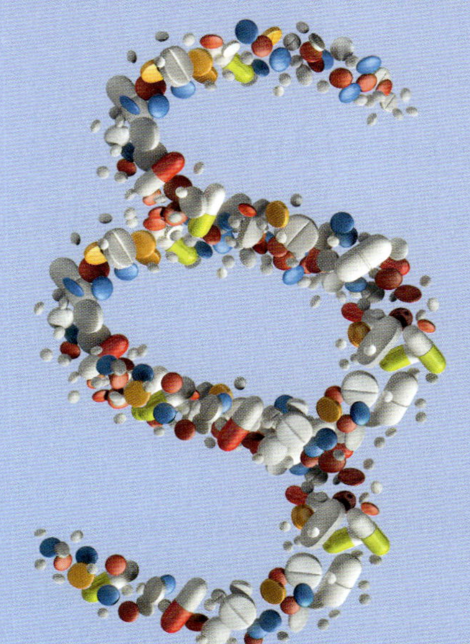

Fotolia©psdesign1

Teil 5
Antibiotika

20 Muss man vor der Abgabe/Anwendung eines Antibiotikums ein Antibiogramm erstellen?

Jürgen Althaus

Info
Besonders relevant für Nutztier- und Pferdepraktiker.

20.1 Regelung im AMG

Anlässlich der Diskussion zur 16. AMG-Novelle wurde vielfach eine Verschärfung des Arzneimittelrechts mit der Begründung proklamiert, dass die Anwendung/Abgabe eines Antibiotikums zwingend nur nach Erstellung eines Antibiogramms möglich sei. Ist dies aber zutreffend?

Antibiotika sind verschreibungspflichtige Arzneimittel, über deren Einsatz ausschließlich der Tierarzt entscheiden darf und kann. Die Anwendung von Antibiotika darf nur in Übereinstimmung mit den arzneimittelrechtlichen Vorschriften und dies wiederum nur bezogen auf den konkreten Einzelfall erfolgen, für den der Tierarzt nach entsprechender Diagnosestellung die Indikation für das Antibiotikum und die behandlungsbedürftigen Tiere festgestellt hat. Diese Anforderungen decken sich mit den Regelungen des § 56 a Abs. 1 Nr. 1 AMG, wonach ein Tierarzt ein apothekenpflichtiges Arzneimittel an einen Tierhalter nur abgeben oder bei dessen Tieren nur anwenden darf, wenn das Arzneimittel für die von dem Tierarzt behandelten Tiere bestimmt ist. Eine derartige „Behandlung" setzt eine „Untersuchung in angemessenem Umfang" voraus. Wegen der allseits bekannten Resistenzproblematik gelten diese Anforderungen bei der Abgabe/Anwendung von Antibiotika in ganz besonderem Maße.

20.2 Antibiotika-Leitlinien

Wann aber ist der Einsatz von Antibiotika gerechtfertigt? Wie ist festzustellen, welches konkrete Antibiotikum einzusetzen ist? Hier helfen die Antibiotika-Leitlinien weiter. Bei diesen Leitlinien handelt es sich um eine unter fachlichen Aspekten erfolgte Beschreibung einer optimalen Vorgehensweise für die Anwendung von Antibiotika, von der nur in begründeten Fällen abgewichen werden sollte.

Gemäß Ziffer 1 der Antibiotika-Leitlinien dürfen Antibiotika nur angewendet werden, wenn belegt oder mit Sicherheit anzunehmen ist, dass der bei den zu behandelnden Tieren oder im Bestand zu bekämpfende bakterielle Erreger gegenüber dem eingesetzten Antibiotikum empfindlich ist.

Gemäß Ziffer 2 unterliegt die Auswahl und Entscheidung zur Anwendung von Antibiotika der Verantwortung des behandelnden Tierarztes nach fachgerechter Diagnose. Dabei hat der Tierarzt aufgrund seiner Kenntnisse und des aktuellen Standes der Wissenschaft Nutzen und Risiken abzuwägen.

In Ziffer 3 der Leitlinien wird festgehalten, dass der Einsatz von Antibiotika immer eine Diagnose basierend auf angemessener klinischer Untersuchung und erforderlichenfalls weiter führenden labordiagnostischen Untersuchungen unter Einbeziehung des Immunstatus der Tiere, bestandsspezifische Aspekte und sonst der Erfahrungen und Kenntnisse erfordert. In den Erläuterungen der Antibiotika-Leitlinien heißt es dazu, dass zur Begründung einer Indikation für den Einsatz eines Antibiotikums in jedem Einzelfall eine fachgerechte Diagnostik durchgeführt werden muss. Die Leitlinien lassen dem Tierarzt „hinreichend Spielraum, die erforderlichen diagnostischen Maßnahmen entsprechend dem jeweiligen Einzelfall zu wählen“.

In den Erläuterungen zu Ziffer 3 der Antibiotika-Leitlinien wird ausgeführt:

> *„Wenn eine bakterielle Infektionskrankheit festgestellt, der Erreger aber noch nicht eindeutig identifiziert ist und aufgrund der Schwere oder der Ausbreitungstendenz der Erkrankung eine sofortige Behandlung erforderlich ist, kann der Tierarzt mit der Behandlung beginnen, ohne dass mikrobiologische Befunde (Erregeridentifizierung, Antibiogramm) vorliegen. Aber auch in diesem Fall sind fachlich nachvollziehbare klinische Befunde und diagnostische Maßnahmen erforderlich.*
> *Erlaubt das Krankheitsbild den eindeutigen Rückschluss auf einen bestimmten Erreger oder deutet es auf einen mutmaßlichen Erreger hin, der erfahrungsgemäß mit einem Antibiotikum mit schmalem Spektrum bekämpft werden kann, genügt eine stichprobenweise mikrobiologische Untersuchung zur Absicherung der Diagnose und Resistenzlage.“*

! Merke

Sollte in einer konkreten Behandlungssituation ein Tierarzt allein aufgrund seiner Erfahrungen und der klinischen Diagnostik in der Lage sein, die genaue Ursache einer bakteriellen Infektionskrankheit, also den Erreger, festzustellen, so ist in einem solchen Fall die Anwendung/Abgabe eines Antibiotikums auch ohne Durchführung eines Antibiogramms möglich.

In den Leitlinien wird empfohlen („soweit möglich und sinnvoll…“), bei Beginn der Behandlung mit einem Antibiotikum eine mikrobiologische Diagnostik mit Erregeridentifizierung und Antibiogramm in angemessenem Umfang durchzuführen. Dies wird allerdings nicht zwingend vorgeschrieben. Je weniger in einem konkreten Einzelfall sich ein Erreger allein aufgrund der klinischen Diagnostik bestimmen lässt, desto eher ist die Erstellung eines Erregernachweises und eines Antibiogramms erforderlich.

In der Konsequenz bedeutet dies, dass zur Vermeidung einer Resistenzlage die Erstellung eines Erregernachweises und eines Antibiogramms immer dann als erforderlich anzusehen ist, wenn allein aufgrund tierärztlicher Erfahrungen und aufgrund der klinischen Diagnostik es nicht möglich sein sollte, den Erreger einer bakteriellen Infektionskrankheit zu bestimmen.

Für den Fall, dass die Auswahl eines bestimmten Antibiotikums allein auf der Erregerfestlegung aufgrund einer klinischen Diagnostik beruht, sind die diagnostischen Maßnahmen zur Begründung einer Indikation für den Einsatz nach Ziffer 7 der Antibiotika-Leitlinien zu dokumentieren. Dazu zählen alle Befunde, auf denen die Diagnosestellung für den Einsatz des Antibiotikums beruht (z. B. Ergebnisse der klinischen Untersuchung, der pathologisch-anatomischen Untersuchungen, der mikrobiologischen Diagnostik oder epidemiologischen Erhebungen).

Fazit

Antibiotika sollen nur dann ohne Antibiogramm angewendet werden, wenn

- die Schwere der Erkrankung ein Warten auf das Ergebnis nicht erlaubt,
- mit großer Sicherheit durch die klinische Untersuchung festgestellt werden kann, um welchen Keim es sich handelt.

21 In welchen Fällen sind ein Erregernachweis und ein Antibiogramm erforderlich?

Jürgen Althaus

Merke

Nach Ziffer 3 der Antibiotika-Leitlinien sind ein Erregernachweis und ein Antibiogramm nach Erregerisolierung grundsätzlich in folgenden Fällen erforderlich:

- **bei Wechsel eines Antibiotikums im Verlauf einer Therapie wegen nicht ausreichendem Behandlungserfolg**
- **regelmäßig bei wiederholtem oder längerfristigem Einsatz bei Tiergruppen oder in Tierbeständen**
- **bei kombinierter Verabreichung von Antibiotika bei einer Indikation**
- **bei Abweichung von den Zulassungsbedingungen (Umwidmung)**

21.1 Wechsel des Wirkstoffs

Gemäß den Antibiotika-Leitlinien wird dem Tierarzt zugestanden, bei akuten Infektionserkrankungen, deren Behandlung keinen Aufschub duldet, das einzusetzende Antibiotikum aufgrund klinischer Befunde und auf Basis seiner Erfahrungen hinsichtlich der betriebsspezifischen Gegebenheiten des Einzelfalls oder auch anderer Erkenntnisse zur Anfangsbehandlung auszuwählen. Sofern sich im Verlaufe der Behandlung die Notwendigkeit eines Wechsels des Antibiotikums herausstellen sollte, so ist nach den Antibiotika-Leitlinien „in der Regel“ dieser Wechsel auf der Basis von Befunden einer mikrobiologischen Diagnostik vorzunehmen.

21.2 Wiederholte/dauerhafte Behandlung

Im Falle einer in einem Tierbestand wiederholt durchzuführenden Anwendung von Antibiotika – in den Antibiotika-Leitlinien wird exemplarisch die Anwendung bei der Einstallung genannt – ist grundsätzlich eine regelmäßige Untersuchung der Resistenzsituation vorzunehmen. Die Leitlinien sehen hier nicht vor, dass die mikrobiologische Diagnostik bei jeder Behandlung durchgeführt werden muss. Vielmehr ergebe sich der angemessene Umfang dieser Untersuchungen aus dem Einzelfall.

21.3 Kombination mehrerer Wirkstoffe

Für den Fall, dass mehrere Antibiotika bei der gleichen Grunderkrankung kombiniert verabreicht werden sollen, muss nach den Antibiotika-Leitlinien diagnostisch nachgewiesen werden, dass die beteiligten Erreger nicht mit einem einzelnen Wirkstoff bekämpft werden können. Die Leitlinien gestehen in besonders schweren akuten Krankheitsfällen mit unbekanntem Erregerspektrum zu, dass eine Kombination von Antibiotika evtl. bereits zu Beginn der Behandlung erforderlich sein kann, und zwar bevor mikrobiologische Untersuchungsergebnisse vorliegen.

21.4

Umwidmung eines Antibiotikums

Nach den Antibiotika-Leitlinien kann die Umwidmung eines Antibiotikums, d. h. die Anwendung bei einem anderen Anwendungsgebiet oder bei einer anderen Tierart als nach der Zulassung bestimmt, „in der Regel“ nur auf der Basis eines Antibiogramms oder anderer Erkenntnisse zur Resistenzlage erfolgen, sofern dadurch belegt wird, dass die Voraussetzungen des sog. „Therapienotstands“ (S. 24) vorliegen.

Fazit

Ein Antibiogramm wird erforderlich bei Wechsel des Antibiotikums im Verlauf einer Therapie, regelmäßigem oder längerfristigem Einsatz, der Kombination mehrerer Wirkstoffe sowie einer Umwidmung.

22 Darf ein Antibiotikum umgewidmet werden, wenn ja, unter welchen Voraussetzungen?

Jürgen Althaus

Nach der arzneimittelrechtlichen Kernvorschrift des § 56a Abs. 2 AMG besteht die Möglichkeit, ein Arzneimittel im Falle eines „Therapienotstands" (S. 24) umzuwidmen. Gemäß Ziffer 3 der Antibiotika-Leitlinien kann die Umwidmung eines Antibiotikums, d. h. die Anwendung bei einem anderen Anwendungsgebiet oder einer anderen Tierart als nach der Zulassung bestimmt, „in der Regel" nur auf der Basis eines Antibiogramms oder anderer Erkenntnisse zur Resistenzlage erfolgen. Diese müssen belegen, dass die Voraussetzungen des „Therapienotstands" vorliegen (kein entsprechendes Arzneimittel für Tierart oder Anwendungsgebiet zugelassen, arzneiliche Versorgung der Tiere ansonsten ernstlich gefährdet).

Vom Grundsatz her gilt, dass die Anwendung von Antibiotika entsprechend den Zulassungsbedingungen erfolgen soll (vgl. Ziffer 5 der Antibiotika-Leitlinien).

Merke

Jede Abweichung von den Zulassungsbedingungen (Anwendungsgebiet, Tierart, Dosis, Applikationsart, Anwendungsdauer) muss begründbar sein, wobei die Dosierung ausreichend hoch und die Behandlungsintervalle ausreichend kurz zu wählen sind. Im Falle bestandsweiser oraler Verabreichung ist die vorgesehene Dosierung der behandlungsbedürftigen Tiere sicherzustellen.

Die Erläuterungen zu Ziffer 5 der Antibiotika-Leitlinien gehen davon aus, dass die Umwidmung eines Antibiotikums nur auf der Basis einer Diagnose geschehen kann, die zum Beispiel durch **Erregernachweis, Antibiogramm oder epidemiologische Erkenntnisse zur Resistenzlage, nachvollziehbare klinische Befunde oder pathologisch-anatomische Untersuchungen belegt ist.**

Bei allen Abweichungen von den Zulassungsbedingungen liegt die Verantwortung für die Wirksamkeit und die Sicherheit der behandelten Tiere sowie die Gewährleistung der Verbrauchersicherheit beim Tierarzt. **So muss der Tierarzt durch ausreichend lange Wartezeiten sicherstellen, dass die Rückstände in den Lebensmitteln, die von behandelten Tieren gewonnen werden, unbedenklich sind.** Im Falle einer Umwidmung der Tierart hat der Tierarzt die in § 12a Abs. 2 TÄHAV festgelegten Mindestwartezeiten (S. 26) einzuhalten. Des Weiteren ist zu beachten, dass auch eine Änderung des Verabreichungsweges oder eine Erhöhung der Dosis die Rückstandsbildung verändern kann, weshalb der Tierarzt bei der Abweichung von den in der Packungsbeilage genannten Verabreichungswege und Dosierungen eine für den jeweiligen Fall ausreichend lange Wartezeit festzulegen und anzugeben hat.

Fazit

Grundsätzlich können auch Antibiotika umgewidmet werden. Der Tierarzt trägt dafür Sorge, dass Dosis, Behandlungsintervall und Wartezeit der Umwidmung angepasst sind.

23 Welche Bedeutung haben die Antibiotika-Leitlinien (oder andere Leitlinien)?

Jürgen Althaus

Info

Besonders relevant für Nutztier- und Pferdepraktiker.

23.1 Was steht in den Antibiotika-Leitlinien?

In der zurückliegenden Diskussion über die Minimierung von Antibiotikaresistenzen wurden häufig die „Leitlinien für den sorgfältigen Umgang mit antibakteriell wirksamen Tierarzneimitteln" (Antibiotika-Leitlinien) erwähnt. Die Antibiotika-Leitlinien liegen mittlerweile in der überarbeiteten dritten Fassung (Stand Januar 2015) vor. Sie lassen sich unterteilen in die eigentlichen Leitlinien mit Ergänzungen, in einen Anhang mit Kriterien für die Auswahl eines geeigneten Antibiotikums und tierartspezifische Ergänzungen (Fische, Geflügel, Kleintiere, Pferd, Schwein, Wiederkäuer).

In den eigentlichen Leitlinien wird festgestellt, unter welchen Voraussetzungen Antibiotika angewendet werden dürfen, wem die Auswahl und Entscheidungsanwendung von Antibiotika unterliegt, das Erfordernis einer Diagnose, basierend auf angemessener klinischer Untersuchung und erforderlichenfalls weiterführenden labordiagnostischen Untersuchungen, dem Erfordernis eines Erregernachweises und eines Antibiogramms nach Erregerisolierung, den Auswahlkriterien für ein geeignetes Antibiotikum, den Umgang mit sogenannten „antibiotischen Reservemitteln", dem Erfordernis der Anwendung von Antibiotika entsprechend den Zulassungsbedingungen sowie der Begründbarkeit von Abweichungen, Angaben zur Therapiedauer und den Grundsätzen der Nachweisführung.

Es kommt in der Praxis immer wieder vor, dass im Rahmen eines gegen einen Tierarzt eingeleiteten Strafverfahrens die Nichtbeachtung der Antibiotika-Leitlinien als Indiz für einen Verstoß gegen das Arzneimittelgesetz herangezogen wird.

Ebenso ist es denkbar, dass in zivilrechtlichen Auseinandersetzungen (meist außerhalb des Bereichs des Arzneimittelrechts) der Vorwurf von Seiten eines Tierhalters erhoben wird, der Tierarzt habe gegen maßgebliche Leitlinien verstoßen. Hier ist darauf hinzuweisen, dass es eine Vielzahl verschiedener Leitlinien gibt, beispielsweise:

- Leitlinie zur Impfung von Pferden
- Leitlinie für die röntgenologische Beurteilung bei der Kaufuntersuchung des Pferdes (Röntgenleitfaden)
- Leitlinie zur Gewinnung, Lagerung, Transport von Blut
- Leitlinie zur Impfung von Kleintieren
- Leitlinie zur Bekämpfung von Ektoparasiten bei Hunden und Katzen
- Leitfaden orale Anwendung von Tierarzneimitteln im Nutztierbereich über das Futter oder Trinkwasser
- Leitlinien zur Entnahme von Milchproben
- Leitfaden Bestandsbetreuung
- und Ähnliches

23.2 Welche rechtliche Bedeutung haben Leitlinien?

In der Präambel der Antibiotika-Leitlinien wird die rechtliche Relevanz wie folgt beschrieben:

> *„Die Leitlinien haben weder direkt noch indirekt den Charakter einer Rechtsvorschrift, sondern sind eine unter fachlichen Aspekten erfolgte Beschreibung einer optimalen Vorgehensweise bei der Anwendung von Antibiotika, von der nur in begründeten Fällen abgewichen werden sollte. Die arzneimittelrechtlichen Vorschriften sind dabei zu beachten. Die vorliegenden Leitlinien sollen damit praktizierenden Tierärztinnen und Tierärzten als eine zusammenfassende Empfehlung für den verantwortungsbewussten Gebrauch von Antibiotika dienen. Gleichzeitig stellen sie natürlich auch für Überwachungsbehörden eine wichtige Informationsquelle bei der Beurteilung von Fragen des Arzneimitteleinsatzes auf der Basis der veterinärmedizinischen Wissenschaft dar. Der gemäß den Leitlinien erfolgende Einsatz von Antibiotika in der Tiermedizin trägt dazu bei, dass Antibiotika für Mensch und Tier als wirksame und sichere Arzneimittel erhalten bleiben."*

Aus diesen Ausführungen wird bereits deutlich, dass Leitlinien (dies gilt nicht nur für die Antibiotika-Leitlinien) Instrumente sind, die der Qualitätssicherung dienen. Die Gerichte gehen in ständiger Rechtsprechung davon aus, dass Leitlinien nicht rechtsverbindlich sind und keine rechtlich bindende Wirkung entfalten. Es handele sich vielmehr um systematisch entwickelte, wissenschaftlich begründete und praxisbezogene Orientierungshilfen für die angemessene tierärztliche Vorgehensweise in einer konkreten Situation im Sinne von allgemeinen Handlungsempfehlungen. Nach der Rechtsprechung werde durch Leitlinien, Richtlinien und Empfehlungen der Erkenntnisstand der medizinischen Wissenschaft grundsätzlich nur deklaratorisch (ausfüllend) wiedergegeben, nicht aber konstitutiv begründet.

§ Urteil

So hat insbesondere das Oberlandesgericht Hamm in einer Entscheidung vom 06.05.2006 (Az. 3 U 31/01) ausgeführt, dass der gebotene medizinische Standard als Maßstab für die Beurteilung der Richtigkeit eines tierärztlichen Handels nicht allein durch Richtlinien, Leitlinien oder Empfehlungen der zuständigen medizinischen Gesellschaften geprägt werde. Vielmehr beurteile sich die – bei der regelrechten Behandlung – zu beurteilende Sorgfalt nach dem Erkenntnisstand der medizinischen Wissenschaft zur Zeit der Behandlung.

Die Rechtsprechung folgert daraus, dass nicht jede Behandlungsmaßnahme, die in Leitlinien der medizinischen Fachgesellschaften empfohlen wird, notwendig dem Stand der medizinischen Erkenntnisse entspricht. Im Umkehrschluss bedeutet dies, dass nicht jede Behandlungsmaßnahme, die zwar in den Leitlinien empfohlen wird, jedoch tatsächlich unterlassen wurde, zwingend zu einem Verstoß gegen arzneimittelrechtliche Vorschriften oder aber zu einer zivilrechtlichen Haftung führt.

Es sollte allerdings nicht der Fehler begangen werden, Leitlinien grundsätzlich als rechtlich „unbedeutend" anzusehen, da die rechtlich grundsätzlich nicht bindenden Leitlinien gleichwohl eine Art normative Wirkung in Form des Einflusses auf eine gerichtliche Beurteilung entfalten können. So wird ein Tierarzt im Falle eines Verstoßes gegen Leitlinien zumindest Gefahr laufen, die Gründe für die Nichtvornahme eventuell in den Leitlinien vorgesehener Maßnahmen in einem Prozess überzeugend darstellen und begründen zu müssen.

Fazit

Leitlinien haben zwar keinen rechtlich bindenden Charakter, sind aber dennoch auch im Rahmen der Rechtspraxis relevant.

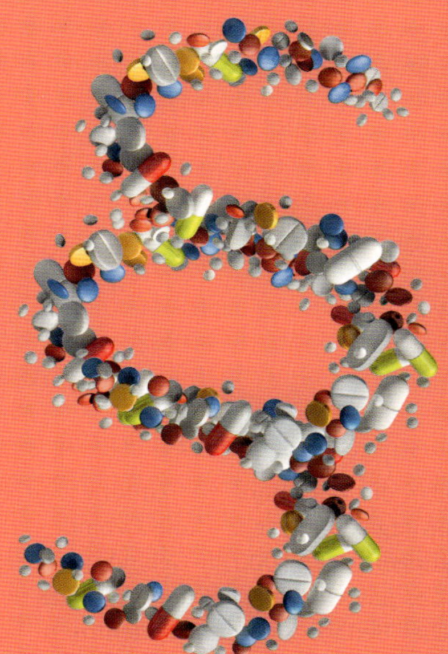

Teil 6
Wartezeit, Preisgestaltung und Fütterungsarzneimittel

24 Darf man Arzneimittel in Teilmengen abgeben, abfüllen, umfüllen oder verpacken?

Jürgen Althaus

24.1 Einleitung

Im Rahmen des Dispensierrechts ist es insbesondere vorgesehen, dass Tierärzte (Fertig-)Arzneimittel an Tierhalter zur Anwendung durch den Tierhalter abgeben.

Fertigarzneimittel sind in verschiedenen Behältnissen (z. B. Flaschen, Dosen, Schachteln, Tuben, Blister u. Ä.) und in unterschiedlichen Handelsformen und Gebindegrößen erhältlich. In sehr vielen – wenn nicht gar in den meisten – Fällen deckt sich die Handelsform, also die Menge eines Arzneimittels in einem Behältnis, nicht mit dem im jeweiligen Einzelfall erforderlichen Bedarf.

Beispiel

Ein Schmerzmittel zur postoperativen Behandlung eines Hundes ist in Tablettenform in einer Packungsgröße von 20 Tabletten erhältlich. Möglicherweise wird der tatsächliche Bedarf mehr als 10 Tabletten nicht übersteigen. Der Tierhalter wird wahrscheinlich kein Interesse daran haben, eine Packung mit 20 Tabletten zu bezahlen, wenn er lediglich 10 Tabletten verbrauchen wird.

Aus arzneimittelrechtlicher Sicht wird es allerdings weder für den Tierarzt noch für den Tierhalter mit Nachteilen verbunden sein, wenn der Tierarzt das Arzneimittel in der genannten Packungsgröße an den Tierhalter abgibt. Anders verhält es sich allerdings, wenn ein Tierarzt beispielsweise an einen Tierhalter ein Präparat zur Behandlung einer Mastitis-Erkrankung (Euterinjektoren) abgibt, der Bedarf nach Hersteller 2–3 Injektoren, die Handelsform allerdings 10 Injektoren beträgt. **Hier drohen arzneimittelrechtliche Risiken.**

Bei der Betreuung von Großtierbeständen werden regelmäßig sehr große Gebinde (z. B. 1 kg-Packungen oder 1000 ml-Gebinde) angeboten. Hier ist es jedoch durchaus denkbar, dass der tatsächliche Bedarf zur medikamentösen Behandlung einer Erkrankung deutlich geringer ist.

Beispiel

Der Hersteller eines Präparats zur Behandlung einer Magen-Darm-Erkrankung bei Kälbern sieht eine Dosierung von 14 ml am 1. Tag und von 7 ml an den sechs folgenden Tagen, somit insgesamt 56 ml pro Tier vor. Das Präparat ist allerdings nur in 100 ml-Gebinden erhältlich.

In einem solchen Fall – dies gilt gerade bei der Behandlung von lebensmittelliefernden Tieren – hat zum einen der Tierhalter ein Interesse daran, Arzneimittel möglichst bedarfsgenau zu bezahlen. Zum anderen hat der Tierarzt zur Vermeidung des Vorwurfs einer rechtswidrigen Abgabe auf Vorrat (S. 51) (vgl. § 56a Abs. 1 AMG) ein Interesse daran, ein Arzneimittel bedarfsgerecht und unter Berücksichtigung der sogenannten „7-Tage-Regel“ bzw. der „31-Tage-Regel“ an den Tierhalter abzugeben.

24.2 Fragestellungen

In diesem Zusammenhang taucht sodann die berechtigte Frage danach auf, ob ein Tierarzt Arzneimittel bedarfsgerecht in Teilmengen abfüllen, umfüllen und verpacken darf. Für einen betroffenen Tierarzt stellen sich hier regelmäßig viele Fragen, die nachfolgend einmal dargestellt und beantwortet sollen.

24.2.1 Gibt es eine gesetzliche/verordnungsrechtliche Regelung über die Beschaffenheit von Abgabebehältnissen?

Gemäß § 10 TÄHAV dürfen Arzneimittel nur in Behältnissen abgegeben werden, die gewährleisten, dass die einwandfreie Beschaffenheit des Arzneimittels nicht beeinträchtigt wird. Gemäß Abs. 2 der vorgenannten Vorschrift hat ein Tierarzt Behältnisse, in denen Arzneimittel vom Tierarzt an den Tierhalter abgegeben werden, mit den Angaben nach den §§ 10 und 11 des Arzneimittelgesetzes zu kennzeichnen. Eine Abweichung gilt dann, wenn von dem Tierarzt in unveränderter Form umgefüllte oder abgepackte Arzneimittel abgegeben werden. Dies gilt allerdings nur, wenn bestimmte Voraussetzungen des Arzneimittelgesetzes erfüllt sind und die Arzneimittel zusätzlich mit dem Namen und der Praxisanschrift des behandelnden Tierarztes sowie der abgegeben Menge gekennzeichnet sind.

Aus der vorzitierten Vorschrift ergibt sich somit der Grundsatz, dass im Regelfall nur die Abgabe von Fertigarzneimitteln in Originalbehältnissen möglich ist. Des Weiteren ergibt sich daraus die Ausnahmevorschrift, dass im Einzelfall die Abgabe von Teilmengen unter bestimmten Voraussetzungen gerechtfertigt ist.

24.2.2 Welche Form der Schaffung von Teilmengen ist zulässig?

Gemäß des § 21 Abs. 2a Satz 4 Arzneimittelgesetz wird

- ausdrücklich das Umfüllen, Abpacken oder Kennzeichnen von Arzneimitteln in unveränderter Form zugelassen. Dies gilt allerdings unter den Voraussetzungen, dass entweder keine Fertigarzneimittel in für den Einzelfall geeigneter Packungsgröße vorhanden im Handel verfügbar sind **oder**
- in sonstigen Fällen das Behältnis oder jeder anderen Form der Arzneimittelverpackung, die unmittelbar mit dem Arzneimittel in Berührung kommt, nicht beschädigt wird.

Mit der vorstehenden Vorschrift wird das Umfüllen und Neuabpacken ermöglicht, sofern dies ohne Beschädigung der unmittelbar mit dem eigentlichen Arzneimittel in Berührung kommenden Primärverpackung möglich ist (z. B. ungeöffnete Euterinjektoren, Ampullen, Spot-On Tuben sowie auch in Blistern verpackte Tabletten, auch wenn der Blister im Bereich der Verschweißung zwischen den Tabletten zerschnitten wird.

Merke

Der Tierarzt kann die veterinärmedizinisch erforderliche Teilmenge aus einem Fertigarzneimittel auseinzeln, wenn eine entsprechende Menge als Fertigarzneimittel auf dem Markt nicht oder nicht in angemessener Zeit erhältlich ist. Wird beim Schaffen einer Teilmenge die mit dem Arzneimittel in Berührung kommende Primärverpackung nicht beschädigt, dann bedarf es für das Schaffen der Teilmenge keiner weiteren Rechtfertigung.

Damit ist es unter Hinweis auf das eingangs erwähnte Beispiel rechtlich zulässig, wenn der Tierarzt den Tabletten-Blister durch Zerschneiden halbiert und an den Tierhalter zur Behandlung des Hundes die tatsächliche erforderliche Menge abgibt.

Wenn es – anders als in dem vorgenannten Beispiel – nicht um Arzneimittel in Tablettenform oder Ähnliches handelt, sondern vielmehr um Arzneimittel in Pulverform oder flüssiger Form, so darf eine Herstellung von Arzneimitteln in unveränderter Form durch Umfüllen, Abpacken und Kennzeichnen, z. B. aus größeren Gebinden von Fertigarzneimitteln, nur ausnahmsweise erfolgen, wenn keine geeigneten Packungsgrößen im Handel verfügbar sind (§ 21 Abs. 2a AMG). **Ein Umfüllen und Abpacken ist danach dann möglich, wenn mit den im Handel vorhandenen Packungsgrößen – auch durch Kombination verschiedener Packungsgrößen – die im Einzelfall erforderliche Arzneimittelmenge nicht zusammengestellt werden kann.**

In den Auslegungshinweisen zur 11. AMG-Novelle von Herrn Prof. Dr. Ungemach und Herrn Dr. Bottermann heißt es dazu:

„Bei der Abgabe von nicht angebrochenen Packungen von Fertigarzneimitteln ist die Überschreitung des im Einzelfall erforderlichen Bedarfs um bis zu 20 % zulässig. Erst wenn eine höhere Überschreitung entstehen würde, ist ein Umfüllen möglich, um somit den qualitätsmindernden Anbruch von Packungen zu minimieren. Bei flüssigen Fertigarzneimitteln zur Injektion ist zur Wahrung der Arzneimittelsterilität auch eine größere Überschreitung als 20 % tolerabel."

24.2.3 Stellt die Schaffung einer Teilmenge ein „Herstellen" im Sinne des Arzneimittelgesetzes dar?

Gemäß § 4 Abs. 14 Arzneimittelgesetz stellt „Herstellen" das Gewinnen, das Anfertigen, das Zubereiten, das Be- oder Verarbeiten, das Abfüllen, das Abpacken, das Kennzeichnen und die Freigabe dar. Eine Ausnahmevorschrift befindet sich allerdings wiederum in § 21 Abs. 2a Satz 4 AMG. Danach gilt das Umfüllen, Abpacken und Kennzeichnen von Arzneimitteln in **unveränderter Form** nicht als Herstellen, sofern keine Fertigarzneimittel in für den Einzelfall geeigneten Packungsgrößen im Handel verfügbar sind oder die Verpackung, die unmittelbar mit dem Arzneimittel in Berührung kommt, nicht beschädigt wird.

24.2.4 Bedarf ein Tierarzt einer Erlaubnis/Genehmigung zur Herstellung einer Teilmenge?

Es ist vorstehend bereits dargestellt worden, dass das Umfüllen, Abpacken und Kennzeichnen von Arzneimitteln in unveränderter Form nicht als Herstellen gilt. Gemäß § 13 Abs. 2 Nr. 3 AMG bedarf ein Tierarzt für das Umfüllen, Abpacken oder Kennzeichnen von Arzneimitteln in unveränderter Form im Rahmen des Betriebs einer tierärztliche Hausapotheke keiner Erlaubnis.

24.2.5 Ändert sich durch die Schaffung einer Teilmenge der Zulassungsstatus eines Arzneimittels?

Ein Tierarzt darf ein Arzneimittel gemäß § 56a Abs. 1 AMG nur unter sehr engen Voraussetzungen an einen Tierhalter abgeben. So muss das Arzneimittel insbesondere für die jeweilige Tierart und für das vorgesehene Anwendungsgebiet zugelassen sein.

Eine Ausnahme von der Zulassungspflicht besteht allerdings bei Arzneimitteln, die – wie oben beschrieben – ausschließlich in unveränderter Form umgefüllt, abgepackt und gekennzeichnet werden, wenn keine Fertigarzneimittel in geeigneter Packungsgröße im Handel verfügbar sind oder die Verpackung, die unmittelbar mit dem Arzneimittel in Berührung kommt, nicht beschädigt wird (§ 21 Abs. 2 Nr. 4 AMG i. V. m. § 21 Abs. 2a Nr. 1 und 2 AMG).

24.2.6 Wie muss eine von dem Tierarzt geschaffene Teilmenge gekennzeichnet werden?

Ist im Einzelfall die Abgabe von Teilmengen gerechtfertigt (§ 21 Abs. 2a Satz 4 AMG), so müssen die Abgabebehältnisse wie folgt gekennzeichnet werden:

- Name des pharmazeutischen Unternehmers
- Bezeichnung des Arzneimittels
- Chargenbezeichnung
- Verfallsdatum
- Name und Praxisanschrift des behandelnden Tierarztes
- abgegebene Menge

Außerdem ist eine Kopie der Packungsbeilage beizufügen. Die Packungsbeilage kann gemäß § 11 Abs. 6 AMG entfallen, wenn die nach § 11 Abs. 4 AMG vorgeschriebenen Angaben auf dem Behältnis oder auf der äußeren Umhüllung stehen. In diesen Fällen ist eine Kopie des Etiketts beizufügen.

Praxistipp

In der Praxis hat es sich als praktikabel (und rechtmäßig) erwiesen, die Abgabebehältnisse mit einer Kopie des Original-Etiketts – ergänzt um die Angabe der tatsächlich abgebeben Menge, den Praxisstempel und das Datum der Abfüllung – zu kennzeichnen und dem Tierhalter eine Kopie der Packungsbeilage auszuhändigen. Ebenso bewährt hat sich die Nutzung der herstellerseitig zur Verfügung gestellten Umverpackungen zur Abgabe von Teilmengen.

Fazit

Ein Tierarzt darf Arzneimittel in Teilmengen abfüllen, umfüllen und verpacken,

- sofern dies im Einzelfall notwendig ist (Fertigarzneimittel ist nicht in geeigneter Packungsgröße vorhanden im Handel verfügbar)
- sofern das Behältnis oder jede andere Form der Arzneimittelverpackung, die unmittelbar mit dem Arzneimittel in Berührung kommt, nicht beschädigt wird
- sofern das Arzneimittel in unveränderter Form, umgefüllt oder abgepackt wird und
- sofern die geschaffene und abzugebende Teilmenge ordnungsgemäß nach den vorstehenden Grundsätzen gekennzeichnet wird.

25 Die Wartezeit – ein Buch mit sieben Siegeln?

Jürgen Althaus

Info
Besonders relevant für Nutztierpraktiker.

25.1 Einleitung

Sofern ein Tierarzt ein Arzneimittel bei lebensmittelliefernden Tieren anwendet oder ein solches Arzneimittel zur Anwendung bei diesen Tieren an den Tierhalter abgibt, so hat er den Tierhalter auf die Einhaltung der Wartezeit hinzuweisen. Diese Verpflichtung ergibt sich aus § 12a der Tierärztlichen Hausapothekenverordnung (TÄHAV). Darüber hinaus hat der Tierarzt gemäß § 13 TÄHAV im Rahmen seiner Nachweispflichten die Wartezeit zu dokumentieren und dem Tierhalter mit der Abgabe des Arzneimittels gemäß § 43 Abs. 4 Satz 4 AMG eine schriftliche Anweisung über Art, Zeitpunkt und Dauer der Anwendung auszuhändigen.

Diese Verpflichtungen sind sicherlich jedem Nutztierpraktiker hinreichend bekannt. Unsicherheiten bestehen allerdings oftmals in der Praxis, wenn es um die Einschätzung und Beantwortung besonderer Fragestellungen geht. Die Antworten ergeben sich oftmals nicht unmittelbar aus den zugrundeliegenden und relevanten Rechtsvorschriften.

25.2 Fragestellungen

Für einen betroffenen Tierarzt stellen sich regelmäßig viele Fragen im Zusammenhang mit der Wartezeit. Einige dieser Fragen sollen nachfolgend exemplarisch dargestellt und beantwortet werden.

25.2.1 Was genau versteht man unter einer Wartezeit?

Nach der gesetzlichen Definition in § 4 Abs. 12 Arzneimittelgesetz (AMG) ist Wartezeit die Zeit, die nach der letzten Verabreichung eines Arzneimittels an ein Tier bis zum Zeitpunkt der Herstellung von Lebensmitteln aus diesem Tier einzuhalten ist und die gewährleistet, dass eventuelle Rückstände in diesen Lebensmitteln die im Anhang der Verordnung (EU) Nr. 37/2010 der Kommission vom 22.12.2009 über pharmakologisch wirksame Stoffe und ihre Einstufung hinsichtlich der Rückstandshöchstmengen in Lebensmitteln tierischen Ursprungs in der jeweils geltenden Fassung festgelegten zulässigen Höchstmengen für arzneilich wirksame Stoffe nicht überschreiten. Diese Definition im Arzneimittelgesetz entstammt europarechtlichen Vorschriften, insbesondere der vorzitierten Verordnung (EU) Nr. 37/2010.

Die Definition weist zwei bedeutsame Begriffe auf, nämlich „Tierarzneimittelrückstände" und „Höchstmengen von Rückständen".

Nach Artikel 1 der vorgenannten EWG-Verordnung sind „Tierarzneimittelrückstände" alle pharmakologisch wirksamen Stoffe – seien es wirksame Bestandteile, Arzneiträger oder Abbauprodukte – und ihre Stoffwechselprodukte, die in Nahrungsmitteln auftreten, welche von Tieren gewonnen wurden, denen das betreffende Tierarzneimittel verabreicht wurde.

„Höchstmengen von Rückständen" sind demgegenüber die Höchstkonzentrationen von Rückständen aus der Verwendung von Tierarzneimitteln, bei denen die Gemeinschaft akzeptieren kann, dass sie als eine in oder auf einem Nahrungsmittel annehmbare Konzentration anerkannt werden.

25.2.2 Welchen Zweck hat die Wartezeit?

Durch eine Wartezeit soll sichergestellt werden, dass Konsumenten von Nahrungsmitteln tierischer Herkunft nicht durch Arzneimittelrückstände geschädigt werden. Nach Ablauf der Wartezeit sollen die Lebensmittel keine die Gesundheit schädigenden Rückstände enthalten. Über den Schutz des Verbrauchers hinaus gewährleistet die Einhaltung der Wartezeit sowohl dem behandelnden Tierarzt als auch dem Tierhalter, dass die produzierten Lebensmittel keine unerlaubten Rückstände mehr enthalten. Mit der Festsetzung von Höchstmengen für Rückstände wird somit die Vermarktung von Nahrungsmitteln tierischen Ursprungs erleichtert.

25.2.3 Wie wird die Wartezeit festgesetzt?

Die Wartezeit hängt nicht nur vom Wirkstoff selbst, sondern wesentlich auch von der Zusammensetzung der verwendeten Hilfsstoffe, der Darreichungsart und der Art und Dauer der Anwendung ab. Das Ausscheidungsverhalten eines Wirkstoffs wird in speziellen Rückstandsstudien geprüft. Die Wartezeit wird sodann durch die bei der Zulassung vorzulegenden Studien zur Beurteilung der Wartezeit (Wartezeitstudien) festgesetzt. Grundlage für die Festlegung der Wartezeit bilden die zuvor festgelegten Rückstandshöchstmengen (maximum residual level, MRL). Für Wartezeitstudien wird lebensmittelliefernden Tieren das zu prüfende Tierarzneimittel wie in der Dosierungsanleitung vorgesehen verabreicht. Ein speziell ausgewählter Rückstand der arzneilich wirksamen Substanz wird vom Zeitpunkt der Verabreichung mindestens so lange überwacht, bis die Konzentration in jedem der essbaren Gewebe unter die festgelegte Rückstandshöchstmenge gefallen ist. Die Wartezeiten bis zum Unterschreiten des MRL in jedem Gewebe werden miteinander verglichen und die längste Zeitspanne bestimmt die Wartezeit für das Tierarzneimittel.

Das Ende der Wartezeit wird als derjenige Zeitpunkt definiert, zu dem die statistische 95 %-Toleranzgrenze der Rückstandswerte mit 95 %iger Wahrscheinlichkeit den vorgegebenen Referenzwert unterschreitet. Alternativ zu dieser Bestimmungsmethode bestimmt der Zeitpunkt die Länge der Wartezeit, an dem alle Rückstände in allen Geweben bei allen behandelten Tieren unterhalb des MRL liegen.

25.2.4 Wann genau beginnt die Wartezeit?

Aus der gesetzlichen Vorschrift in § 4 Abs. 12 AMG lässt sich ersehen, dass die Wartezeit „nach der letzten Anwendung“ beginnt. Diese Begriffsbestimmung allein hilft bei der Beurteilung des Beginns der Wartezeit noch nicht weiter, da es Wartezeiten gibt, die nach Tagen bemessen sind und solche, die nach Stunden bemessen sind.

Wann beginnt eine Wartezeit, die nach Tagen bemessen ist?

Weder das Arzneimittelgesetz noch die tierärztliche Hausapothekenverordnung bietet hierzu eine Antwort. Hier wird man auf die zivilrechtlichen Bestimmungen zur Berechnung von Fristen zurückgreifen können. Ist danach für den Anfang einer Frist ein Ereignis oder ein in den Lauf eines Tages fallender Zeitpunkt maßgebend, so wird bei der Berechnung der Frist der Tag nicht mitgerechnet, in welchen das Ereignis oder der Zeitpunkt fällt (§ 187 Abs. 1 BGB).

Beispiel

Bei einem Produkt mit einer Wartezeit von einem Tag wird man also davon ausgehen können, dass die Wartezeit mit Abschluss (24:00 Uhr) des Tages beginnt, an dem die „letzte bestimmungsgemäße Anwendung eines Arzneimittels“ erfolgt ist. Die Wartezeit beginnt demnach um 00:00 Uhr und endet nach Ablauf des Tages um 24:00 Uhr.

Wann beginnt eine Wartezeit, die nach Stunden bemessen wird?

Auch diese Frage wird weder im Arzneimittelgesetz, noch in der TÄHAV beantwortet. Die Anwendung des vorzitierten § 187 BGB würde hier allerdings zu einem möglicherweisen verzerrten Ergebnis führen. Es ist somit davon auszugehen, dass eine Wartezeit, die nach Stunden bemessen wird, unmittelbar nach der Behandlung („der letzten bestimmungsgemäßen Anwendung eines Arzneimittels") beginnt und nicht erst mit Beginn des auf die Behandlung folgenden Tages. Ansonsten wäre eine nach Stunden zu bemessende Wartezeit nicht sinnvoll.

Beispiel

Wenn ein Tierarzt heute um 10:00 Uhr eine Behandlung vornimmt (Wartezeit 36 Std.), würde die Wartezeit bei Anwendung der zivilrechtlichen Fristbestimmung um 00:00 Uhr (Ende des Behandlungstages) plus 36 Stunden, also nach insgesamt 50 Std. enden. Dies spricht dafür, dass eine nach Stunden bestimmte Wartezeit unmittelbar nach der letzten bestimmungsgemäßen Anwendung eines Arzneimittels beginnt.

25.2.5 Welche Wartezeit gilt bzgl. einer Injektionsstelle?

Die pharmazeutische Formulierung eines Arzneimittels und die Art der Anwendung haben Einfluss auf die Festlegung der Wartezeit. Injektionslösungen haben ein anderes Rückstandsverhalten an der Injektionsstelle als in gleichen Geweben an anderen Stellen des Tierkörpers. Rückstände an der Injektionsstelle tendieren dazu, länger bestehen zu bleiben und ihr Abbau oder ihre Freisetzung hängen von verschiedenen Faktoren wie die Eigenschaft der Substanz und ihrer Formulierung, der Art der Injektion (subkutan oder in den Muskel) und verschiedene, nicht immer vorhersehbaren Reaktionen des Gewebes ab. Wartezeiten für Injektionsstellen orientieren sich daher in der Regel an dem MRL-Wert für Muskulatur.

25.2.6 Welche Wartezeit gilt bei Umwidmung eines Arzneimittels?

Für Arzneimittel, die im Rahmen der Ausübung des Dispensierrechts in der tierärztlichen Hausapotheke hergestellt werden, auf tierärztliche Rezeptierung in einer Apotheke hergestellt oder die im Wege der Umwidmung angewendet werden, hat der Tierarzt ausreichende Wartezeiten festzulegen. Bei einer Umwidmung eines Arzneimittels sind herstellerseits grundsätzlich keine Wartezeiten für die entsprechende lebensmittelliefernde Tierart festgelegt. Der Tierarzt muss daher sicherstellen, dass die in der Verordnung (EU) 37/2010 festgelegten Rückstandshöchstmengen nach Ablauf der Wartezeit nicht überschritten werden. In diesem Fall gelten daher die in § 12 a Abs. 2 TÄHAV festgelegten Mindestwartezeiten:

- Eier: 7 Tage
- Milch: 7 Tage
- essbare Gewebe von Geflügel und Säugetieren: 28 Tage
- essbare Gewebe von Fischen: die Anzahl der Tage, die sich aus der Division von 500 durch die mittlere Wassertemperatur in Grad Celsius ergibt
- essbare Gewebe von Einhufern, die der Gewinnung von Lebensmittel dienen und bei denen Arzneimittel gemäß § 56 a Abs. 2 a AMG angewendet wurden: 6 Monate

Die Mindestwartezeit für Eier ist in Artikel 11 der Richtlinie 2004/82/EG angepasst.

Bei dem vorgenannten Begriff „mittlerer Wassertemperatur" handelt es sich um einen nicht näher umschriebenen Begriff. Dieser bedeutet, dass die Temperatur weder am Rand noch an der Oberfläche oder wenig über dem Grund, sondern in der Mitte des Umfangs und der Tiefe des Gewässers zu messen ist.

25.2.7 Wie berechnet sich die Wartezeit für homöopathische Arzneimittel?

Die Wartezeit für homöopathische Arzneimittel, die ausschließlich Wirkstoffe enthalten, die in Anhang II der Verordnung (EU) Nr. 37/2010 aufgeführt sind, darf auf null Tage festgesetzt werden. Dies ergibt sich aus § 12 a Abs. 2 TÄHAV. Gleiches gilt für umgewidmete Homöopathika. Im Übrigen gelten dieselben Mindestwartezeiten wie bei anderen Arzneimitteln auch.

25.2.8 Wie bemisst sich die Wartezeit bei hergestellten Arzneimitteln oder Rezepturarzneimitteln?

Für Arzneimittel, die im Rahmen der Ausübung des Dispensierrechts in der tierärztlichen Hausapotheke oder auf tierärztliche Rezeptierung in einer Apotheke hergestellt werden, hat der Tierarzt ausreichende Wartezeiten festzulegen. Dabei muss sichergestellt werden, dass die nach der Verordnung EWG 470/2009 festgelegten Rückstandshöchstmengen nach Ablauf der Wartezeit nicht unterschritten werden.

25.2.9 Welche Wartezeit gilt bei Abweichung von den Zulassungsbedingungen?

Sofern der Tierarzt ein Arzneimittel abweichend von den Zulassungsbedingungen anwendet, z. B. die Dosis erhöht, den Verabreichungsweg ändert oder das Arzneimittel bei einer anderen Indikation einsetzt, so ist die Wartezeit durch den Tierarzt ggf. so zu verlängern, dass die in der Verordnung EU 27/2010 festgesetzten Höchstmengen nicht überschritten werden. Im Falle einer Abweichung von den Zulassungsbedingungen gibt es allerdings keine (gesetzlich) festgelegten Wartezeiten. Die Wartezeit muss dann nicht zwingend auf die unter Ziffer 7 aufgelisteten Mindestwartezeiten verlängert werden. Eine Dosisverdoppelung hat nicht automatisch eine Verdoppelung der Wartezeit zur Folge.

§ Praxistipp

In der Praxis gestaltet es sich daher bei der Abweichung von den Zulassungsbedingungen für den Tierarzt schwierig, eine Wartezeit festzulegen. Vor dem Hintergrund, dass der Tierarzt im Ergebnis die Verantwortung dafür trägt, dass es nicht zu einer Höchstmengenüberschreitung kommt, sollte im Zweifel lieber eine längere Wartezeit als eine zu kurze Wartezeit festgelegt werden. Dies gilt in praktischer Hinsicht insbesondere dann, wenn Abbauprozesse beispielsweise durch Wechselwirkungen mehrerer verabreichter Arzneimittel beeinflusst werden können.

25.2.10 Welche Folgen hat eine fehlerhafte Berechnung und Mitteilung der Wartezeit durch den Tierarzt?

Im Falle einer fehlerhaften Berechnung und Mitteilung der Wartezeit durch den Tierarzt ist es denkbar, dass ein von dem behandelten Tier gewonnenes Lebensmittel Rückstände des verabreichten Arzneimittels aufweist. Die Rückstandshöchstmenge wird regelmäßig im Rahmen von der nach dem nationalen Rückstandskontrollplan durchzuführenden Überwachung festgelegt. In der Praxis kommt es immer wieder zu Feststellungen von Antibiotika-Rückständen in der Tankmilch oder in Fleischproben. Derartige Feststellungen führen in der Konsequenz häufig zu weiteren behördlichen Kontrollen und Überprüfungen und möglicherweise zur Einleitung weiterer Verfahren. Hier drohen einem Tierarzt – wie auch einem Tierhalter – unter Umständen bußgeldrechtliche oder im schlimmsten Falle strafrechtliche Vorwürfe.

Fazit

Die Wartezeitregelung dient dem Schutz des Verbrauchers. Sie stellt sicher, dass sich keine schädlichen Arzneimittelrückstände in tierischen Lebensmitteln befinden.

Besonders bei Abweichungen von der Zulassung eines Arzneimittels ist der Tierarzt in der Verantwortung, eine angemessene Wartezeit festzusetzen.

Angesichts der aktuellen Lebensmittelskandale sollte sich ein Nutztiere betreuender Tierarzt seiner Verantwortung bewusst sein. Ein sorgloser Umgang mit der Wartezeit kann für den Verbraucher, aber auch für den Tierhalter und insbesondere den Tierarzt negative Folgen haben.

26 Welche Besonderheiten gelten bei der Verabreichung von Arzneimitteln über das Futter oder Tränkwasser?

Jürgen Althaus

Info
Besonders relevant für Nutztierpraktiker.

Es wird aktuell vielfach diskutiert, dass ein Strukturwandel in der Landwirtschaft stattfindet. Dieser Wandel hat zur Folge, dass zunehmend große Tierhaltungsbetriebe geführt werden. So sind Geflügelbestände mit beispielsweise 60.000 Puten oder Milchviehbestände mit über 2.000 Tieren mittlerweile keine Seltenheit mehr. Die Anzahl der in diesen Betrieben gehaltenen Tiere führt dazu, dass das einzelne Tier in den Hintergrund rückt und aus tierärztlicher Sicht vornehmlich der Bestand als solches als Patient angesehen wird und die tierärztlichen Tätigkeiten im Rahmen eines Gesundheitsmanagements auf die Gesundheit des gesamten Bestandes abzielen. (Die Besonderheiten der Bestandsbetreuung sind in diesem Buch bereits im Zusammenhang mit dem Begriff der „ordnungsgemäßen Behandlung" (S. 30) beschrieben worden.) Insofern erscheint es praktisch in größeren Tierbetrieben nicht möglich oder veterinärmedizinisch auch nicht sinnvoll, einzelne Tiere medikamentös zu behandeln. Im Sinne der Bestandsgesundheit ist es häufig erforderlich, dass sämtliche in einem Bestand gehaltenen Tiere mit einem Arzneimittel versorgt werden, um einer Bestandserkrankung wirksam begegnen zu können. Aus diesem Grunde hat es sich in der Praxis als zweckmäßig erwiesen, Arzneimittel über das Futter oder das Tränkwasser zu verabreichen.

26.1 Orale Verabreichung von Arzneimitteln über das Tränkwasser oder Futter

Die Verabreichung von Arzneimitteln über das Futter oder das Tränkwasser bietet Vorteile, birgt aber auch Nachteile bzw. Gefahren in sich.

Ein Vorteil besteht darin, dass mit relativ wenig Aufwand sehr viele Tiere medikamentös behandelt werden können. Nachteile oder Risiken werden darin gesehen, dass diese Therapieform bei unsachgemäßer Anwendung dazu führen kann, dass die Wirksamkeit der Arzneimittelanwendung beeinträchtigt wird, die Gefahr des Auftretens unerwünschter Arzneimittelwirkungen steigt, die Anwendersicherheit gefährdet, die Ausbereitung von Antibiotikaresistenzen gefördert oder die Qualität von Lebensmitteln tierischer Herkunft reduziert wird (so: Leitfaden des Bundesministeriums für Ernährung und Landwirtschaft „Orale Anwendung von Tierarzneimitteln im Nutztierbereich über das Futter oder das Wasser", Stand 02.05.2014).

Diese Risiken kommen beispielsweise dadurch zum Tragen, dass wegen der Besonderheiten der Fütterungs- oder Tränkeeinrichtungen **nicht sämtliche in dem Bestand gehaltenen Tiere die Möglichkeit haben, das Arzneimittel in der beabsichtigten Dosis zu sich zu nehmen.**

26.1.1 Verschleppung

Ein weiteres Risiko ist insbesondere die Möglichkeit der Verschleppung. Dieses Problem der Verschleppung soll anhand des nachfolgenden – realen – Beispiels verdeutlicht werden:

Beispiel
Ein Tierhalter betreibt einen Putenmastbetrieb mit 60.000 Tieren. Der Bestand zeigt Symptome der bei Puten meist tödlich verlaufenden Schwarzkopfkrankheit. Zur Behandlung verabreicht der Tierhalter das wirksame, aber europaweit verbotene Mittel Metronidazol. Die Verabreichung erfolgt durch Auffüllen des Medikationsbeckens und anschließende Weiterleitung über die Leitungen des Tränkwassersystems. Vor dem nächsten Mastdurchgang werden die Ställe gereinigt und sowohl das Medikationsbecken als auch die Tränkwasserleitungen mehrfach gespült. Bei den danach eingestallten Tieren werden bei einer Verdachtsprobe Rückstände des verbotenen Mittels Metronidazol festgestellt. Hier wird vermutet, dass dies in einem Zusammenhang mit der Verschleppung des Mittels, etwa durch Ablagerungen in der Tränkwasserleitung und Ähnliches, hervorgerufen wurde.

Der Tierhalter hat aufgrund der durchgeführten veterinärbehördlichen Maßnahmen und Anordnungen nach vielen labortechnischen Untersuchungen den Großteil seines Tierbestandes dadurch verloren, dass dieser getötet und beseitigt werden musste.

26.2 Fütterungsarzneimittel

26.2.1 Abgrenzung zu oralen Fertigarzneimitteln

Die orale Anwendung von Arzneimitteln kann durch zweierlei Maßnahmen erfolgen, nämlich zum einen durch die Verabreichung **oral anzuwendender Fertigarzneimittel** über das Futter und das Wasser oder zum anderen durch die Anwendung von **Fütterungsarzneimitteln.** Unter Fütterungsarzneimitteln versteht man Arzneimittel in verfütterungsfertiger Form, die aus Arzneimittel-Vormischungen und Mischfuttermitteln hergestellt werden und die dazu bestimmt sind, zur Anwendung bei Tieren in den Verkehr gebracht zu werden (Legaldefinition in § 4 Abs. 10 AMG). Fütterungsarzneimittel werden in Betrieben hergestellt, die einer Herstellungserlaubnis gemäß § 13 AMG bedürfen.

Bei oral anzuwendenden Fertigarzneimitteln handelt es sich demgegenüber um Arzneimittel, die im Voraus hergestellt und in einer zur Abgabe an den Verbraucher bestimmten Packung in den Verkehr gebracht werden (Legaldefinition in § 4 Abs. 1 AMG). Oral anzuwendende Fertigarzneimittel sind zur oralen Anwendung über das Futter einschließlich Milchaustauscher oder das Wasser bestimmt. Bei oral anzuwendenden Arzneimitteln handelt es sich nicht um Fütterungsarzneimittel.

Praxistipp
Bei oral anzuwendenden Fertigarzneimitteln bestehen in rechtlicher Hinsicht keinerlei Besonderheiten im Vergleich zu sonstigen Fertigarzneimitteln. Dies bedeutet, dass der Tierarzt oral anzuwendende Fertigarzneimittel im Betrieb seiner tierärztlichen Hausapotheke erwerben und diese an den Tierhalter nach den auch für andere Fertigarzneimittel geltenden rechtlichen Regelungen (vgl. § 56a AMG) abgeben darf.

Besonderheiten bestehen demgegenüber bei Fütterungsarzneimitteln. Diese dürfen **nicht** durch den Tierarzt im Rahmen des Betriebs der tierärztlichen Hausapotheke erworben werden. Auch darf der Tierarzt keine Fütterungsarzneimittel an den Tierhalter abgeben. Vielmehr ist der Bezugsweg so geregelt, dass die Tätigkeit des Tierarztes auf eine Verschreibung beschränkt ist. Auf der Grundlage dieser Verschreibung wird das Fütterungsarzneimittel sodann in einem zugelassenen Herstellerbetrieb unter Verwendung einer oder mehrerer Arzneimittel-Vormischungen und eines Mischfuttermittels hergestellt. Die Lieferung an den Tierhalter erfolgt unmittelbar durch den Herstellerbetrieb. **Hier ist von Bedeutung, dass der Herstellerbetrieb das Fütterungsarzneimittel auf ein und dieselbe Verschreibung lediglich ein einziges Mal beim Tierhalter abgeben darf. Es besteht insofern ein Verbot einer wiederholten Abgabe auf ein und dieselbe Verschreibung.**

Merke
Der beschriebene Bezugsweg schließt auch den Bezug über Großhändler, Pharmafirmen und Apotheken aus.

Die von dem Tierarzt auszustellende Verschreibung ist – ähnlich wie die Anwendung, Abgabe und Verschreibung sonstiger apothekenpflichtiger

Arzneimittel – an rechtliche Voraussetzungen gebunden, die in § 56 Abs. 5 AMG niedergelegt sind.

Danach darf der Tierarzt Fütterungsarzneimittel nur verschreiben,

1. wenn sie zur Anwendung an den von ihm behandelten Tieren bestimmt sind,
2. wenn sie für die in den Packungsbeilagen der Arzneimittel-Vormischungen bezeichneten Tierarten und Anwendungsgebiete bestimmt sind,
3. wenn ihre Anwendung nach Anwendungsgebiet und Dauer nach dem Stand der veterinärmedizinischen Wissenschaft gerechtfertigt ist, um das Behandlungsziel zu erreichen und
4. wenn die zur Anwendung bei Tieren, die der Gewinnung von Lebensmitteln dienen, verschriebene Menge von Fütterungsarzneimitteln, die
   a) vorbehaltlich des Buchstabens b, verschreibungspflichtige Arzneimittel-Vormischungen enthalten, zur Anwendung innerhalb der auf die Abgabe folgenden 31 Tage bestimmt ist oder
   b) antimikrobiell wirksame Stoffe enthalten, zur Anwendung innerhalb der auf die Abgabe folgenden 7 Tage bestimmt ist,

   sofern die Zulassungsbedingungen der Arzneimittel-Vormischungen nicht eine längere Anwendungsdauer vorsehen.

Die zitierte Vorschrift des § 56 Abs. 5 AMG korrespondiert somit inhaltlich mit den in diesem Buch ausführlich beschriebenen Voraussetzungen des § 56a Abs. 1 AMG.

26.2.2 Regelungen zu Verschreibung, Abgabe und Anwendung

Die Anforderungen an eine „ordnungsgemäße Behandlung" gelten somit auch bei der Verschreibung von Fütterungsarzneimitteln. Gleiches gilt für das Anwendungsgebiet und die Menge. Diese muss – wie bei anderen Arzneimitteln auch – gerechtfertigt sein, um das Behandlungsziel zu erreichen. Letztendlich muss auch bei Fütterungsarzneimitteln die sogenannte „31-Tage-Regel" und bei Fütterungsarzneimitteln, die antimikrobiell wirksame Stoffe enthalten, die sogenannte „7-Tage-Regel" beachtet werden. Insofern darf an dieser Stelle auf die ausführlichen Ausführungen zu § 56a Abs. 1 AMG verwiesen werden.

Die zitierte Vorschrift des § 56 Abs. 5 AMG enthält im Satz 2 den kurzen, aber in der Praxis durchaus bedeutsamen Hinweis darauf, dass § 56a Abs. 2 AMG für die Verschreibung von Fütterungsarzneimitteln entsprechend gilt. Durch diesen Verweis auf § 56a Abs. 2 AMG darf der Tierarzt auch Fütterungsarzneimittel umwidmen. Diese müssen aus Vormischungen hergestellt sein, die für eine andere Tierart, die der Gewinnung von Lebensmitteln dient, zugelassen sind. Außerdem müssen die Voraussetzungen des Therapienotstandes gemäß § 56a Abs. 2 AMG erfüllt sein.

26.3 Leitfaden zur oralen Medikation

Eingangs (S. 86) dieses Kapitels ist auf den Leitfaden „Orale Anwendung von Tierarzneimitteln im Nutztierbereich über das Futter oder das Wasser" des Bundesministeriums für Ernährung und Landwirtschaft verwiesen worden. Dabei handelt es sich um eine Zusammenfassung des aktuellen Standes der veterinärmedizinischen Wissenschaft. Durch den Leitfaden werden praktische Handlungsanweisungen, Anwendungsbedingungen und Empfehlungen zur Dosierung, Abgabe, Verabreichung, Lagerung und zum Transport von Arzneimitteln bzw. medikiertem Futter und Hinweise zur Vermeidung von Verschleppungen im Betrieb genannt.

Der Leitfaden hat – ähnlich wie die Antibiotika-Leitlinien – keinen rechtsverbindlichen Gesetzescharakter.

Fazit

Arzneimittel können oral auch über Futter oder Wasser verabreicht werden. Gerade bei großen Tierbeständen kommt dies häufig zum Einsatz.
Anders als orale Fertigarzneimittel kann der Tierarzt Fütterungsarzneimittel nur verschreiben, sie werden in entsprechend zugelassenen Herstellungsbetrieben gemischt und an den Tierhalter abgegeben.
Wartezeitregelung und Umwidmungskaskade gelten auch für Fütterungsarzneimittel.

27 Unter welchen Bedingungen darf man Arzneimittel aus dem Ausland einsetzen?

Jürgen Althaus

27.1 Verbringungsverbot

Die in Europa vielfach bestehenden Handelserleichterungen gelten nicht uneingeschränkt, erst recht nicht für Arzneimittel. So deklariert § 73 Abs. 1 AMG ein Verbringungsverbot. Danach dürfen Fertigarzneimittel, die der Pflicht zur Zulassung, Genehmigung nach § 21 a AMG oder Registrierung unterliegen, grundsätzlich nur dann nach Deutschland verbracht werden, wenn sie auch zum Verkehr in Deutschland zugelassen, nach § 21 a AMG genehmigt oder registriert sind oder unter bestimmten Umständen von der Einzelzulassung bzw. -registrierung freigestellt sind (Standardzulassung bzw. -registrierung).

Merke
Sämtliche Fertig-Tierarzneimittel unterliegen der Zulassung oder der Registrierung.

Aus diesem Grunde dürfen sie nach der vorgenannten Vorschrift aus Mitgliedstaaten der Europäischen Gemeinschaft oder aus einem anderen Vertragsstaat des Abkommens über den Europäischen Wirtschaftsraum nur in das Bundesgebiet verbracht werden, wenn sie im Geltungsbereich des Gesetzes, also in der Bundesrepublik Deutschland, zugelassen, registriert oder davon freigestellt sind. Die Vorschrift des § 73 Abs. 1 AMG führt als maßgebliche Handlung ein „Verbringen" auf. Dieser im allgemeinen Sprachgebrauch eher untypische Begriff wird in § 4 Abs. 32 Satz 1 AMG definiert. Unter einem Verbringen ist danach jede Beförderung, das heißt, jedes körperliche Verbringen in den Geltungsbereich des Gesetzes, auch zum Zwecke der Durchfuhr, zu verstehen.

Anders als bei einer Einfuhr gemäß § 72 AMG erfolgt bei einer in § 73 AMG geregelten Verbringung die Überführung eines Arzneimittels gerade aus einem Mitgliedsstaat der europäischen Union oder anderen Vertragsstaaten des Abkommens über den Europäischen Wirtschaftsraum.

Nach der nicht ganz einfach zu lesenden Vorschrift des § 73 Abs. 1 AMG dürfen somit – vereinfacht beschrieben – Tierarzneimittel nur dann aus dem Ausland in die Bundesrepublik Deutschland verbracht werden, **wenn sie in der Bundesrepublik Deutschland zugelassen sind.**

27.1.1 Ausnahmen vom Verbringungsverbot

Das Gesetz regelt allerdings zahlreiche Ausnahmen von dem vorbeschriebenen Verbringungsverbot. So dürfen gemäß § 73 Abs. 3 a AMG Fertigarzneimittel, die nicht in der Bundesrepublik Deutschland zugelassen, registriert oder von der Zulassung oder Registrierung freigestellt sind, unter bestimmten Voraussetzungen zum Zwecke der Anwendung bei Tieren nach Deutschland verbracht werden. Eine derartige Verbringung ist zulässig, wenn

- die Fertigarzneimittel von Apotheken für Tierärzte oder Tierhalter bestellt und von diesen Apotheken im Rahmen der bestehenden Apothekenbetriebserlaubnis abgegeben werden oder vom Tierarzt im Rahmen des Betriebs einer tierärztlichen Hausapotheke für die von ihm behandelten Tiere bestellt werden,
- sie in einem Mitgliedstaat der Europäischen Union oder einem anderen Vertragsstaat des Abkommens über den Europäischen Wirtschaftsraum zur Anwendung bei Tieren zugelassen sind und
- im Geltungsbereich dieses Gesetzes kein zur Erreichung des Behandlungsziels geeignetes zugelassenes Arzneimittel, das zur Anwendung bei Tieren bestimmt ist, zur Verfügung steht.

Damit kann zunächst festhalten werden, dass der Erwerb ausländischer Arzneimittel durch Tierärzte – wie andere Arzneimittel – nur im Rahmen des

Betriebs der tierärztlichen Hausapotheke erfolgen darf. Des Weiteren darf ein Tierarzt diese Fertigarzneimittel aus dem Ausland nur beziehen für die von ihm behandelten Tiere. Es gilt somit auch hier der Begriff einer „ordnungsgemäßen Behandlung" (S. 30) im Sinne des § 56 a Abs. 1 AMG i. V. m. § 12 TÄHAV.

Ferner muss das von dem Tierarzt zu beziehende Fertigarzneimittel in einem Mitgliedstaat der Europäischen Union oder einem anderen Vertragsstaat des Abkommens über den Europäischen Wirtschaftsraum **zur Anwendung bei Tieren zugelassen sein.** Damit scheiden Fertigarzneimittel, die zur Anwendung bei Menschen zugelassen sind, aus.

Therapienotstand

Schließlich darf in Deutschland kein geeignetes für die Anwendung bei Tieren zugelassenes Arzneimittel zur Verfügung stehen. Hier können die Maßstäbe des sogenannten Therapienotstandes gemäß § 56 a Abs. 2 AMG herangezogen werden. Tierärzte, die Fertigarzneimittel gemäß den vorstehend beschriebenen Voraussetzungen bestellen oder von Apotheken beziehen, haben dies gemäß § 73 Abs. 3 a Satz 3 AMG unverzüglich der zuständigen Behörde anzuzeigen.

In der Anzeige müssen folgende Punkte angegeben werden:

- Tierart
- vorgesehenes Anwendungsgebiet
- Staat, aus dem das Arzneimittel bezogen wird
- Bezeichnung der verschriebenen/bestellten Menge des Arzneimittels
- wirksame Bestandteile nach Art und Menge

Merke

Der Sinn und Zweck der Ausnahmeregelung des § 73 Abs. 3 a AMG besteht darin, Tierärzten – und somit Tierhaltern – den Zugang zu in Deutschland nicht verkehrsfähigen Arzneimitteln in geringer Menge und auf besondere Bestellung in Ausnahmefällen zu ermöglichen. Es handelt sich gewissermaßen um eine „Einzelimportregelung".

Kleiner Grenzverkehr

Eine weitere Ausnahme von dem grundsätzlichen Verbringungsverbot ist in § 73 Abs. 5 AMG geregelt (sogenannter „kleiner Grenzverkehr"). Danach dürfen Tierärzte bei der Ausübung ihres Berufs im kleinen Grenzverkehr nur in Deutschland zugelassene bzw. registrierte bzw. davon freigestellte Arzneimittel mitführen.

Unter dem „kleinen Grenzverkehr" versteht man das regelmäßige Überschreiten der Landesaußengrenze durch Grenzbewohner für einen Aufenthalt in einem Grenzgebiet (= höchstens 30 Kilometer breite Zone, gerechnet ab der Grenze), beispielsweise aus nachgewiesenen wirtschaftlichen/beruflichen Gründen.

Eine Ausnahme von der genannten Vorschrift besteht darin, dass Tierärzte als Staatsangehörige eines EG-Mitgliedstaates oder eines EWR-Vertragsstaates eine Dienstleistung erbringen. Diese dürfen am Ort ihrer Niederlassung zugelassene Arzneimittel in kleinen Mengen in einem für das Erbringen der Dienstleistung unerlässlichen Umfang in der Originalverpackung mit sich führen, wenn und soweit Arzneimittel gleicher Zusammensetzung und für gleiche Anwendungsgebiete auch im Geltungsbereich dieses Gesetzes zugelassen sind. **Der Tierarzt darf die Arzneimittel nur selbst anwenden und muss den Tierhalter auf die Wartezeit hinweisen.**

Fazit

Der Bezug von Arzneimitteln aus dem Ausland ist nur unter bestimmten rechtlichen Voraussetzungen möglich. Vor dem Erwerb eines Arzneimittels aus dem Ausland sollte sich ein Tierarzt genau darüber informieren, ob im Inland ein zugelassenes Arzneimittel zur Verfügung steht.

28 Welche Auswirkungen hat das Antikorruptionsgesetz?

Julia Laacks

28.1 Inkrafttreten und Hintergrund

Am 04.06.2016 ist das neue Gesetz zur Bekämpfung von Korruption im Gesundheitswesen in Kraft getreten. In den Medien wurde bereits ausgiebig darüber berichtet – allerdings hauptsächlich in Bezug auf Humanmediziner. Doch die neuen Straftatbestände der Bestechlichkeit und Bestechung im Gesundheitswesen gelten für alle Heilberufsgruppen und somit auch für Tierärzte.

Die weit überwiegende Mehrzahl der Ärzte sowie sonstiger Erbringer von Gesundheitsleistungen sei ehrlich und setze sich täglich für das Wohl ihrer Patienten ein. Diese wolle man schützen und allein gegen die „schwarzen Schafe" im Markt einschreiten, heißt es in der Pressemitteilung des BMJV vom 29. Juli 2015 unter Zitierung von Bundesminister Heiko Maas. Hintergrund der Neuregelung ist eine durch den Bundesgerichtshof (BGH) deutlich aufgezeigte Lücke in den bisherigen Regelungen. Im Jahr 2012 hatten die Karlsruher Richter nämlich entschieden, dass die Korruptionstatbestände im Strafgesetzbuch (StGB) für niedergelassene, also für die zur vertragsärztlichen Versorgung zugelassenen Ärzte, nicht anwendbar seien.

28.2 Strafbarkeit nach § 299a StGB

In der vorgenannten Entscheidung des BGH ging es zum Beispiel um Prämienzahlungen einer Pharmareferentin an Vertragsärzte, um diese zur bevorzugten Verordnung bestimmter Präparate zu veranlassen. Die Prämienzahlungen wurden von den Beteiligten als **angebliches Honorar für fiktive wissenschaftliche Vorträge** ausgewiesen. Solche Fälle wären nun nicht mehr straflos.

Der neue Straftatbestand des § 299a StGB erfasst Verhaltensweisen, bei denen Vorteile dafür entstehen, dass ein Angehöriger eines Heilberufs bei bestimmten heilberuflichen Entscheidungen einen anderen im Wettbewerb unlauter bevorzugt oder seine berufsrechtliche Pflicht zur heilberuflichen Unabhängigkeit verletzt.

> **Merke**
> **Künftig sollen Bestechungsgelder, die für die Beeinflussung des Verordnungsverhaltens von Ärzten oder für die Zuführung von Patienten erfolgen, strafbar sein.**

Es ist jedoch stets eine Verknüpfung von Vorteil und Pflichtverletzung erforderlich: Die Annahme von Vorteilen soll erst dann strafbar sein, **wenn sie als Gegenleistung für eine unlautere Bevorzugung im Wettbewerb erfolgen.**

In der Praxis werden die Strafverfolgungsbehörden eine umfassende Analyse aller Umstände des Einzelfass vornehmen müssen, um beurteilen zu können, ob eine solche „Unrechtsvereinbarung" gegeben ist. Relevant werden dabei insbesondere die Beziehung des Vorteilsgebers zum Vorteilsnehmer, die Höhe des Vorteils, Transparenz bzw. Intransparenz von Vereinbarungen, das Vorliegen einer plausiblen Alternativ-Erklärung, die nicht auf eine Koppelung gerichtet ist, sowie die Einhaltung vorgeschriebener Verfahren.

Hierbei dürfte es mitunter zu schwierigen Abgrenzungsfragen kommen, da die Grenze zwischen zulässigem Verhalten im Wettbewerb und unlauterer Beeinflussung ziemlich schmal sein kann.

> **Beispiel**
> Als Beispiel für einen Unrechtsvereinbarung werden in der Pressemitteilung des BMJV sog. „Kick-Back-Zahlungen" von Pharmaunternehmen an Ärzte als Gegenleistung für die Verordnung von Medikamenten dieses Unternehmens oder „Kopfgelder" für die Zuweisung von Patienten an eine bestimmte Klinik genannt.

Die bloße Annahme eines Vorteils ohne eine solche Gegenleistung soll aber auch in Zukunft nicht strafbar sein.

Praxistipp
Tierärzte dürfen also auch weiterhin straflos Geschenke von Patientenbesitzern annehmen, die sich damit für eine erfolgreiche Behandlung bedanken wollen.

28.2.1 Wirtschaftliche Interessen über Patientenwohl

Für die Strafbarkeit soll es demnach gerade nicht alleine auf den Vorteil ankommen, sondern darauf, ob ein (Tier-)Arzt sich durch den Vorteil „kaufen" lässt und damit **eigene wirtschaftliche Interessen über das Wohl seines Patienten stellt.**

Durch Vorteile, die im Rahmen zulässiger beruflicher Kooperationen gewährt und angenommen werden, macht sich auch künftig kein Tierarzt strafbar. Die bloße Teilnahme an einer (angemessen) vergüteten Anwendungsbeobachtung und die Erbringung von Dokumentationsleistungen sollen den Straftatbestand nicht erfüllen, da es an einer Verknüpfung von Vorteil und heilberuflicher Gegenleistung fehlt. Unangemessen hohe Vergütungen können hingegen ein starkes Indiz für eine Unrechtsvereinbarung sein. Dies gilt auch bei einem erkennbaren Desinteresse des Empfängers an der Dokumentation.

Berufsrechtlich zulässige Berufsausübungsgemeinschaften, die für die Beteiligten wirtschaftlich vorteilhaft sein und von denen auch Patienten profitieren können, sind künftig ebenfalls zulässig. Etwas anderes gilt aber selbstverständlich in Fällen, in denen eine Kooperationsvereinbarung nur zum Schein abgeschlossen wird, um das berufsrechtliche Verbot von Zuweisungen oder Verordnungen gegen Entgelt zu umgehen und Bestechungszahlungen zu verschleiern.

Merke
Die neue Straftatbestand des § 299 a StGB erfasst alle Heilberufsgruppen und gilt somit auch für Tierärzte.

Für die Bestechlichkeit sieht die Vorschrift eine Freiheitsstrafe bis zu drei Jahren oder Geldstrafe vor. Die gesetzliche Neuregelung ist als deutliches Zeichen des Gesetzgebers zu werten, dass korrupte Verhaltensweisen im Gesundheitswesen nicht straflos bleiben werden. Daher sollte jeder Tierarzt immer dann das eigene Verhalten hinterfragen, wenn die Annahme von Vorteilen mit einer Gegenleistung verknüpft ist. Es empfiehlt sich vor allem, nachvollziehbare Verträge abzuschließen, also genaue Leistungsbeschreibungen vorzunehmen und Kalkulationsgrundlagen zu dokumentieren.

28.3 Vorschrift: § 299a Bestechlichkeit im Gesundheitswesen

Wer als Angehöriger eines Heilberufs, der für die Berufsausübung oder die Führung der Berufsbezeichnung eine staatlich geregelte Ausbildung erfordert, im Zusammenhang mit der Ausübung seines Berufs einen Vorteil für sich oder einen Dritten als Gegenleistung dafür fordert, sich versprechen lässt oder annimmt, dass er

1. *bei der Verordnung von Arznei-, Heil- oder Hilfsmitteln oder von Medizinprodukten,*
2. *bei dem Bezug von Arznei- oder Hilfsmitteln oder von Medizinprodukten, die jeweils zur unmittelbaren Anwendung durch den Heilberufsangehörigen oder einen seiner Berufshelfer bestimmt sind, oder*
3. *bei der Zuführung von Patienten oder Untersuchungsmaterial*

einen anderen im inländischen oder ausländischen Wettbewerb in unlauterer Weise bevorzuge, wird mit Freiheitsstrafe bis zu drei Jahren oder mit Geldstrafe bestraft.

Fazit
Tierärzte, die ihre wirtschaftlichen Interessen über das Patientenwohl stellen und ihrer Berufspflicht zur heilberuflichen Unabhängigkeit nicht nachkommen, machen sich in Zukunft strafbar.

29 Wie wird der Arzneimittelpreis bestimmt?

Jürgen Althaus

29.1 Allgemeines

Jeder kennt das Grundprinzip der Preisbildung: Angebot und Nachfrage. Während die Preisgestaltung bei vielen Handelsgütern tatsächlich nach dem vorgenannten Prinzip erfolgt, bestehen bei der Bildung von Arzneimittelpreisen Besonderheiten. So sind zur Berechnung der Abgabepreise die einschlägigen Vorschriften der GOT, der Arzneimittelpreisverordnung und des Arzneimittelgesetzes (AMG) heranzuziehen. Durch diese Vorschriften werden insbesondere auch Tierärzte Regularien bei der Bestimmung von Arzneimittelpreisen unterworfen.

29.2 Einzelheiten

Gemäß § 1 Abs. 1 und Abs. 2 AMPreisV gelten die in der Arzneimittelpreisverordnung festgelegten Preisspannen für Arzneimittel, die im Voraus hergestellt und in einer zur Abgabe an den Verbraucher bestimmten Packung in den Verkehr gebracht werden (Fertigarzneimittel) und deren Abgabe nach § 43 AMG den Apotheken bzw. Tierärzten im Rahmen des Betriebs einer tierärztlichen Hausapotheke vorbehalten ist. Gleiches gilt für Arzneimittel, die in Apotheken oder von Tierärzten hergestellt werden und deren Abgabe nach § 43 AMG den Apotheken bzw. den tierärztlichen Hausapotheken vorbehalten ist (§ 1 Abs. 2).

29.2.1 Welche Arzneimittel-Arten sind zu unterscheiden?

Es ist vorstehend ausgeführt worden, dass sich die Regelungen der Arzneimittelpreisverordnung im Wesentlichen auf Fertigarzneimittel beziehen. Hier ist allerdings danach zu differenzieren, ob es sich bei den abzugebenden Arzneimitteln um freiverkäufliche Arzneimittel, apothekenpflichtige Arzneimittel oder verschreibungspflichtige Arzneimittel handelt.

Freiverkäufliche Arzneimittel darf ein Tierhalter bei seinem Tier anwenden, ohne einen Tierarzt hinzuziehen zu müssen. Freiverkäufliche Arzneimittel sind, außer beim Tierarzt oder in der Apotheke, z. B. in Drogerien oder im Tierfachhandel zu bekommen. So sind insbesondere viele Arzneimittel aus pflanzlichen Wirkstoffen freiverkäuflich.

Davon sind **apothekenpflichtige Arzneimittel** zu unterscheiden. Für den Kauf von apothekenpflichtigen Arzneimitteln benötigt der Tierhalter zwar kein Rezept, er darf die Mittel aber nur aus einer öffentlichen Apotheke oder von einem Tierarzt beziehen. So sind bspw. Homöopathika meist apothekenpflichtig. Sofern es überhaupt noch apothekenpflichtige Arzneimittel für lebensmittelliefernde Tiere gibt, muss der Halter dieser Tiere, wenn kein Tierarzt hinzugezogen wurde, genau befolgen, was nach Packungsbeilage vorgegeben ist.

Ferner sind davon **verschreibungspflichtige Arzneimittel** abzugrenzen. Ein Tierhalter bekommt verschreibungspflichtige Arzneimittel bzw. rezeptpflichtige Arzneimittel ebenfalls nur über seinen Tierarzt und nur mit einer Behandlungsanweisung. Falls der Tierarzt das benötigte Medikament nicht in seiner tierärztlichen Hausapotheke vorrätig hat, hat er dem Tierhalter ein Rezept (Verschreibung) auszustellen, mit dem der Tierhalter das Arzneimittel in jeder öffentlichen Apotheke erwerben kann.

Schließlich gibt es noch die **Humanarzneimittel**. Hier gelten die obigen Ausführungen zu den rezeptpflichtigen Arzneimitteln. Bei der Abgabe/Anwendung von Human-Arzneimitteln für Tiere – insbesondere für lebensmittelliefernde Tiere – gelten Besonderheiten. Hier sind insbesondere die Bestimmungen über die Umwidmung von Arzneimitteln gemäß § 56 a Abs. 2 AMG zu beachten. Dabei ist von Bedeutung, dass bei Tieren, die der Lebensmittelgewinnung dienen, Humanarzneimittel nur durch den Tierarzt angewendet oder unter

▸ **Tab. 29.1** Verkaufsorte für die Arzneimittelabgabe (nach § 43 AMG).

Verkaufsorte	rezeptpflichtige Arzneimittel	apothekenpflichtige Arzneimittel	freiverkäufliche Arzneimittel	Humanarzneimittel
Tierarzt/Tierärztliche Hausapotheke	✓	✓	✓	✓
Apotheke	✓ (bei Vorlage eines Rezeptes)	✓	✓	✓ (bei Vorlage eines Rezeptes)
OTC • SM • Drogerie • Tierfachhandel • …	-	-	✓	-

seiner Aufsicht verabreicht werden dürfen. Das bedeutet, dass ein Tierarzt die Arzneimittel grundsätzlich nicht aus der Hand geben darf. Nur in Ausnahmefällen darf der Tierarzt das Humanarzneimittel dem Tierhalter zur Anwendung überlassen, insbesondere wenn der Bestand nach den Bedingungen von § 56 a Abs. 1 Satz 2 AMG regelmäßig durch den Tierarzt untersucht wird.

Allen genannten Arzneimittelarten ist gemein, dass selbstverständlich bei der Abgabe die besonderen Regelungen des Arzneimittelgesetzes und der Verordnung über die tierärztlichen Hausapotheken (TÄHAV) zu beachten sind (▸ **Tab. 29.1**).

29.2.2 Wie werden Preise durch den Großhandel berechnet?

Die Arzneimittelpreisverordnung sieht bei der Abgabe von **Fertigarzneimitteln durch den Großhändler an Apotheken oder Tierärzte** Zuschläge vor. Die Höhe der Zuschläge unterscheidet sich danach, ob es sich bei dem abzugebenden Fertigarzneimittel um ein solches handelt, dass zur Anwendung beim Menschen bestimmt ist oder um ein solches, dass zur Anwendung bei Tieren bestimmt ist.

Anwendung beim Menschen Bei der Abgabe von Fertigarzneimitteln, die zur **Anwendung beim Menschen** bestimmt sind, darf auf den Abgabepreis des pharmazeutischen Unternehmers ohne die Umsatzsteuer höchstens ein Zuschlag von 3,15 %, höchstens jedoch 37,80 €, zzgl. eines Festzuschlags von 0,70 € sowie die Umsatzsteuer erhoben werden.

Anwendung bei Tieren Bei der Abgabe von Fertigarzneimitteln, die demgegenüber zur **Anwendung bei Tieren** bestimmt sind, darf der Großhandel gegenüber Apotheken und Tierärzten auf den Abgabepreis des pharmazeutischen Unternehmers ohne Umsatzsteuer höchstens die in § 2 Ab. 2 AMPreisV definierten Zuschläge sowie die Umsatzsteuer erheben. Die Höchstzuschläge richten sich nach dem Abgabepreis des pharmazeutischen Unternehmers und betragen bei einem solchen

- bis beispielsweise 0,84 € 21,0 %,
- bei bspw. 3,76 € bis 6,03 € 18,5 % und
- bei einem Abgabepreis von bspw. 55,59 € bis 684,76 € 12 %.

Der Höchstzuschlag errechnet sich ebenfalls nach dem Abgabepreis des pharmazeutischen Unternehmers und beträgt je nach Abgabepreis 0,18 € – 6,67 €.

Die vorgenannten Großhandelszuschläge werden damit begründet, dass der pharmazeutische Großhandel logistische Aufgaben zwischen pharmazeutischen Herstellern auf der einen und den Apotheken/tierärztlichen Hausapotheken auf der anderen Seite übernimmt.

29.2.3 Wie werden Preise durch die Apotheke berechnet?

Humanarzneimittel Die Vergütung der Apotheken war vor dem Jahre 2004 ausschließlich prozentual vom Preis des abgegebenen Arzneimittels abhängig. Dies wurde jedoch im Rahmen des GKV-Modernisierungsgesetzes geändert. So besteht der **Zuschlag für Fertigarzneimittel** seitdem aus einem variablen Anteil von 3% des Herstellerabgabepreises (ist gleichzusetzen mit dem Einkaufspreis der Apotheke) inkl. Großhandelszuschlag plus einer Pauschale von 8,35 €. Die 3% können dabei als Honorierung der logistischen Aufgabe der Apotheke verstanden werden, also bspw. für die Vorratshaltung und Vorfinanzierung. Die vorgenannten Zuschläge gelten für die Abgabe von Fertigarzneimitteln, die zur Anwendung bei Menschen bestimmt sind. (vgl. §3 Abs. 1 Satz 1 Arzneimittelpreisverordnung)

Verschreibungspflichtige Humanarzneimittel zur Anwendung bei Tieren Soweit Fertigarzneimittel, die zur Anwendung bei Menschen bestimmt sind, durch die Apotheken zur Anwendung bei Tieren abgegeben werden, dürfen zur Berechnung des Apothekenabgabepreises abweichend von den obigen Zuschlägen höchstens ein Zuschlag von 3% zzgl. 8,10% sowie die Umsatzsteuer erhoben werden. (vgl. §3 Abs. 1 Satz 2 Arzneimittelpreisverordnung)

Verschreibungspflichtige Tierarzneimittel Bei der Abgabe von Fertigarzneimitteln, die zur Anwendung bei Tieren bestimmt sind, dürfen zur Berechnung des Abgabepreises höchstens Zuschläge nach den Absätzen 3 oder 4 des §3 Arzneimittelpreisverordnung sowie die Umsatzsteuer erhoben werden. In den Absätzen 3 und 4 der Arzneimittelpreisverordnung sind zudem **Höchstzuschläge** niedergelegt, welche im Einzelfall zu berücksichtigen sind. Vergleiche §3 Abs. 1 Satz 3 Arzneimittelpreisverordnung.

Nicht verschreibungspflichtige und freiverkäufliche Arzneimittel Nicht verschreibungspflichtige und freiverkäufliche Arzneimittel sind von den Regelungen der Arzneimittelpreisverordnung ausgenommen. Die Preise für nicht verschreibungspflichtige Arzneimittel sind nicht festgelegt. Das bedeutet: Jeder Apotheker/jede Apothekerin entscheidet selbst, wie preiswert ein Produkt angeboten werden soll. Der dadurch ausgelöste – gesetzgeberisch gewollte – Wettbewerb um den Apothekenkunden ist nicht nur ein Wettbewerb um die beste Beratungsqualität, sondern auch um den günstigsten Preis. In diesem Bereich gilt als tatsächlich der eingangs erwähnte Grundsatz: Angebot und Nachfrage.

29.2.4 Wie werden Preise durch den Tierarzt berechnet?

Bei der Abgabe von **verschreibungspflichtigen** Arzneimitteln durch Tierärzte an Tierhalter dürfen seitens der Tierärzte Zuschläge erhoben werden. Diese sind allerdings ebenfalls begrenzt (**Höchstpreise**). Nach §10 Abs. 1 in Verbindung mit den §3, 4, 5 AMPreisV dürfen Tierärzte bei der Abgabe von Arzneimitteln an Tierhalter Zuschläge entsprechend §3 Abs. 1 Satz 2 und 3 und Abs. 2 bis 4, §4 Abs. 1 und 2 und §5 Abs. 1 bis 3 sowie die Umsatzsteuer erheben.

Dies bedeutet vereinfacht, dass Tierärzte im Einzelfall die vorstehend dargestellten (Apotheken-) Zuschläge gegenüber den Tierhaltern erheben dürfen. Daher muss ein Tierarzt bei der Preisgestaltung gegenüber dem Tierhalter danach differenzieren, ob es sich um ein Fertigarzneimittel zur Anwendung beim Menschen oder um ein Fertigarzneimittel zur Anwendung bei Tieren handelt. Die Zuschläge richten sich dann nach den vorerwähnten Regelungen in §3 AMPreisV.

Für die Abgabe von **nicht verschreibungspflichtigen** und **freiverkäuflichen** Arzneimitteln gelten die Ausführungen zur Preisgestaltung durch Apotheken (vgl. Ziffer 3). Die Arzneimittelpreisverordnung ist auf diese Arzneimittelarten nicht anwendbar, sodass der Tierarzt die Preise von nicht verschreibungspflichtigen und freiverkäuflichen Arzneimitteln frei kalkulieren darf.

Es kommt häufig vor, dass Tierärzte aufgrund der Gewährung von Rabatten o.ä. Arzneimittel preisgünstig über den Großhandel beziehen, zur Berechnung des Abgabepreises jedoch die Listenpreise heranziehen. Dieses Vorgehen ist nicht zulässig und verstößt gegen die Arzneimittelpreisverordnung. Dort ist ausdrücklich niedergelegt, dass die **jeweiligen Einkaufspreise** der abzugebenden bzw. anzuwendenden Arzneimittel maßgeblich sind („Auf den bei Belieferung der Apotheke geltenden Abgabepreis des pharmazeutischen Unternehmen"; §3 Abs. 2 Nr. 2 AMPreisV). Dies führt dazu, dass ein Tierarzt bei der Preisgestaltung ihm seitens einer Pharmafirma oder eines

► **Tab. 29.2** Kalkulation von Abgabepreisen von Fertigarzneimitteln (nach § 43 AMG).

	rezeptpflichtige Arzneimittel	apothekenpflichtige Arzneimittel	freiverkäufliche Arzneimittel	Humanarzneimittel
Tierarzt/Tierärztliche Hausapotheke	Höchstpreise nach § 3 AMPreisV (Basis sind die Einkaufspreise)	frei kalkulierbar	frei kalkulierbar	Höchstpreise nach § 3 AMPreisV
Apotheke	Festpreis nach § 3 AMPreisV	frei kalkulierbar	frei kalkulierbar	Festpreis nach § 3 AMPreisV
OTC • SM • Drogerie • Tierfachhandel • ...	-	-	frei kalkulierbar	-

Großhandels gewährte Rabatte und Nachlässe gegenüber dem Tierhalter preismindernd berücksichtigen muss. Grundlage des von dem Tierarzt zu gestaltenden Preises ist somit nicht der Listenpreis des Herstellers, sondern der **tatsächliche Einkaufspreis (► Tab. 29.2).**

29.2.5 Besonderheiten bei der Abgabe von Stoffen

Auch im Bereich der Abgabe von Stoffen gilt die Arzneimittelpreisverordnung. Insofern ist bei der Abgabe eines Stoffs, der in unverändertem Zustand umgefüllt, abgefüllt, abgepackt oder gekennzeichnet wird, ein Festzuschlag von 100 % auf die Einkaufspreise ohne Umsatzsteuer für Stoff und erforderliche Verpackung sowie die Umsatzsteuer zu erheben. Die AMPreisV normiert in Abs. 2 des § 4 ausdrücklich, dass von dem Apothekeneinkaufspreis der abzugebenden Menge des Stoffs auszugehen ist, wobei der Einkaufspreis der üblichen Abpackung maßgebend ist.

Bei der Abgabe einer Zubereitung aus einem Stoff oder mehreren Stoffen sind ein Festzuschlag von 90 % auf die Apothekeneinkaufspreise ohne Umsatzsteuer für Stoffe und erforderliche Verpackung sowie ein Rezepturzuschlag nach § 5 Abs. 3 AMPreisV sowie die Umsatzsteuer zu erheben. auch hier ist von den Apothekeneinkaufspreisen der für die Zubereitung erforderlichen Menge an Stoffen und Fertigarzneimitteln auszugehen.

29.2.6 Preisgestaltung bei angewandten Arzneimitteln

Gemäß § 1 Abs. 1 in Verbindung mit § 8 GOT gelten die in der AMPreisV in ihrer jeweils geltenden Fassung enthaltenen Vorschriften über die von Tierärzten **abgegebenen** Arzneimitteln entsprechend für die von Tierärzten **angewandten** Arzneimittel. Diese Klarstellung ist insoweit erforderlich, als die AMPreisV angewandte Arzneimittel selbst nicht erwähnt.

Merke

Die Preisgestaltung ist somit gleich, unabhängig davon, ob die Arzneimittel abgegeben oder angewendet werden.

29.3 Zusammenfassung

Bei der Kalkulation von Abgabepreisen ist danach zu unterscheiden, welche Arzneimittel-Arten (apothekenpflichtige Arzneimittel, freiverkäufliche Arzneimittel, verschreibungspflichtige Arzneimittel) durch wen (Großhandel, Apotheken, Tierärzte) zu welchem Zweck (Humanarzneimittel zur Anwendung bei Menschen, Humanarzneimittel zur Anwendung bei Tieren, Tierarzneimittel) abgegeben werden. Lediglich die Preise für freiverkäufliche und apothekenpflichtige Arzneimittel können frei kalkuliert werden.

Für Humanarzneimittel, die zur Anwendung bei Tieren abgegeben werden und für rezeptpflichtige Tierarzneimittel gelten allerdings die Höchstpreisregelungen nach § 3 Arzneimittelverordnung, sofern diese Arzneimittel durch Tierärzte abgegeben werden und Festpreise nach § 3 Arzneimittelpreisverordnung, sofern die Arzneimittel durch eine Apotheke abgegeben werden. Grundlage der von einem Tierarzt zu kalkulierenden Abgabepreise ist jeweils der tatsächliche Einkaufspreis.

Praxistipp
Um berufs- und zivilrechtliche Schwierigkeiten zu vermeiden, sollten Tierärzte daher dringend darauf achten, die dargestellten Grundsätze der Preisgestaltung zu berücksichtigen.

30 Dürfen Restmengen verbraucht werden?

Jürgen Althaus

Info
Besonders relevant für Nutztierpraktiker.

30.1 Einleitung

Es ist in Kap. 3.4 (S. 22) bereits ausgeführt worden, dass ein Tierarzt lediglich eine bestimmte Maximalmenge an Arzneimitteln an einen Tierhalter abgeben darf. Die Arzneimittelmenge muss gemäß § 56a Abs. 1 Nrn. 4 und 5 AMG so bemessen sein, dass sie nach dem Stand der veterinärmedizinischen Wissenschaft gerechtfertigt ist, um das Behandlungsziel in den betreffenden Fall zu erreichen. In diesem Zusammenhang ist bereits auf die sogenannte „7-Tage-Regel" (S. 49) und die „31-Tage-Regel" (S. 48) verwiesen worden.

Trotz der vorgenannten grundsätzlichen Mengenbegrenzung sind jedoch Fälle denkbar, in denen beim Tierhalter Arzneimittelreste verbleiben. Gründe dafür können sein:

- Der Tierarzt verschreibt ein Arzneimittel, welches ausschließlich in einer die konkret notwendige Menge übersteigenden Gebindegröße vorhanden ist.
- Der Tierhalter setzt das Arzneimittel nach einigen Tage nach einer Verbesserung der Krankheitssymptome vor Ablauf der angewiesenen Behandlungsdauer ab.
- Der Tierhalter reduziert eigenmächtig entgegen der tierärztlichen Behandlungsanweisung die Dosierung.

Weitere Beispiele und Ausführungen finden sich zu der Thematik „Abgabe auf Vorrat" (S. 51).

30.2 Neuverordnung

Eine in diesem Zusammenhang oft gestellte Frage besteht darin, ob die im Bestand verbliebene Restmenge weiterverwendet werden kann oder ob der Arzneimittel-Rest vernichtet bzw. entsorgt werden muss.

Hier ist zu beachten, dass ein Tierhalter ein Arzneimittel – insbesondere bei lebensmittelliefernden Tieren – ausschließlich aufgrund einer tierärztlichen Behandlungsanweisung „für den betreffenden Behandlungsfall" anwenden darf (vgl. § 58 i. V. m. § 57a AMG).

Dies bedeutet zunächst, dass es dem Tierhalter untersagt ist, die restlichen Arzneimittel eigenmächtig und ohne Hinzuziehung eines Tierarztes bei einem späteren Krankheitsgeschehen, welches nicht mehr von der ursprünglichen tierärztlichen Behandlungsanweisung gedeckt ist, anzuwenden. Insofern benötigt der Tierhalter für eine weitergehende medikamentöse Behandlung seiner Tiere zwingend eine erneute tierärztliche Behandlungsanweisung.

Richtigerweise muss nun der Tierarzt dem Tierhalter die Arzneimittelreste erneut verordnen, also eine erneute Behandlungsanweisung erteilen. Dies kann in der Praxis durch Ausstellung eines sog. „Null-Belegs" erfolgen. Bei einem „Null-Beleg" handelt es sich um einen üblichen tierärztlichen Abgabebeleg, welcher von dem Tierarzt wie bei jeder anderen Verordnung üblich ausgefüllt wird, lediglich in der Rubrik „Abgabemenge" trägt der Tierarzt die Restmenge ein. Es erfolgt somit nicht die Neuverordnung eines Arzneimittels, sondern vielmehr die Weiterverordnung einer verbliebenen Restmenge.

Fazit
Ein Tierhalter darf ein Arzneimittel ausschließlich aufgrund einer tierärztlichen Behandlungsanweisung anwenden. Sofern nach Abschluss eines Behandlungsfalls eine Restmenge eines Arzneimittels verbleibt, benötigt der Tierhalter für deren Anwendung eine erneute tierärztliche Behandlungsanweisung.

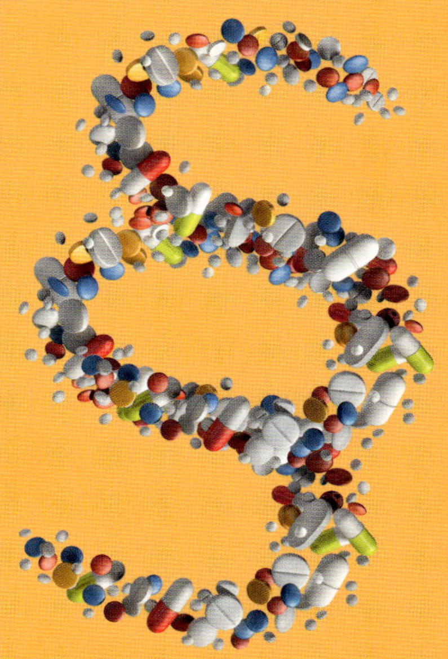

Fotolia©psdesign1

Teil 7 Dokumentation/Belege

31 Welchen Zweck hat die Dokumentation?

Jürgen Althaus

31.1 Warum dokumentieren?

In der tierärztlichen Praxis ist es nicht allein mit der Untersuchung eines Tieres und dessen anschließender medikamentöser Behandlung in Form der Anwendung oder Abgabe eines Arzneimittels zur Anwendung durch den Tierhalter getan. **Vielmehr wird dem Tierarzt die Pflicht auferlegt, den Verbleib der Arzneimittel penibel zu dokumentieren.** Während eine Apotheke nach § 19 Abs. 1 Apothekenbetriebsordnung nur Nachweise über den Erwerb von verschreibungspflichtigen Arzneimitteln, die zur Anwendung bei Tieren bestimmt sind, zu führen hat, ist ein Tierarzt darüber hinaus verpflichtet, für alle Arzneimittel über Erwerb und Abgabe Nachweise zu führen. Der Unterschied ergibt sich aus dem tierärztlichen Dispensierrecht. Während die Apotheke grundsätzlich alle Arzneimittel in unbegrenzter Menge beziehen und an jedermann Arzneimittel verkaufen kann, darf ein Tierarzt Arzneimittel nur für die von ihm behandelten Tieren erwerben, vorrätig halten und abgeben.

Diese weitergehende Verpflichtung dient vor allem der Transparenz des Arzneimittelverkehrs und somit auch der Überprüfbarkeit, ob ein Tierarzt sein Dispensierrecht eingehalten hat. Diese umfassende Nachweispflicht soll es nach dem gesetzgeberischen Willen insbesondere den überwachenden Behörden erleichtern,

- den illegalen Tierarzneimittelverkehr einzudämmen,
- die Einhaltung des Vertriebswegs zu kontrollieren
- und den Umfang des Arzneimittels zu beobachten.
- Des Weiteren soll die Dokumentation zusätzliche Sicherheit beim Verbraucherschutz und gegen Arzneimittelmissbrauch schaffen.

Eine weitere **besondere Bedeutung** der Dokumentation besteht darin, dass diese auch dem **Tierhalter als Behandlungsanweisung** dienen soll.

31.2 Nachweispflicht gemäß § 13 TÄHAV

Besondere Regelungen über die Nachweispflicht ergeben sich aus § 13 TÄHAV. So hat ein Tierarzt einerseits über den Erwerb, die Prüfung und den Verbleib von Arzneimitteln in der tierärztlichen Hausapotheke Nachweise zu führen. Darüber hinaus sind bei der Anwendung von Arzneimitteln bei lebensmittelliefernden Tieren sowie bei der Abgabe von Arzneimitteln, die zur Anwendung bei diesen Tieren bestimmt sind, zusätzliche Nachweise auszufüllen, die die in § 13 Abs. 1 S. 2 TÄHAV genannten Angaben enthalten müssen.

Aufgrund des oben beschriebenen Zwecks der Dokumentation geht es nicht lediglich darum, ob der abgebende Tierarzt oder der das Medikament anwendende Tierhalter die Angaben auf den Nachweisen lesen kann oder der Tierhalter möglicherweise auch ohne detaillierte Angaben aufgrund seiner Kenntnisse und Erfahrungen weiß, in welche Art und Weise und wann das an ihn abgegebene Medikament anzuwenden ist. Es ist somit nicht lediglich das Verhältnis Tierarzt-Tierhalter maßgeblich.

31.2.1 Lesbarkeit der Nachweise

Die oben dargestellten Funktionen (Transparenz des Arzneimittelverkehrs und Behandlungsanweisung für den Tierhalter) können verständlicherweise nur dann erfüllt werden, wenn die betreffenden Nachweise auch lesbar sind. Die Lesbarkeit bezieht sich damit einerseits auf den Tierhalter und andererseits auf die den Arzneimittelverkehr überprüfenden Überwachungsbehörden. Insbesondere für letztere müssen die Nachweise vollständig lesbar und damit nachvollziehbar sein.

Dabei kommt es auch nicht darauf an, dass der den Nachweis ausfüllenden Tierarzt den Beleg nachvollziehen und die Angaben lesen kann. Maßgeblich ist insofern, dass ein Dritter (Tierhalter oder Personal der Überwachungsbehörde) die Angaben lesen kann.

Merke

In der Praxis kommt es immer wieder zu Bußgeldverfahren gegen Tierärzte, weil die von ihnen ausgestellten Nachweise allein mangels Lesbarkeit nicht nachvollziehbar sind.

Viele Tierärzte sind mittlerweile dazu übergegangen, die gesamte Dokumentation und somit auch die Nachweise elektronisch zu erfassen bzw. auszufüllen. Gleichwohl gibt es nach wie vor sehr viele Tierärzte, die eine handschriftliche Dokumentation bevorzugen, sei es aus Gründen der Einfachheit, der Gewohnheit oder möglicherweise auch aus dem Grunde einer oftmals als „lästige Pflicht" angesehenen Notwendigkeit.

Im Falle einer handschriftlichen Dokumentation muss in Ansehung der beschriebenen Funktion (Überprüfbarkeit und Transparenz des Arzneimitteleinsatzes) beachtet werden, dass es nicht Aufgabe einer Überwachungsbehörde sein kann, Vermutungen darüber anzustellen, welches Medikament oder welche Tierart möglicherweise gemeint sein könnte. Es ist auch nicht ihre Aufgabe, Zusammenhänge mit einer möglicherweise durchzuführenden Krankheitsbehandlung herzustellen. Die Belege müssen somit deutlich lesbar sein. Allein die Unlesbarkeit von Belegen kann bereits eine Ordnungswidrigkeit darstellen, ohne dass sich eine Überwachungsbehörde überhaupt inhaltlich mit den Angaben auf den Beleg auseinandergesetzt hat bzw. haben konnte.

Praxistipp

Es kann daher allgemein nur empfohlen werden, den beschriebenen Zweck der Dokumentation zu verinnerlichen und die Dokumentation nicht nur als „lästige Pflicht" anzusehen.

Vielmehr kann eine ordnungsgemäße und gewissenhafte Dokumentation arzneimittelrechtlich ein Werkzeug für den Tierarzt sein, die Ordnungsgemäßheit der Arzneimittelanwendung oder -abgabe gegenüber Dritten – insbesondere einer Überwachungsbehörde – zu begründen.

Letztlich kann somit die Dokumentation – zumindest sofern sie ordnungsgemäß ist – dem Tierarzt selbst als Sicherheit dienen und ihn möglicherweise vor negativen Konsequenzen bewahren.

32 Welche allgemeinen Nachweispflichten gibt es?

Jürgen Althaus

32.1 Über welche Tätigkeiten ist Nachweis zu führen?

Gemäß § 13 Abs. 1 S. 1 TÄHAV hat ein Tierarzt Nachweise über folgende Aspekte zu führen:

- den Erwerb von Arzneimitteln
- die Prüfung, sofern sie über eine Sinnenprüfung hinausgeht
- den Verbleib der Arzneimittel, in der jeweiligen tierärztlichen Hausapotheke
- die Verschreibung von Fütterungsarzneimitteln
- über die Herstellung von Arzneimitteln

Diese Nachweispflicht gilt unabhängig davon, ob ein Tierarzt Klein- und Heimtiere oder aber lebensmittelliefernde Tiere behandelt.

Merke

Jeder Tierarzt, der eine tierärztliche Hausapotheke betreibt, muss grundsätzlich über den Erwerb, die Anwendung und die Abgabe eines Arzneimittels Nachweise führen.

32.1.1 Nachweis des Erwerbs

Als Nachweise im Sinne der zitierten Vorschrift für den Erwerb gelten gemäß § 13 Abs. 2 Nr. 1 TÄHAV die geordnete Zusammenstellung der Lieferscheine, Rechnungen oder Warenbegleitscheine, aus denen sich Lieferant, Art und Menge und, soweit vorhanden, die Chargenbezeichnung der Arzneimittel ergeben müssen.

32.1.2 Nachweis der Prüfung

Als Nachweis für die Prüfung gelten gemäß § 13 Abs. 2 Nr. 3 TÄHAV Aufzeichnungen in einem Prüfungsbuch oder auf Karteikarten oder Prüfungsberichten, wenn die Prüfung nicht in der tierärztlichen Hausapotheke durchgeführt worden ist. Die Aufzeichnungen müssen Angaben über Lieferant, Art und Menge der untersuchten Arzneimittel, über das Datum des Erwerbs oder der Herstellung sowie über Ort, Art und Datum der Untersuchung enthalten.

32.1.3 Nachweis über Abgabe und Anwendung

Schließlich gelten als Nachweise für eine Abgabe und Anwendung von Arzneimitteln, die nicht zur Anwendung bei lebensmittelliefernden Tieren bestimmt sind, Aufzeichnungen im Tagebuch der Praxis oder in der Patientenkartei über Art und Menge sowie Name und Anschrift des Empfängers, wobei diese Eintragungen gegenüber anderen Eintragungen besonders hervortreten müssen (§ 13 Abs. 2 Nr. 4 c TÄHAV).

Bei lebensmittelliefernden Tieren kommt § 13 Abs. 1 TÄHAV zur Anwendung, Näheres dazu findet sich in Frage 33 (S. 104) und Frage 34 (S. 106).

Merke

Die in § 13 Abs. 1 genannten Nachweispflichten gelten übrigens nur für apothekenpflichtige Arzneimittel, nicht aber für freiverkäufliche Arzneimittel.

32.2 Form der Nachweise

Die erforderlichen Eintragungen im Sinne der genannten Nachweispflicht können sowohl handschriftlich als auch elektronisch erfolgen.

Die Nachweispflichten hinsichtlich der Anwendung und Abgabe von Arzneimitteln sind im Kleintierbereich sehr überschaubar. Hier werden keine besonderen Anforderungen gestellt. Dies sollte allerdings im Kleintierbereich tätige Tierärzte nicht dazu verleiten, der Dokumentation lediglich eine untergeordnete Bedeutung beizumessen. Gerade in diesem Bereich kann einer überobligatorischen, nachvollziehbaren und aussagekräftigen Dokumentation in zivilrechtlichen Streitigkeiten, also insbesondere Haftungsprozessen mit Tierhaltern, eine erhebliche Beweisfunktion zukommen. Der Dokumentation aus Haftungsgründen – insbesondere in Kleintierbereich – ist Frage 90 (S.218) vorbehalten.

Fazit

Für apothekenpflichtige Arzneimittel muss der Tierarzt über Erwerb, Anwendung und Abgabe eine genaue Dokumentation führen.

Dies kann elektronisch oder handschriftlich geschehen.

33 Wie sind die geforderten Angaben nach § 13 Abs. 1 TÄHAV zu dokumentieren?

Jürgen Althaus

33.1 Welche Aspekte müssen Teil der Dokumentation sein?

Gemäß § 13 Abs. 1 S. 2 und 3 hat der Tierarzt unter den dort genannten Voraussetzungen, insbesondere die Bezeichnung und Menge des Arzneimittels, die Diagnose, die Dosierung, die Art der Anwendung, die Dauer und den Zeitpunkt der Anwendung sowie die Anzahl, Art und Identität der Tiere zu dokumentieren. Der letztgenannte Inhalt („Anzahl, Art und Identität der Tiere") wirft oftmals erhebliche praktische Probleme auf und ist deshalb separat in Frage 36 (S. 108) behandelt worden.

33.1.1 Bezeichnung und Menge des Arzneimittels

Das Arzneimittel muss konkret mit seinem handelsüblichen Namen bezeichnet werden. Die Angabe der Menge soll mit konkreten Mengeneinheiten erfolgen, also zum Beispiel mit der Angabe „ml" oder „g"". Häufig findet man Eintragungen wie etwa „eine Einheit", „eine Flasche" oder „eine Packung". Dies stellt keine konkret zu fassende Mengenangabe dar bzw. ist die Angabe zu ungenau, da sie nur mit Kenntnis der Flaschengröße oder der Packungsgröße von der Überwachungsbehörde nachvollzogen werden kann.

33.1.2 Angabe der Diagnose

Hier wird gefordert, dass die tatsächliche Diagnose angegeben wird, nicht lediglich Krankheitssymptome. So ist beispielsweise die Angabe „Durchfall" oder die Angabe „Husten" keine ausreichende Angabe, da lediglich Symptome beschrieben werden. Richtig ist demgegenüber die Angabe der genauen Erkrankung, beispielsweise „bakterielle Infektion des Atmungs-, Harn-, Verdauungsapparats". Sofern ein Tierarzt zum gegenwärtigen Zeitpunkt der Ausfüllung des Belegs lediglich eine Verdachtsdiagnose, mangels Vorliegen labortechnischer Untersuchungsergebnisse jedoch noch keine endgültige Diagnose stellen kann, so ist es zulässig, wenn zunächst die Verdachtsdiagnose dokumentiert wird.

33.1.3 Angabe der Dosierung

Häufig finden sich in tierärztlichen Belegen Angaben wie etwa „10 ml/kg Körpergewicht". Eine derartige Angabe ist nicht ausreichend, da aus ihr die genaue, von dem Tierhalter einzuhaltende Dosierung nicht hervorgeht. Vielmehr ist eine Dosierung pro Tier und Tag anzugeben. Zu diesem Zweck hat der Tierarzt nicht lediglich die Angaben gemäß Herstellerempfehlung einzutragen, sondern das Gewicht der medikamentös zu behandelnden Tiere zu bestimmen und daraus die genaue Dosierung zu berechnen.

33.1.4 Angabe der Art der Anwendung

Hier ist zu fordern, dass der genaue Applikationsweg bzw. die genaue Applikationsart eingetragen wird, also beispielsweise eine intramuskuläre Injektion, eine orale Verabreichung (beispielsweise bei Entwurmungsmitteln), eine Vermischung im Medikationsbecken und Verabreichung über das Tränkwasser und Ähnliches.

33.1.5 Angabe der Dauer der Anwendung

Auch hier sind genaue Angaben zu machen. Eine Angabe wie etwa „bis zum Abklingen der Erkrankungssymptome" oder Ähnliches ist nicht tauglich, da Erkrankungssymptome bekanntermaßen häufig vor dem Erreichen des eigentlichen Behandlungsziels wegfallen. Aus diesem Grunde wird die Eintragung einer möglichst konkreten Zeitdauer gefordert, etwa die Angabe „7 Tage" oder auch ein Zeitraum, etwa „5–7 Tage".

33.1.6 Angabe des Zeitpunkts der Anwendung

Auch hier sollte möglichst konkret angegeben werden, wann genau der Tierhalter ein Arzneimittel zu verabreichen hat. Eine solche Angabe kann beispielsweise in „morgens vor der Fütterung" oder „abends nach der Fütterung" oder Ähnliches bestehen. In jedem Fall muss aus der Angabe für den Tierhalter deutlich erkennbar hervorgehen, wann (an welchem Tag) und zu welchem Zeitpunkt er die ihm überlassenen Arzneimittel anwenden soll.

Es ist bereits in Kap. 31.2 (S. 100) darauf hingewiesen worden, dass sämtliche vorbeschriebenen Angaben lesbar sein müssen und zwar insbesondere für den Tierhalter, sowie für die Kontrollbehörden.

Fazit

Die Dokumentation über zugrundliegende Diagnose, Dosierung, Art und Menge des abgegebenen Arzneimittels und die Art und Dauer der Anwendung ist möglichst konkret zu formulieren.

34 Wie ist eine Arzneimittel-Anwendung bei lebensmittelliefernden Tieren zu dokumentieren?

Jürgen Althaus

Info

Nur relevant für Nutztier- und Pferdepraktiker.

Gemäß § 13 Abs. 1 S. 2 Nr. 1–8 TÄHAV muss ein Tierarzt bei der Anwendung von Arzneimitteln bei lebensmittelliefernden Tieren grundsätzlich einen Nachweis erstellen oder fertigen, der mindestens folgende Angaben enthält:

- Anwendungsdatum
- fortlaufende Belegnummer des Tierarztes im jeweiligen Jahr
- Name des behandelnden Tierarztes und Praxisanschrift
- Name und Anschrift des Tierhalters
- Anzahl, Art und Identität der Tiere
- Arzneimittelbezeichnung
- angewendete oder abgegebene Menge des Arzneimittels und
- Wartezeit

Eine Alternativmöglichkeit besteht darin, dass der Tierarzt die Angaben

- Anzahl, Art und Identität der behandelten Tiere
- Arzneimittelbezeichnung
- Arzneimittelmenge
- Datum der Anwendung
- Wartezeit in Tagen
- Name/Anschrift der Praxis

unmittelbar in die Dokumentation des Tierhalters einträgt und die Anwendung dort mit seiner Unterschrift bestätigt (auch „Kombi-Beleg"). Dies ergibt sich aus § 13 Abs. 1 S. 6 TÄHAV.

Praxistipp

Der Tierarzt kann auf das Ausfüllen einer Anwendungsdokumentation auch dann verzichten, wenn die notwendigen Daten vom Tierhalter dokumentiert werden und der Tierarzt mit seiner Unterschrift die Richtigkeit der Angaben bestätigt. In diesem Fall entfällt für den Tierhalter das Übertragen der Daten aus der Anwendungsdokumentation des Tierarztes in das Bestandsbuch und die Pflicht, trotzdem beide Dokumente zu archivieren. Die insoweit aufgezeichneten Angaben sind dabei in jedem Falle auch in der tierärztlichen Hausapotheke zu dokumentieren.

35 Wie ist eine Arzneimittel-Abgabe bei lebensmittelliefernden Tieren zu dokumentieren?

Jürgen Althaus

Nur relevant für Nutztier- und Pferdepraktiker.

Sofern ein Tierarzt an einen Tierhalter Arzneimittel zur Anwendung durch diesen bei lebensmittelliefernden Tieren abgibt, so muss der Tierarzt gemäß § 13 Abs. 1 S. 4 TÄHAV einen Nachweis ausfüllen, der zusätzlich zu dem bei der Anwendung (S. 106) notwendigen Angaben folgende Angaben enthält:

- Diagnose
- Chargenbezeichnung
- Dosierung des Arzneimittels pro Tier und Tag sowie Art der Anwendung
- Dauer und Zeitpunkt der Anwendung

Soweit erforderlich, sind in den Nachweis auch weitere Behandlungsanweisungen an den Tierhalter mit aufzunehmen.

36 Wie ist die Art, die Anzahl und die Identität der Tiere zu dokumentieren?

Jürgen Althaus

Info
Besonders relevant für Nutztier- und Pferdepraktiker.

36.1 Einleitung

Sowohl bei der Anwendung als auch bei der Abgabe von Arzneimitteln bei lebensmittelliefernden Tieren wird vorausgesetzt, dass der Tierarzt in dem von ihm ausgefüllten Nachweis die Anzahl, die Art und insbesondere die Identität der Tiere angibt. In § 13 TÄHAV wird jedoch nicht geregelt, in welcher Form insbesondere die Identität der Tiere anzugeben ist.

36.2 Identifikation von Einzeltieren

Bei der Frage, welche Anforderungen an die Identitätsangaben zu machen sind, gehen die Sichtweisen vieler (Kreis-)Veterinärbehörden und Landesbehörden auseinander. Einigkeit besteht hingegen, sofern es um die Identifizierung bei der Behandlung von Einzeltieren geht. Bei Rindern wird regelmäßig gefordert, die vorgeschriebenen amtlichen Ohrmarken zur Identifizierung zu verwenden. Abweichend hiervon wird auch die Identifizierung mittels betriebseigener Ohrmarken-Transponder-Nummer oder vergleichbarer Kennzeichnungsverfahren als zulässig angesehen, wenn aus einer Anlage zur Dokumentation der Bezug der betriebseigenen Kennzeichnung zur amtlichen Ohrmarke ersichtlich ist und gewährleistet ist, dass das Tier vor Ort eindeutig identifiziert werden kann. So wird es auch als zulässig angesehen, wenn in dem tierärztlichen Beleg der Name einer Kuh, zum Beispiel „Erna" oder „Bertha" angegeben wird, sofern dem Beleg eine betriebseigene Namensliste beigefügt wird, die namensindividuell eine Zuteilung zur amtlichen Ohrmarke erkennen lässt.

36.3 Identifikation der Mitglieder einer Tiergruppe

Bei der Behandlung von Tieren ohne individuelle Einzeltierkennzeichnung (zum Beispiel Schweine einer Mastgruppe, Mastschafe oder Ziegen) wird ebenfalls eine eindeutige Kennzeichnung der behandelten Tiere gefordert. Je nach Anforderung an die Dauerhaftigkeit der Kennzeichnung kann eine solche Kennzeichnung auch durch eine **Farbmarkierung** oder über das **Einziehen von Ohrmarken** erfolgen.

36.3.1 Ohrmarkennummern

Schwierig und rechtlich oft problematisch wird es bei der Behandlung von Tiergruppen. Grundsätzlich wird auch hier zunächst die Angabe der Ohrmarkennummer sämtlicher behandelter Tiere gefordert. Sofern die Angabe auf dem Arzneimittel Anwendungs- und Abgabebeleg beispielsweise wegen großer zu behandelnder Tierzahlen nicht praktikabel ist, so wird es regelmäßig auch als zulässig angesehen, eine **Liste mit Ohrmarkennummern als Anlage** beizufügen. Gegebenenfalls kann auch auf durch den Tierhalter erstellte Listen aus der HI-Tier-Datenbank zurückgegriffen werden. Auf diesen Listen können dann die behandelten Tiere gekennzeichnet werden.

Bei der Behandlung von Tiergruppen gilt der Grundsatz, dass die kleinste gemeinsam behandelte Einheit zu beschreiben ist, also das Einzeltier, die Gruppe oder der gesamte Stall. Bei der Behandlung von Tiergruppen wird es behördlicherseits teilweise als zulässig angesehen, auf die individuelle Identifizierung der behandelten Tiere zu verzichten, wenn sich über die Identifizierung der Gruppe die behandelten Einzeltiere sicher ermitteln lassen.

Beispiel

So kann zum Beispiel in der Bullenmast eine Mastgruppe unter Auflistung der amtlichen Ohrmarken der Tiere einmalig definiert werden. Die Tiere sind dann über ihre Gruppenbezeichnung identifizierbar. Das gleiche gilt für Sauen mit einer Einzeltierkennzeichnung (Sauennummer), die in Abferkelgruppen zusammengefasst werden können. Die Gruppenlisten können dann als Anhänge zur Dokumentation geführt werden.

36.3.2 Identifikation nach Buchtenplan

Fraglich ist, ob bei Tiergruppen die Identifikation auch über die Zugehörigkeit zu einer definierten Stallbucht möglich ist. Einzelne Behörden sehen eine derartige Dokumentation der Identität als zulässig an. So wird beispielsweise die Aufzeichnung „80 Aufzuchtferkel á 10 kg, Bucht 5 und 6, Flatdeck" ebenso als zulässig angesehen wie die Aufzeichnung „Saugferkel von 3 Sauen, Bucht 1, 4, 5, Abferkelstall" sowie die Aufzeichnung „90 Saugferkel, Abferkelgruppe 2, behandelte Tiere blau markiert". Es wird teilweise vorausgesetzt, dass ein Buchtenplan des Stalls als Anlage der Dokumentation beigefügt ist.

Andere Veterinärbehörden wiederum sehen die Angaben von Buchten und Abteilen als nicht ausreichend an, da diese Gruppen häufig neu kombiniert werden bzw. kombiniert werden können, sodass eine langfristige eindeutige Zuordnung zu einer Bucht/einem Abteil als nicht sichergestellt angesehen wird. Dies wird insbesondere auch dann als Problem gesehen, wenn nur eine Teilbehandlung von Buchten/Gruppen erfolgt, sodass eine genaue Angabe der zu behandelnden Tiere erschwert wird. Hier wird dann wiederum allein die Angabe der Ohrmarkennummer als zulässiges Identifikationsmerkmal angesehen.

Praxistipp

Die Sichtweisen der Veterinärbehörden sind hier – wie oben erwähnt – zum Teil regional unterschiedlich, sodass die Anforderungen nicht als generell und überall gültig beschrieben werden können. Teilweise lässt sich feststellen, dass unmittelbar benachbarte Kreisveterinärämter bzw. Landratsämter erheblich voneinander abweichende Auffassungen haben und diesen entsprechend vorgehen. Es kann ratsam sein, sich mit der zuständigen Veterinärbehörde in Verbindung zu setzen, um die diesbezüglichen Anforderungen abzufragen. Hier ist allerdings darauf hinzuweisen, dass die von der Veterinärbehörde mitgeteilten Anforderungen nicht immer zwingend sachgerecht sein müssen und der Bogen dadurch teilweise zum Nachteil eines Tierarztes überspannt werden kann.

Unabhängig davon gilt als Maßstab immer die gesetzgeberisch gewollte Notwendigkeit, die Behandlung eines Tieres und demzufolge die Anwendung/Abgabe eines Arzneimittels nachvollziehen zu können. Inwieweit dies gegeben ist, ist sicherlich im jeweiligen Einzelfall zu beurteilen. So kann beispielsweise die Angabe einer bestimmten Bucht in einem Fall zulässig sein, sofern der Bestand dieser Bucht während der Wartezeit unverändert bleibt. In einem anderen Fall mag die Angabe der Bucht nicht ausreichend sein, wenn sich der Bestand einer Bucht oder einer Gruppe während der Wartezeit durch Ab- und Zugänge verändern sollte.

Wie verhält es sich, wenn der Tierarzt sich bei der Eintragung der Ohrmarkennummer auf die Angaben des Tierhalters verlässt, dieser allerdings unzutreffende Ohrmarken mitteilt? Welche Folgen hat insofern eine unrichtige Dokumentation? Diese Fragestellung soll in Frage 40 (S. 114) beantwortet werden.

Fazit

Es muss jederzeit nachvollziehbar sein, welche Tiere mit welchen Arzneimitteln behandelt wurden.

Die Ansichten über die Art der Identifikation der Tiere gehen bei den örtlichen Veterinärbehörden auseinander.

37 In welcher Form müssen die Belege erstellt werden?

Jürgen Althaus

Info

Nur relevant für Nutztier- und Pferdepraktiker.

Früher war vorgeschrieben, dass die Dokumentation im Sinne des § 13 TÄHAV in Form des bekannten „tierärztlichen Arzneimittelanwendungs- und Abgabebelegs" zu erfolgen hatte. Seit dem Jahre 2006 ist nur noch vorgeschrieben, welche Angaben durch den Tierarzt gemacht werden müssen, jedoch nicht mehr in welcher Form dies zu geschehen hat. Es ist daher nach wie vor möglich, auf die bekannten Belegmuster zurückzugreifen. Diese sind im einschlägigen Handel erhältlich, meist als Abreißblock mit der Möglichkeit durchzuschreiben („Doppel").

Praxistipp

Es ist auch jedem Tierarzt unbenommen, von den bekannten Mustern unabhängige praxisindividuelle Belege zu erstellen. Sie müssen eben nur inhaltlich den Anforderungen des § 13 TÄHAV genügen.

Es ist auch möglich, die gesamte Dokumentation nicht mehr handschriftlich, sondern elektronisch zu führen. Im Falle der elektronischen Datenerfassung ist es von Bedeutung, dass die Daten während der vorgeschriebenen fünfjährigen Aufbewahrungsfrist jederzeit zu reproduzieren, das heißt abrufbar und nicht nur unverändert, sondern unveränderbar sind.

Wegen des oben beschriebenen Zwecks der Dokumentation und auch als Behandlungsanweisung für den Tierhalter ist die Dokumentation so zu gestalten, dass der Beleg dem Tierhalter ausgehändigt werden kann. Dabei ist dem Tierhalter das Original auszuhändigen. Das Doppel bzw. die Durchschrift verbleibt als Dokumentation der Arzneimittelabgabe beim Tierarzt.

Sofern die Dokumentationsdaten elektronisch gespeichert werden, ist es dem Tierarzt entweder möglich, den Beleg unmittelbar im Betrieb des Tierhalters auszudrucken und diesen zu übergeben oder dem Tierhalter die Daten elektronisch zu übermitteln.

Fazit

Die Form der Anwendungs- und Abgabebelege ist nicht mehr vorgeschrieben, solange sie die Anforderungen nach §13 TÄHAV erfüllen. Sie können auch elektronisch erstellt werden.

38 Wann ist der Beleg an den Tierhalter auszuhändigen?

Jürgen Althaus

Info

Nur relevant für Nutztier- und Pferdepraktiker.

Aus der rechtlichen Regelung des § 13 Abs. 1 S. 4 TÄHAV ergibt sich, dass der Tierarzt dem Tierhalter den Nachweis „unverzüglich" auszuhändigen oder im Falle der elektronischen Erfassung „unverzüglich" zu übermitteln hat. Oftmals sind Tierärzte verunsichert, was genau mit dem Begriff „unverzüglich" gemeint ist.

Unter dem Begriff „unverzüglich" wird man verstehen können, dass die Aushändigung bzw. Übertragung sofort oder zumindest ohne nennenswerte Verzögerung erfolgt. **Im besten Falle erfolgt die Aushändigung des Nachweises unmittelbar in dem Betrieb des Tierhalters, und zwar mit Abgabe der Arzneimittel.**

Praxistipp

Die Veterinärbehörden sehen es meist als zulässig an, wenn der Tierarzt nach Durchführung der Behandlung zunächst weitere Betriebe anfährt oder aber in die Praxis zurückkehrt, um die Dokumentation in der Praxis zu verfassen und den Beleg per Fax oder per E-Mail an den Tierhalter übersendet. Dies gilt zumindest dann, wenn die Übersendung und somit die Aushändigung noch am selben Tag wie die Arzneimittelabgabe bzw. die Behandlung erfolgt.

Eine nachträgliche Übersendung per Post oder eine Aushändigung am nächsten Tag oder – noch schlimmer – beim nächsten Bestandsbesuch, ist nicht „unverzüglich" und somit rechtswidrig. Dies gilt vor dem Hintergrund, dass der Nachweis bzw. der Beleg eine tierärztliche Behandlungsanweisung für den Tierhalter darstellt. Dem Tierhalter muss die Behandlungsanweisung daher zum Zeitpunkt der Arzneimittelabgabe durch den Tierarzt, spätestens aber zum Beginn der Arzneimittelanwendung durch den Tierhalter vorliegen.

Fazit

Da der Beleg eine Behandlungsanweisung für den Tierhalter darstellt, muss dieser ihn spätestens zu Beginn der Arzneimittelanwendung erhalten haben.

39 Welche Nachweise sind bei der medikamentösen Behandlung von Pferden zu führen?

Jürgen Althaus

Info

Nur relevant für Pferdepraktiker.

Bei vielen Tierärzten bestehen Unsicherheiten, in welcher Art und Weise und mit welchem Inhalt Nachweise zu führen sind, wenn ein Arzneimittel zur Behandlung eines Pferdes angewandt oder abgegeben wird. Hier ist zu berücksichtigen, dass Pferde grundsätzlich der Lebensmittelgewinnung dienen bzw. als lebensmittelliefernde Tiere gelten. Somit richten sich die Nachweispflichten nach den Regelungen über die Nachweise bei Anwendung und Abgabe von Arzneimitteln bei lebensmittelliefernden Tieren gemäß § 13 Abs. 1 S. 2 und 3 TÄHAV.

Merke

Ist das Pferd ausdrücklich von der Lebensmittelgewinnung ausgeschlossen, gelten die gleichen – eingeschränkten – Nachweispflichten wie bei anderen nicht-lebensmittelliefernden Tieren (Kleintiere, Heimtiere u. Ä.).

Praxistipp

Wegen der besonderen Bedeutung der Nachweispflichten und der Folgen einer nicht ordnungsgemäßen Dokumentation sollte ein Tierarzt nicht alleine auf die Aussagen des Pferdebesitzers vertrauen. Hier kommt es immer wieder vor, dass ein Pferdebesitzer versichert, dass das Pferd selbstverständlich nicht „zur Schlachtung für den menschlichen Verzehr bestimmt" ist. Dies bedeutet jedoch keinesfalls, dass diese Aussage in rechtlicher Hinsicht zutreffend ist.

Seit dem 01.01.2010 müssen alle Equiden einen Equidenpass besitzen. Mit einem Eintrag in Abschnitt IX Teil II des Equidenpasses kann der Eigentümer festlegen, dass das Pferd „nicht zur Schlachtung für den menschlichen Verzehr bestimmt" ist. Diese Festlegung ist unwiderruflich, auch bei einem Eigentümerwechsel.

Ist im Equidenpass noch kein Arzneimittelanhang enthalten oder wurde noch kein Equidenpass ausgestellt (zum Beispiel bei Saugfohlen), gilt der Equide automatisch als Tier, das der Gewinnung von Lebensmitteln dient. Es kann somit jedem Tierarzt empfohlen werden, vor der Anwendung oder Abgabe eines Arzneimittels sich durch eine Überprüfung des Equidenpasses davon zu überzeugen, ob es sich bei dem Pferd um ein „Schlachtpferd" oder „Nicht-Schlachtpferd" handelt. Sofern ein Equidenpass nicht existiert oder der Tierarzt keine Möglichkeit zur Einsichtnahme in den Equidenpass hatte, finden stets die Nachweispflichten Anwendung, die für Tiere gelten, die zur Lebensmittelgewinnung vorgesehen sind.

In der Praxis führte dies bislang häufig zu dem Problem, dass Behandlungen nicht durchgeführt werden konnten, da Fohlen i. d. R. noch nicht mit einem Transponder gekennzeichnet sind, der Equidenpass nicht vorliegt und somit eine eindeutige Identifizierung als Schlachttier bzw. Nicht-Schlachttier nicht möglich ist. Konkret geht es um die Behandlung von akuten Infektionskrankheiten oder Krankheiten, deren Therapie eine Allgemeinanästhesie erfordert (z. B. Harnblasenruptur). Hier ist oftmals die Anwendung von Medikamenten der Positivliste notwendig, die im Equidenpass dokumentiert werden müssen.

Unter Beteiligung des BMEL, der Länderseite (NRW) und Vertretern von bpt und GPM wurde nach einem Lösungsweg gesucht, der wie folgt aussieht: Pferdepraxen/-kliniken sollen mit Genehmigung der zuständigen Behörden die Möglichkeit erhalten, für die Kennzeichnung von Notfallpatienten die notwendige Anzahl von Transpondern vorzuhalten. Die Kennzeichnung der Fohlen würde in diesem Fall in den Pferdepraxen/-kliniken erfolgen. Damit wäre gewährleistet, dass noch nicht gekennzeichnete Fohlen mit Arzneimitteln, die einen vorübergehenden oder endgültigen Ausschluss des Tieres aus der Lebensmittelkette erfordern, trotzdem therapiert werden können.

Ferner soll in der HIT-Datenbank die Möglichkeit geschaffen werden, dass die behandelnden Tierärzte die entsprechende Behandlung mit Zuordnung zur Nummer des Transponders eintragen können. Der Tierhalter wird für diesen Fall aufgefordert, umgehend einen Equidenpass zu beantragen. Die passausgebende Stelle trägt die bereits dann im entsprechenden HIT-Datensatz vorhandenen Informationen zur Arzneimittelanwendung im Rahmen der Ausgabe des Euqidenpasses in diesen ein. Die vollständige Umsetzung dieses Lösungsansatzes bleibt abzuwarten.

Fazit

Ist das betreffende Tier im dazugehörigen Equidenpass als „Nicht-Schlachtpferd“ eingetragen, gelten die gleichen Regeln wie für Kleintiere.

Ist es hingegen als „Schlachtpferd“ bezeichnet oder fehlt der Eintrag, gelten Pferde grundsätzlich als lebensmittelliefernde Tiere und es greifen die Regelungen nach § 13 TÄHAV entsprechend.

40 Welche Folgen hat eine unzureichende Dokumentation?

Jürgen Althaus

Besonders relevant für Nutztier- und Pferdepraktiker.

40.1 Einleitung

Nach § 13 Abs. 1 S. 1 TÄHAV hat der Tierarzt über den Erwerb und den Verbleib der Arzneimittel in der jeweiligen tierärztlichen Hausapotheke Nachweise zu führen. Bei der Anwendung von Arzneimitteln bei Tieren, die der Gewinnung von Lebensmitteln dienen, sowie bei der Abgabe von Arzneimitteln, die zur Anwendung bei diesen Tieren bestimmt sind, ist ein Nachweis auszufüllen, der mindestens die in § 13 Abs. 1 S. 2 und 3 TÄHAV aufgeführten Angaben in übersichtlicher Weise enthält. Soweit die rechtlichen Anforderungen. Diese sind in den vorstehenden Kapiteln eingehend beschrieben worden. Wer als Tierarzt entgegen § 13 Abs. 1 S. 1 TÄHAV einen Nachweis nicht, nicht richtig oder nicht vollständig führt, handelt nach § 15 Abs. 1 Nr. 8 TÄHAV i. V. m. § 97 Abs. 2 Nr. 31 TÄHAV **ordnungswidrig**.

40.2 Was bedeutet „nicht richtig“ oder „nicht vollständig“?

Der von dem Tierarzt nach § 13 Abs. 1 TÄHAV zu erstellende Nachweis ist unter anderem nicht richtig oder nicht vollständig geführt bei

- nicht erfolgter oder unzutreffender Angabe der Anzahl der Tiere
- nicht erfolgter oder nicht ausreichender Bezeichnung der Art der Tiere
- nicht erfolgter oder unzutreffender Angabe der Arzneimittelbezeichnung
- nicht erfolgter oder unzutreffender Angabe der Menge des Arzneimittels
- nicht erfolgter oder unzutreffender Angabe der Wartezeit
- nicht erfolgter oder unzutreffender Angabe der Diagnose
- nicht erfolgter oder unzutreffender Angabe der Chargenbezeichnung
- nicht erfolgter oder unzutreffender Angabe der Dosierung des Arzneimittels sowie der Art, Dauer und Zeitpunkt der Anwendung
- vollständiger Unleserlichkeit des Nachweises.

40.3 Rechtsprechung

Angesichts des oben beschriebenen zweifachen Zwecks des Nachweises (einerseits behördliche Kontrollmöglichkeit, andererseits Behandlungsanweisung für den Tierhalter) und der daraus resultierenden Bedeutung des Nachweises stellt die mangelhafte Führung eines Nachweises durch den Tierarzt eine **Ordnungswidrigkeit** dar.

Eine besondere Betrachtung verdient die in § 13 Abs. 1 S. 2 Nr. 5 TÄHAV geforderte Angabe der „Identität der Tiere“. Zunächst wird man grundsätzlich davon ausgehen können, dass auch eine insoweit nicht erfolgte bzw. unzutreffende Angabe in dem Nachweis eine Ordnungswidrigkeit nach § 15 Abs. 1 Nr. 8 TÄHAV i. V. m. § 97 Abs. 2 Nr. 31 AMG darstellt. Dies wird auch von den Veterinärbehörden in nahezu sämtlichen bisher bekannt gewordenen Bußgeldbescheiden gesehen, und zwar ohne festzustellende regionale Unterschiede.

Zu einer anderen Sichtweise gelangt das Landgericht Schweinfurt in einem aktuellen Urteil vom 03.05.2016 (Az. 3 NS 11 Js 4331/12). Das Urteil wird in diesem Buch mehrfach angesprochen, da es Bedeutung in unterschiedlichen inhaltlichen

Bereichen (zum Beispiel bei der Frage der Kontrolle des Behandlungserfolges) hat.

Dem Urteil liegt – vereinfacht zusammengefasst – folgender Sachverhalt zugrunde:

Beispiel

Ein Tierarzt betreut aufgrund eines Bestandsbetreuungsvertrages regelmäßig in mindestens wöchentlichem Abstand den Kälberbestand eines Milchviehhalters. Anlässlich der Bestandsbesuche untersucht der Tierarzt die Tiere des Bestandes, wozu insbesondere eine Gruppe von in einer Bucht gehaltenen Kälbern gehört. Nach der Diagnosestellung mehrerer Krankheiten, unter anderem Kälberdurchfall, gibt der Tierarzt an den Tierhalter entsprechende Arzneimittel zur Anwendung durch diesen ab. Bei der Ausfüllung des tierärztlichen Abgabebelegs (Nachweis im Sinne des § 13 Abs. 1 TÄHAV) lässt sich der Tierarzt von dem Tierhalter die – tatsächlich unzutreffenden – Ohrmarkennummern der zu behandelnden Kälber nennen. Nachdem der Tierhalter aufgrund der tierärztlichen Behandlungsanweisung die Kälber medikamentös behandelt hat, erfolgt nach wenigen Tagen ein weiterer Bestandsbesuch durch den Tierarzt. Der Tierarzt nimmt wiederum eine Inaugenscheinnahme der in der Bucht befindlichen Kälber vor und stellt fest, dass das Arzneimittel durch den Tierhalter offensichtlich ordnungsgemäß angewendet wurde und dass die medikamentöse Behandlung wegen des Fehlens von Krankheitssymptomen erfolgreich war.

Urteil

Das zuständige Veterinäramt des Landratsamts bemängelte die Fehlerhaftigkeit der von dem Tierarzt dokumentierten Ohrmarkennummern und ging davon aus, dass eine ordnungsgemäße Behandlung im Sinne von § 12 Abs. 2 TÄHAV nicht erfolgt sei. Damit liegen die Voraussetzungen einer ordnungsgemäßen Arzneimittelabgabe gemäß § 56 Abs. 1 Nr. 1 AMG nicht vor, wodurch wiederum ein Straftatbestand verwirklicht worden sei.
In erster Instanz wurde der Tierarzt durch das Amtsgericht Schweinfurt zu einer hohen Geldstrafe verurteilt. Das erstinstanzliche Urteil wurde in II. Instanz durch das Landgericht Schweinfurt inhaltlich bestätigt.

In den Entscheidungsgründen wird die von dem Landgericht angehörte Sachverständige wie folgt zitiert:

> *„Die Identitätsprüfung, die nicht nur anhand der Ohrmarkennummern, sondern auch mit anderen Maßnahmen vorgenommen werden könne, habe besondere Bedeutung für die Kontrolle des Behandlungserfolges und für den Verbraucherschutz. Ohne zutreffende Nämlichkeitsprüfung sei eine Rückverfolgbarkeit, welche Tiere behandelt wurden, nicht in zuverlässiger Weise möglich, sodass der Tierarzt den Behandlungserfolg nicht kontrollieren kann.*
> *…*
> *Die Identitäts- oder Nämlichkeitsprüfung … müsse vom Tierarzt selbst vorgenommen werden.“*

Das Gericht führt sodann im Rahmen der Entscheidungsgründe bei der Begründung der Annahme einer Strafbarkeit weiter aus:

> *„Die Sachverständige hat dargelegt, dass zentraler Bestandteil eine angemessene tierärztlichen Untersuchung im Sinne von § 12 Abs. 1, Abs. 2 Nr. 1 TÄHAV eines Tieres vor der Abgabe von Medikamenten die Identitäts- oder Nämlichkeitsprüfung des untersuchten Tieres ist. Dies gelte insbesondere dann, wenn – wie hier – die Identitätsfeststellung einfach und zweifelsfrei anhand von Ohrmarkennummern vorgenommen werden kann. Anderenfalls, so die Sachverständige, könne nicht mehr nachvollzogen werden, welches Tier behandelt worden ist. Auch könne, wenn eine Rückverfolgbarkeit nicht gegeben ist, eine Kontrolle des Behandlungserfolges durch den Tierarzt nicht erfolgen, was § 12 Abs. 2 Nr. 2 TÄHAV gerade erfordere.“*

Hinsichtlich der Qualität des dem Tierarzt vorgeworfenen Verstoßes führt das Landgericht aus:

> *„Die Aufnahme falscher Ohrmarkennummern in die AUA-Belege stellt nicht nur eine Ordnungswidrigkeit nach § 97 Abs. 2 Nr. 31 AMG i. V. m. § 13 Abs. 1 S. 2 Nr. 5 TÄHAV dar. Der Angeklagte hat hier nicht lediglich einen Verstoß gegen Dokumentationspflichten oder ein Dokumentationsversehen begangen. Er hat vielmehr Arzneimittel*

für Tiere abgegeben, die nicht von ihm behandelt wurden, weil er diese Tiere nicht nach den Regeln der tierärztlichen Wissenschaft angemessen untersucht hat. Wie bereits dargelegt, umfasst eine angemessene Untersuchung eines Tieres als zentralen Punkt die Feststellung der Identität des Tieres. Dies hat der Angeklagte in den unter Ziffer III 1–6 aufgeführten Fällen nicht getan."

Das Landgericht Schweinfurt geht somit nicht lediglich davon aus, dass die Eintragung unzutreffender Ohrmarkennummern in den tierärztlichen **Nachweis lediglich eine unzutreffende Angabe der Identität der Tiere und somit eine Ordnungswidrigkeit ist.** Vielmehr ist das Landgericht Schweinfurt der Auffassung, dass der Tierarzt aufgrund der unzureichenden Ohrmarkennummern nicht gewusst haben kann, welche Tiere in der betreffenden Bucht medikamentös behandelt wurden. Es sei dem Tierarzt daher nicht möglich gewesen, den Behandlungserfolg zu kontrollieren. Dies wiederum sei Voraussetzung einer „ordnungsgemäßen Behandlung", die wiederum Voraussetzung einer rechtmäßigen Arzneimittelabgabe ist. Der Tierarzt wurde in diesem Fall nicht mit dem von ihm vorgebrachten Argument gehört, dass die Belegung der Bucht während der Wartezeit unverändert war und er somit genau die Tiere nach Durchführung der medikamentösen Behandlung in Augenschein genommen habe, die sich auch im Zeitpunkt der Abgabe des Arzneimittels in der Bucht befunden haben.

Das Urteil des Landgerichts Schweinfurt wurde zwischenzeitlich durch das Oberlandesgericht Bamberg durch Beschluss vom 16.12.2016 bestätigt. In diesem konkreten Fall müssen die Entscheidungen des Landgerichts Schweinfurt und des Oberlandesgerichts Bamberg als eine zu weitgehende und die Rechtslage verkennende Sichtweise angesehen werden.

Fazit

Eine unzureichende Dokumentation wird von den meisten Veterinärbehörden als Ordnungswidrigkeit gesehen und als solche geahndet. In einem konkreten Einzelfall wurde demgegenüber bei der Dokumentation unzutreffender Ohrmarkennummern die Verwirklichung eines Straftatbestandes angenommen.

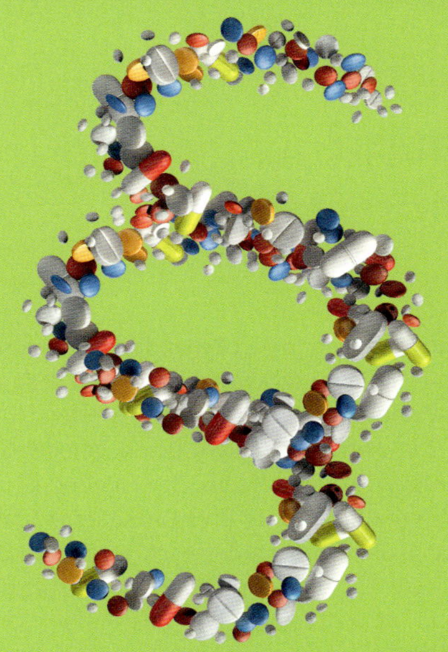

Fotolia©psdesign1

Teil 8
Apothekenführung

41 Was ist ein Betriebsraum?

Jürgen Althaus

41.1 Einleitung

Der Betrieb einer tierärztlichen Hausapotheke ist gemäß § 3 Abs. 1 TÄHAV an das Vorhandensein eines „geeigneten Betriebsraums" geknüpft. Was genau ein Betriebsraum ist, ergibt sich aus der Legaldefinition in § 3 TÄHAV. Danach ist Betriebsraum jeder Raum, in dem Arzneimittel hergestellt, geprüft, gelagert, verpackt oder in Verkehr gebracht werden. Diese Definition konkretisiert allerdings nicht genau, in welcher Art Räumen die tierärztliche Hausapotheke betrieben werden darf.

41.1.1 Eignung

Beispiel

Es bestehen beispielsweise folgende in der Praxis häufig vorkommende Gestaltungsmöglichkeiten:

- ein separater Apothekenraum in einer Kleintierklinik
- ein Arzneimittelschrank im Behandlungsraum einer Kleintierpraxis
- Arzneimittelregale in mehreren Behandlungsräumen einer größeren Kleintierpraxis
- Arzneimittelschrank im Empfangs-/Anmeldebereich einer Praxis
- Regallager in einer Großtierpraxis
- Autoapotheke bei einer Fahrpraxis.

Sämtliche vorgenannten Gestaltungsalternativen sind von § 3 Abs. 1 TÄHAV gedeckt und somit rechtlich zulässig. In kleineren Praxiseinheiten ist es somit denkbar, die Arzneimittel in einem eigens dafür vorgesehenen Schrank im Empfangs-/Anmeldebereich oder in einem Regal im Behandlungsraum zu lagern. Ein eigens dafür vorgesehener Apothekenraum wird nicht gefordert. Gleiches gilt auch bei größeren Praxiseinheiten, etwa Kliniken, obwohl es sich dort häufig aus Praktikabilitätsgründen und zur Vereinfachung der Arbeitsabläufe als sinnvoll herausstellt, einen zentralen Apothekenraum vorzuhalten, aus welchem heraus die einzelnen in den Behandlungsräumen benötigten Arzneimittel entnommen und sodann in den Behandlungsräumen gelagert werden.

Die Betriebsräume müssen gemäß § 3 Abs. 1 TÄHAV „geeignet" sein. Die Eignung ist unter anderem hinsichtlich ihrer Größe, Lage und Einrichtung abhängig von der konkreten Praxisart, deren Größe (Einzelpraxis, Gemeinschaftspraxis, Klinik) und dem Ausmaß des ausgeübten Dispensierrechts.

Bei einer Fahrpraxis zählt auch die **Autoapotheke** zur tierärztlichen Hausapotheke und ist somit „Betriebsraum" i. S. d. § 3 Abs. 1 TÄHAV.

41.1.2 Standort

Während die Regelungen in der TÄHAV es ermöglichen, mehrere Betriebsräume in einer Praxis zu unterhalten, so wird jedoch verlangt, dass alle Arzneimittel in Betriebsräumen **an einem einzigen Standort gelagert werden müssen** (vgl. § 9 Abs. 1 Satz 1 TÄHAV). Lagerräume für Arzneimittel dürfen sich somit nicht außerhalb dieses Standortes befinden.

Ausnahmen gelten nur für Betriebsräume in zoologischen Gärten, Tierheimen, Versuchstierhaltungen, Tierkliniken, Hochschulen, Besamungsstationen oder höchstens einer Untereinheit der Praxis (§ 9 Abs. 1 Satz 2 TÄHAV). Diese Ausnahmen gelten allerdings nur unter der Voraussetzung, dass die dort gelagerten Arzneimittel ausschließlich zur arzneilichen Versorgung der dort vorhandenen oder, im Falle einer Untereinheit der Praxis, von dort behandelten Tiere bestimmt sind und die Betriebsräume ausschließlich der Verfügungsgewalt des Tierarztes unterstehen.

Untereinheit

In der Praxis dürfte meist die Regelung über die Untereinheit einer Praxis von Bedeutung sein. Unter einer solchen Untereinheit kann beispielsweise – regional je nach Kammerbereich unterschiedlich

– eine Zweigpraxis, eine Praxisnebenstelle, ein ausgegliederter Praxisraum und Ähnliches verstanden werden. In einer derartigen Untereinheit der Praxis darf der Zugriff auf die im Betriebsraum gelagerten Arzneimittel nur dem für den Betrieb der tierärztlichen Hausapotheke verantwortlichen Tierarzt oder dessen Vertretern (zum Beispiel ein in der Praxisnebenstelle tätiger Tierarzt) möglich sein.

Der Begriff der „Untereinheit" verdeutlicht eine gewisse Rangfolge der Standorte („Hauptsitz" einerseits und „Untereinheit" andererseits). Dies hat zur Folge, dass die Belieferung mit Arzneimitteln durch Pharmafirmen, Großhändler und Ähnliches ausschließlich am Hauptsitz der Praxis erfolgen darf. **Eine unmittelbare Belieferung des Betriebsraums der Untereinheit ist nicht möglich.**

Merke

Die Praxis und die Untereinheit der Praxis müssen innerhalb desselben Kreises oder derselben kreisfreien Stadt oder in einem angrenzenden Kreis oder einer angrenzenden kreisfreien Stadt liegen (§ 9 Abs. 1 Satz 3 TÄHAV).

Die Vorschrift zieht somit eine zusätzliche räumliche Schranke für die externe Lagerung in einer Praxis/Untereinheit der Praxis. Diese Regelung führt gerade bei überörtlichen oder gar überregionalen Gemeinschaftspraxen häufig zu Fragen und Schwierigkeiten, sodass an dieser Stelle der Sinn der räumlichen Beschränkung hinterfragt werden kann.

Fazit

Ein geeigneter Betriebsraum muss nicht immer ein eigener Apothekenraum sein, bis hin zu Regalen im Untersuchungszimmer sind verschiedene Lösungen zulässig.
Wenn die Praxis mehrere Standorte hat, ist es wichtig, welcher der Hauptsitz und welches die Untereinheit ist und dass sich beide im selben oder aber einem angrenzenden Landkreis befinden.

42 Wie muss die tierärztliche Hausapotheke räumlich beschaffen sein?

Jürgen Althaus

42.1 Einleitung

Die Betriebsräume müssen nach Art und Umfang der jeweiligen tierärztlichen Tätigkeit entsprechend nach Art, Zahl, Anordnung, Größe und Einrichtung so beschaffen sein, dass sie eine einwandfreie Herstellung, Prüfung, Lagerung und Abgabe der Arzneimittel ermöglichen. Sie müssen sich in einem ordnungsgemäßen baulichen und hygienischen Zustand befinden, insbesondere sauber, trocken und gut zu belüften sein (so § 3 Abs. 2 TÄHAV).

Aus diesem Grunde müssen die Räume so gestaltet sein, dass keine nachhaltige Beeinflussung der Arzneimittel möglich ist. Die in § 3 Abs. 2 TÄHAV genannten Kriterien sind dabei nicht abschließend, sondern beispielhaft.

42.1.1 Klima und Hygiene

Damit eine nachhaltige Beeinflussung der Arzneimittel nicht möglich ist, muss_end?>zunächst eine für die ordnungsgemäße Aufbewahrung der Arzneimittel erforderliche Temperatur gewährleistet werden können. Dies bedeutet, dass die gelagerten Arzneimittel vor Überhitzung ebenso geschützt sein müssen, wie vor zu starker Kühlung bzw. Frostbildung. Gegebenenfalls sind entsprechende Kühlkapazitäten vorzuhalten.

Darüber hinaus sind die Arzneimittel vor Verunreinigungen zu schützen. Die Lagerorte (Kühlschrank, Glasvitrine, Regal und Ähnliches) müssen daher leicht zu reinigen sein. Dass ein Betriebsraum hygienischen Mindestanforderungen genügen muss, dürfte sich von selbst verstehen.

42.1.2 Zugriff durch Unbefugte

Des Weiteren müssen die Betriebsräume so beschaffen sein, dass die darin gelagerten Arzneimittel vor dem unbefugten Zugriff Dritter geschützt sind. Im Rahmen von Apothekenkontrollen wird häufig bemängelt, dass der Betriebsraum nicht abschließbar und somit nicht vor dem unbefugten Zugriff Dritter geschützt sei. Somit wird ein abschließbarer Betriebsraum zur Forderung erhoben. Diese Forderung dürfte allerdings rechtlich nicht zu begründen sein. Die gelagerten Arzneimittel müssen lediglich dem unbefugten Zugriff Dritter entzogen sein.

Es versteht sich daher von selbst, dass Arzneimittel nicht im Wartebereich und somit mit der Möglichkeit des Zugriffs durch Tierhalter gelagert werden dürfen. Gleiches gilt für die offene Lagerung in einem hinter dem Empfangsbereich befindlichen Regal, sofern der Empfangsbereich nicht besetzt ist, weil beispielsweise die Helferin bei einer tierärztlichen Behandlung assistiert. Es ist allerdings als ausreichend anzusehen, wenn der Empfangsbereich dauerhaft besetzt ist, sodass Tierhalter keine Möglichkeit des Zugriffs auf die dort gelagerten Arzneimittel haben.

In größeren Praxiseinheiten oder Kliniken ist es rechtlich nicht erforderlich, dass der Betriebsraum der tierärztlichen Hausapotheke abgeschlossen ist, sofern Tierhalter unter normalen Umständen überhaupt nicht in dessen Nähe gelangen, etwa weil sie mit ihrem Tier unmittelbar in einen Behandlungsraum geführt werden. Selbstverständlich sollte der Tierhalter sodann nicht Zugriff haben können auf die in dem Behandlungsraum in offenen Regalen gelagerten Arzneimittel.

Ein abschließbarer und abgeschlossener Betriebsraum wird jedenfalls nicht gefordert werden können (so auch Schütz, Tierarzneimittelrecht – Ein Leitfaden für die Praxis, S. 4).

42.1.3 Autoapotheke

Die vorbeschriebenen Anforderungen gelten uneingeschränkt auch für die in einem Praxis-PKW befindliche Autoapotheke. Besonders hervorzuheben sind dabei zum einen die **Klimabedingungen**. Der Schutz vor Überhitzung und Frost gilt hier im besonderen Maße. Gegebenenfalls ist eine Kühlmöglichkeit (Kühltasche bei kurzfristigem Transport oder Kühlschrank bei langfristigem Transport) vorzuhalten.

Des Weiteren ist der **Schutz vor dem unbefugten Zugriff Dritter** besonders hervorzuheben. Dazu gehört selbstverständlich, dass das Praxisfahrzeug nachts nicht unverschlossen abgestellt wird. Dazu gehört es aber auch, dass das Fahrzeug – wie es oft zu sehen ist – nicht auf einem Hof oder einem Betrieb mit geöffneter Heckklappe und somit freiem Zugang zu den Medikamenten abgestellt wird, während der Tierarzt in den Stallungen tierärztliche Leistungen durchführt.

42.1.4 Betäubungsmittel

Besondere Sicherungsmaßnahmen gelten bei der Aufbewahrung von Betäubungsmitteln und zwar sowohl bei der Aufbewahrung im Betriebsraum einer Praxis als auch bei der Aufbewahrung in der Autoapotheke eines Praxis-PKW. Hier sind die Voraussetzungen gemäß § 15 BtMG zu erfüllen, auf die an anderer Stelle in diesem Buch eingegangen wird.

42.1.5 Betriebsfremde Zwecke

Schließlich dürfen die Betriebsräume nicht zu praxisfremden Zwecken verwendet werden (§ 3 Abs. 3 TÄHAV). Ein solcher betriebsfremder Zweck liegt beispielsweise vor, wenn ein Raum zum Teil als Betriebsraum der tierärztlichen Hausapotheke und zum Teil als Lager- bzw. Abstellraum für private Zwecke genutzt wird.

Fazit

Die Räume der tierärztlichen Hausapotheke müssen so gestaltet sein, dass sie die einwandfreie Lagerung und Abgabe der Arzneimittel gewährleisten.

Es wird von Veterinärbehörden häufig gefordert, dass der Betriebsraum einer tierärztlichen Hausapotheke abschließbar sein muss. In rechtlicher Hinsicht müssen die in dem Betriebsraum gelagerten Arzneimittel lediglich vor dem unbefugten Zugriff Dritter geschützt sein. Die Forderung nach einem abschließbaren Betriebsraum ist daher rechtlich nicht begründbar. In einem auf diesem Vorwurf gestützten Bußgeldverfahren sollte ein Tierarzt entsprechend argumentieren.

43 Wer ist für den Betrieb der Hausapotheke verantwortlich?

Jürgen Althaus

43.1 Einleitung

Es wird in Frage 44 (S. 125) beschrieben, dass der Betrieb einer tierärztlichen Hausapotheke gemäß § 67 AMG der zuständigen Behörde angezeigt werden muss.

Merke
Der Tierarzt, der den Betrieb der tierärztlichen Hausapotheke angezeigt hat, hat persönlich für den ordnungsgemäßen Betrieb der tierärztlichen Hausapotheke Sorge zu tragen (§ 2 Abs. 1 Satz 1 TÄHAV).

Darüber hinaus hat jeder Tierarzt, der beim Betrieb einer tierärztlichen Hausapotheke tätig wird, entsprechend Art und Umfang seiner Tätigkeit für die Einhaltung der Vorschriften der TÄHAV Sorge zu tragen. Danach kann zunächst festgehalten werden, dass für den ordnungsgemäßen Betrieb der tierärztlichen Hausapotheke der Tierarzt verantwortlich ist, der deren Betrieb angezeigt hat.

43.2 Verantwortlicher = Praxisinhaber?

In der Praxis wird oft die Frage danach gestellt, ob es sich bei dem für den Betrieb verantwortlichen Tierarzt um den/einen Praxisinhaber handeln muss, der Tierarzt also niedergelassen sein muss. In der Kommentierung Zrenner/Paintner/Saalfrank/Wesser heißt es zu § 1 TÄHAV:

> *„Das Arzneimittelgesetz gibt jedem Tierarzt das Recht, unter seinem Namen im Rahmen der arzneimittelrechtlichen Regelungen Arzneimittel außerhalb des sogenannten Apothekenmonopols zu erwerben, herzustellen, zu lagern und abzugeben. Deshalb muss die TÄHAV alle Tierärzte erfassen, die vom Dispensierrecht Gebrauch machen, ganz gleich, ob sie sich als freiberufliche Tierärzte niedergelassen haben oder ob sie in abhängiger Stellung ihren Beruf ausüben, z. B. in einem Tiergesundheitsdienst oder als Angestellte einer Gesellschaft oder eines Vereins. Allerdings beschränken die Ausnahmevorschriften des Arzneimittelgesetzes über den Erwerb, die Herstellung, die Aufbewahrung und die Abgabe von Arzneimitteln durch Tierärzte … die Befugnis des Tierarztes auf die von ihm behandelten Tiere.“*

Aus dem vorstehenden Zitat ergibt sich, dass der Betrieb einer tierärztlichen Hausapotheke nicht an eine Niederlassung eines Tierarztes in eigener Praxis gekoppelt bzw. davon abhängig ist.

Auch in § 67 AMG (Anzeigepflicht) wird nicht an eine selbstständige berufliche Tätigkeit als Tierarzt angeknüpft, sondern an eine selbstständige berufliche Abgabe und Anwendung von Arzneimitteln.

In der vorgenannten Kommentierung heißt es zu § 47 Abs. 1 a AMG:

> *„Die Gültigkeit der Bescheinigung aufgrund der Anzeige nach § 67 zur Vorlage bei pharmazeutischen Unternehmen oder Großhändlern erlischt bei Aufgabe der tierärztlichen Apotheke oder bei Tod des Praxisinhabers, da das Dispensierrecht nicht an die Institution ‚Praxis‘ oder ‚tierärztliche Hausapotheke‘, sondern an die Person des Tierarztes gebunden ist.“*

Daraus ergibt sich, dass für den Betrieb einer tierärztlichen Hausapotheke eine eigene Niederlassung nicht erforderlich ist, sodass eine tierärztliche Hausapotheke nicht lediglich von Inhabern einer eigenen tierärztlichen Praxis betrieben werden kann, sondern auch von anderen approbierten Tierärzten, insbesondere solchen im Anstellungsverhältnis.

Es ist denkbar, dass ein Tierarzt als Angestellter eines Tierheims eine tierärztliche Hausapotheke für die von ihm behandelten Tiere des Tierheims betreibt. Ebenso ist es denkbar, dass landwirtschaftliche Zucht- oder Erzeugergemeinschaften einen Tierarzt anstellen und dieser sodann eine tierärztliche Hausapotheke für die von ihm behandelten Tiere des Arbeitgebers betreibt.

Merke
Es ist auch als rechtlich zulässig anzusehen, wenn ein Tierarzt ohne niedergelassen oder angestellt zu sein, eine tierärztliche Hausapotheke betreibt, um seine eigenen Tiere behandeln zu können.

43.3 Weitere Verantwortlichkeiten

Aus §2 Abs. 1 Satz 1 TÄHAV ergibt sich, dass die Verantwortung für den ordnungsgemäßen Betrieb der tierärztlichen Hausapotheke bei dem Tierarzt liegt, der den Betrieb angezeigt hat.

Darüber hinaus können sich aus §2 Abs. 1 Satz 2 TÄHAV weitere Verantwortlichkeiten ergeben, und zwar je nach Art und Umfang der Tätigkeiten in der tierärztlichen Hausapotheke. So ist für bauliche Mängel, fehlende Ausstattung, mangelhafte Hygiene, unzureichende Kühlmöglichkeiten sowie bei weiteren Verstößen gegen die in der TÄHAV genannten Anforderungen an den Betrieb einer tierärztlichen Hausapotheke der Tierarzt verantwortlich, der den Betrieb der tierärztlichen Hausapotheke gemäß §67 AMG gegenüber der zuständigen Behörde angezeigt hat. Gleiches gilt für organisatorische Mängel.

Merke
Für die ordnungsgemäße Dokumentation einer Arzneimittelabgabe sowie einer Arzneimittelanwendung ist nicht der den Betrieb anzeigende Tierarzt verantwortlich, sondern jeder behandelnde Tierarzt selbst.

43.3.1 Sonderfall Gemeinschaftspraxis

Fragen bestehen häufig im Zusammenhang mit der Verantwortlichkeit beim Betrieb einer tierärztlichen Hausapotheke in einer Gemeinschaftspraxis. Bei einer Gemeinschaftspraxis handelt es sich um den gesellschaftsrechtlichen Zusammenschluss mehrerer Tierärzte zur gemeinsamen Ausübung des Berufs (Berufsausübungsgemeinschaft). Hinsichtlich der Verantwortlichkeit für die tierärztliche Hausapotheke gehen die Sichtweisen verschiedener Veterinärbehörden auseinander. Teilweise wird die Auffassung vertreten, dass in einer tierärztlichen Gemeinschaftspraxis nur ein Tierarzt für den Betrieb einer tierärztlichen Hausapotheke verantwortlich sein kann. Eine andere Auffassung sieht es als möglich an, dass sämtliche Gesellschafter der tierärztlichen Gemeinschaftspraxis den Betrieb einer tierärztlichen Hausapotheke anzeigen können und alle Anzeigenden die Verantwortlichkeit im Sinne des §2 Abs. 1 Satz 1 TÄHAV übernehmen.

43.3.2 Sonderfall Praxisgemeinschaft

In der anwaltlichen Praxis kommt es häufig vor, dass Tierärzte einen gesellschaftsrechtlichen Zusammenschluss zu einer Gemeinschaftspraxis scheuen, jedoch dennoch einzelne Vorteile einer Kooperation für sich in Anspruch nehmen möchten. Zu diesem Zwecke wird häufig die Gründung einer **Praxisgemeinschaft/Gruppenpraxis** angedacht mit dem Ziel, eine gemeinsame tierärztliche Hausapotheke zu betreiben und Arzneimittel möglichst preisgünstig zu erwerben.

Bei einer Praxisgemeinschaft/Gruppenpraxis handelt es sich – anders als bei einer Gemeinschaftspraxis – nicht um eine Berufsausübungsgemeinschaft, sondern vielmehr um eine reine Organisationsgemeinschaft, bei welcher **organisatorische Strukturen, wie z. B. Personal, Räumlichkeiten, Geräte und Ähnliches, gemeinsam genutzt werden.** Die Besonderheit einer Praxisgemeinschaft/Gruppenpraxis besteht darin, dass die sich organisatorisch zusammenschließenden Praxen in rechtlicher Sicht selbstständig und voneinander unabhängig bleiben.

So behält jede im Rahmen einer Praxisgemeinschaft/Gruppenpraxis kooperierende Praxis berufsrechtlich, zivilrechtlich, steuerlich, buchhalterisch und eben arzneimittelrechtlich ihren Status als **selbstständige Praxis.**

Der gemeinsame Betrieb einer tierärztlichen Hausapotheke widerspricht der gesetzlichen Regelung des §43 Abs. 5 AMG und ist **rechtswidrig**. Gleiches gilt in dem Falle, dass die beteiligten Praxen innerhalb einer Gruppenpraxis jeweils eigene tierärztliche Hausapotheken betreiben und untereinander Arzneimittel austauschen. Auch dies stellt einen Verstoß gegen §43 Abs. 5 AMG dar und ist rechtswidrig. Es wird in diesem Zusammenhang auf die Ausführungen zu dieser Thematik in Frage 18 (S.65) verwiesen.

Fazit

Für den ordnungsgemäßen Betrieb einer tierärztlichen Hausapotheke ist immer der sie anzeigende Tierarzt zuständig.
Bei einer Praxisgemeinschaft widerspricht der gemeinsame Betrieb einer tierärztlichen Hausapotheke der gesetzlichen Regelung des § 43 Abs. 5 AMG. Vielmehr hat jede beteiligte Praxis innerhalb einer Praxisgemeinschaft jeweils eine eigene tierärztliche Hausapotheke zu betreiben. Der Austausch von Arzneimitteln untereinander ist unzulässig.

44 Wie bekommt man eine Apothekenbescheinigung?

Jürgen Althaus

44.1 Einleitung

In Praxisgründerseminaren wird sehr häufig die Frage nach den Voraussetzungen des Betriebs einer tierärztlichen Hausapotheke gestellt. Viele Praxisgründer gehen dabei unzutreffender Weise davon aus, dass der Betrieb einer tierärztlichen Hausapotheke durch die zuständige Veterinärbehörde genehmigt werden müsse. So wird häufig von einer „Apothekengenehmigung" gesprochen. Eine derartige „Genehmigung" ist allerdings im Arzneimittelgesetz nicht vorgesehen. Vielmehr sieht § 67 Abs. 1 Satz 4 AMG vor, dass Personen, die selbstständig und berufsmäßig Arzneimittel herstellen, prüfen, lagern, verpacken oder in den Verkehr bringen, verpflichtet sind, dies vor Aufnahme der Tätigkeit der zuständigen Behörde anzuzeigen. § 67 Abs. 1 AMG normiert also die Pflicht, den Betrieb einer tierärztlichen Apotheke anzuzeigen.

44.2 Form und Inhalt der Anzeige

Für die Anzeige über die Einrichtung und den Betrieb einer tierärztlichen Hausapotheke wird von vielen zuständigen Behörden ein Vordruck zur Verfügung gestellt, der ausgefüllt und unterschrieben bei der zuständigen Behörde einzureichen ist. Die örtliche Zuständigkeit kann an dieser Stelle nicht dargestellt werden, da sie in den verschiedenen Bundesländern unterschiedlich geregelt ist. In manchen Bundesländern sind Behörden zentral zuständig, wie etwa das LAVES in Niedersachsen. In anderen Bundesländern sind die Regierungspräsidien zuständig. In wiederum anderen Bundesländern sind die Landratsämter oder die Veterinärbehörden der Gebietskörperschaften (Städte und Kreise) zuständig.

Mit dem Vordruck werden folgende Angaben erhoben:

44.2.1 Angaben zur Führung der tierärztlichen Hausapotheke

- Name der Betreiberin oder des Betreibers der tierärztlichen Hausapotheke
- Anschrift der tierärztlichen Hausapotheke
- Anlass der Anzeige
- Datum der Aufnahme des Betriebs der tierärztlichen Hausapotheke
- Tätigkeitsbereich der Betreiberin/des Betreibers der tierärztlichen Hausapotheke
- Erreichbarkeit des/der für die tierärztliche Hausapotheke verantwortlichen Tierarztes/Tierärztin

44.2.2 Angaben zu den Betriebsräumen

- Grundriss der Praxis mit Kennzeichnung der Räumlichkeiten, in denen Arzneimittel gelagert werden
- Angaben zu anderen Standorten, an denen Arzneimittel lagern

44.2.3 Sonstige Angaben

- Betäubungsmittel-Nummer
- Inhaberin oder Inhaber der Betäubungsmittel-Nummer
- Anzahl und Art der Fahrzeuge, in denen Arzneimittel mitgeführt werden

44.2.4 Bestätigung

Bestätigung der Betreiberin/des Betreibers der tierärztlichen Hausapotheke, dass Arzneimittel ausschließlich an den genannten Standorten gelagert werden und Änderungen im Zusammenhang mit dem Betrieb der tierärztlichen Hausapotheke unverzüglich der zuständigen Behörde angezeigt werden.

Der Anzeige ist eine beglaubigte Fotokopie der Approbationsurkunde beizufügen.

Nach erfolgter Anzeige erlässt die zuständige Behörde eine sogenannte „Apothekenbescheinigung“. Diese Bescheinigung (keine Genehmigung) ist Voraussetzung für den Bezug von Arzneimitteln bei Pharmaunternehmen oder Großhändlern. Die Bescheinigung muss beim Erwerb von Arzneimitteln der Pharmafirma oder dem Großhändler vorgelegt werden, da eine Belieferung ansonsten nicht erfolgen darf.

Praxistipp

Es kommt gelegentlich vor, dass ein Tierarzt den Betrieb einer tierärztlichen Hausapotheke ordnungsgemäß bei der zuständigen Behörde anzeigt und die Behörde sodann die Erteilung der Apothekenbescheinigung von einer vorher durchzuführenden beanstandungsfreien Kontrolle der tierärztlichen Hausapotheke abhängig macht.

In diesem Verhalten mag eine Umgehung der grundsätzlichen Genehmigungsfreiheit gesehen werden. Die Überwachungsbehörden sind berechtigt und sogar gesetzlich verpflichtet, Kontrollen der tierärztlichen Hausapotheke vorzunehmen. Wenn eine derartige Kontrolle allerdings als Voraussetzung für die Erteilung einer Apothekenbescheinigung durchgeführt wird, so stellt dies faktisch eine Genehmigung dar, welche gesetzlich gerade nicht vorgesehen ist.

44.3 Betäubungsmittel

Sofern ein Tierarzt/eine Tierärztin im Rahmen der tierärztlichen Tätigkeit auch am Verkehr mit Betäubungsmitteln teilnehmen möchte, so muss dies gemäß § 4 Abs. 3 Betäubungsmittelgesetz (BtMG) der Bundesopiumstelle (Bundesinstitut für Arzneimittel- und Medizinprodukte) angezeigt werden. Auch hier erfolgt – wie bei dem Betrieb einer tierärztlichen Hausapotheke – lediglich eine Anzeige, nicht aber eine Genehmigung. Der Anzeige ist wiederum eine Kopie der Approbationsurkunde und eine Kopie der Bescheinigung gemäß § 47 Abs. 1a AMG über die Anzeige der tierärztlichen Hausapotheke gemäß § 67 AMG („Apothekenbescheinigung“) beizufügen. Die Bundesopiumstelle sieht für die Anzeige ein Anzeigeformular vor, welches auf der dortigen Homepage (bfarm.de) heruntergeladen werden kann.

Fazit

Eine häufig genannte „Apothekengenehmigung“ ist im Arzneimittelgesetz nicht vorgesehen. Wenn ein Tierarzt Arzneimittel erwerben, lagern und in den Verkehr bringen möchte, so ist er lediglich verpflichtet, dies vor Aufnahme der Tätigkeit der zuständigen Behörde anzuzeigen.

45 Welche Anforderungen werden an die Lagerung von Arzneimitteln gestellt?

Jürgen Althaus

45.1 Einleitung

Es ist in Frage 42 (S. 120) bereits ausgeführt worden, dass gemäß § 3 Abs. 2 TÄHAV die Betriebsräume so beschaffen sein müssen, dass sie eine „einwandfreie Lagerung“ ermöglichen. Die räumlichen Voraussetzungen einer derartigen „einwandfreien Lagerung“ sind bereits beschrieben worden. Die Anforderungen an die Lagerung der Arzneimittel im eigentlichen Sinne sind in § 9 Abs. 2 und 3 TÄHAV niedergelegt. Danach müssen Arzneimittel in übersichtlicher Anordnung und getrennt von anderen Mitteln gelagert werden. Sie sind so zu lagern, dass ihre einwandfreie Beschaffenheit erhalten bleibt. Ferner hat die Lagerung so zu erfolgen, dass die einzelnen Arzneimittel schnell und sicher aufgefunden werden können.

Die Art der Lagerung von Fertigarzneimitteln wird dem für die tierärztliche Hausapotheke verantwortlichen Tierarzt überlassen. Sie wird sich nach den räumlichen Verhältnissen und dem Umfang der Vorräte sowie der tierärztlichen Tätigkeit zu richten haben. Diesbezüglich gibt es keine rechtlichen Anforderungen. Hier sind verschiedene Einteilungen der Lagerung denkbar, etwa alphabetisch, nach Indikationsgebieten oder nach Applikationsform und ähnliches (vgl. dazu: Kommentierung in Zrenner/Paintner/Saalfrank/Wesser, Kommentierung zu § 9 Abs. 2 TÄHAV).

Die Arzneimittel müssen ferner gemäß den Lagerungshinweisen gelagert werden. Somit müssen bei jeder Lieferung die Arzneimittel erneut auf ihre aktuellen Lagerungshinweise geprüft werden.

45.2 Andere Mittel außer Arzneimittel

Des Weiteren sind Arzneimittel gemäß § 9 Abs. 2 Satz 1 TÄHAV „getrennt von anderen Mitteln“ zu lagern. Unter derartigen „anderen Mitteln“ sind alle Mittel zu verstehen, die keine Arzneimittel im Sinne des Arzneimittelgesetzes oder des Tierseuchengesetzes sind, aber ebenfalls zum Betrieb einer tierärztlichen Hausapotheke gehören. Dies sind etwa tierärztliche Instrumente, Laborbedarf, Futtermittel, Praxis-Chemikalien, Reinigungsmittel und ähnliches (vgl. dazu: Zrenner/Paintner/Saalfrank/Wesser, a. a. O.).

45.3 Vorratsbehältnisse

Schließlich müssen gemäß § 9 Abs. 3 TÄHAV Vorratsbehältnisse mit dauerhaften und deutlichen Aufschriften versehen sein, die den Inhalt eindeutig bezeichnen. Vorratsbehältnisse sollen so beschaffen sein, dass die darin aufbewahrten Arzneimittel vor äußeren Einflüssen geschützt sind und sich nicht verändern oder verflüchtigen können. Derartige Vorratsbehältnisse können beispielsweise Standgefäße, isolierte Pappdosen mit Deckel, Plastikeimer, Folienbeutel, Schubladen und ähnliches sein. Die Aufschriften auf den Vorratsbehältnissen müssen dauerhaft und eindeutig sein, also gut lesbar sein und den Inhalt eindeutig bezeichnen.

Dass kühlpflichtige Arzneimittel darüber hinaus im Kühlschrank aufbewahrt werden müssen, versteht sich von selbst. Gleiches gilt für lichtempfindliche Arzneimittel. Diese müssen so gelagert werden, dass eine Lichteinwirkung ausgeschlossen ist.

Ergänzend soll an dieser Stelle auf die „Bekanntmachung einer Empfehlung über Lagerungshinweise für Fertigarzneimittel" des Bundesministeriums für Jugend, Familie, Frauen und Gesundheit vom 01.03.1989 verwiesen werden, zitiert unter anderem in der Kommentierung von Zrenner/Paintner/Saalfrank/Wesser zu § 9 TÄHAV.

45.4 Betäubungsmittel

Besondere Anforderungen gelten bei der Lagerung von Betäubungsmitteln. Hier sind allerdings nicht die Vorschriften der TÄHAV maßgeblich, sondern die Vorschriften des Betäubungsmittelgesetzes, insbesondere § 15 BtMG. Danach hat jeder Teilnehmer am Betäubungsmittelverkehr die in seinem Besitz befindlichen Betäubungsmittel gesondert aufzubewahren und gegen unbefugte Entnahme zu sichern. Gemäß den Richtlinien der Bundesopiumstelle über Maßnahmen zur Sicherung von Betäubungsmittelvorräten im Krankenhausbereich, in öffentlichen Apotheken, Arztpraxen sowie Alten- und Pflegeheimen sind zertifizierte Wertschutzschränke, die bestimmte Anforderungen erfüllen, zu verwenden. An dieser Stelle soll auf die Ausführungen in Frage 50 (S. 135) verwiesen werden.

Fazit

Die Lagerung von Arzneimitteln hat so zu erfolgen, dass ihre einwandfreie Beschaffenheit erhalten bleibt. So müssen Arzneimittel insbesondere in übersichtlicher Anordnung und getrennt von anderen Mitteln gelagert werden.

46 In welcher Form müssen Arzneimittel geprüft werden (§ 8 TÄHAV)?

Jürgen Althaus

46.1 Einleitung

Die in diesem Kapitel dargestellten Anforderungen an den Betrieb einer tierärztlichen Hausapotheke verfolgen insbesondere das Ziel, eine einwandfreie Beschaffenheit der abzugebenden oder anzuwendenden Arzneimittel zu gewährleisten. Damit dieses Ziel erreicht werden kann, erlegt § 8 TÄHAV dem Tierarzt Prüfungspflichten auf. Gemäß Abs. 1 hat sich der Tierarzt zu vergewissern, dass Arzneimittel, die von ihm vorrätig gehalten, abgegeben oder angewendet werden, einwandfrei beschaffen sind. Zum Nachweis der einwandfreien Beschaffenheit hat der Tierarzt die Arzneimittel zu prüfen oder unter seiner Verantwortung prüfen zu lassen, es sei denn, er hat die Arzneimittel unmittelbar aus der Apotheke oder mit einem Zertifikat über die erfolgte Prüfung bezogen.

Merke

Fertigarzneimittel, die der Tierarzt von pharmazeutischen Unternehmern, Großhändlern oder aus Apotheken bezogen hat, sind lediglich stichprobenweise zu prüfen. Dabei darf von einer über die Sinnenprüfung hinausgehenden Prüfung abgesehen werden, wenn sich keine Anhaltspunkte für eine mangelhafte Beschaffenheit des Arzneimittels ergeben haben.

46.2 Häufigkeit der Prüfung

Die Häufigkeit der Überprüfung hängt insbesondere davon ab, ob es sich bei einem Arzneimittel um ein leicht verderbliches Arzneimittel, ein Arzneimittel, dessen Wirkstoffgehalt sich leicht verändern kann oder um ein Arzneimittel handelt, das nicht leicht verdirbt. Leicht verderbliche Arzneimittel sind nicht lediglich vor oder bei ihrem Bezug, sondern vielmehr in **angemessenen Zeiträumen** erneut zu prüfen.

Der Tierarzt hat spätestens unmittelbar vor der Anwendung oder Abgabe eine genaue Prüfung der Beschaffenheit des Arzneimittels vorzunehmen. Im Regelfall erfolgt die Prüfung durch eine Betrachtung, etwa von Farbe, Konsistenz u. Ä. Das Arzneimittel ist dabei auf äußerlich wahrnehmbare Veränderungen durch Ansehen zu prüfen. Auf diesem Wege hat sich der Tierarzt zu vergewissern, dass das Arzneimittel noch eine einwandfreie Beschaffenheit aufweist. Neben einer visuellen Prüfung kann auch eine Prüfung in Form einer Tastprüfung oder einer Geruchsprüfung in Betracht kommen. Bei der durchzuführenden Prüfung sind regelmäßig auch das Verfallsdatum und die Richtigkeit der Etikettierung zu kontrollieren.

46.3 Mangelhafte Arzneimittel

Im Falle von erkennbaren Mängeln müssen Arzneimittel als mangelhafte Arzneimittel gekennzeichnet, gesondert gelagert und fachgerecht entsorgt werden (§ 8 Abs. 3 TÄHAV). Eine derartige wahrnehmbare Mangelhaftigkeit kann beispielsweise angenommen werden bei Abweichungen in Größe, Form und Farbe oder veränderter Druckfestigkeit bei Tabletten und Dragees oder im Falle von Trübungen, Farbveränderungen, Schwebestoffen bei Flüssigkeiten/Lösungen. Außerdem sind Arzneimittel nach Ablauf des Verfallsdatums zu entsorgen. Hinsichtlich der Auflistung weiterer wahrnehmbarer Qualitätsänderungen wird verwiesen auf die Kommentierung in Zrenner/Paintner/Saalfrank/Wesser zu § 8 TÄHAV.

Sofern in der tierärztlichen Hausapotheke Fertigarzneimittel bezogen werden, so sind auch diese – stichprobenweise – zu prüfen. Dies wird damit begründet, dass Tierärzte aufgrund ihres Dispensierrechts Arzneimittel auch vorrätig halten und unter Umständen auch für längere Zeit aufbewahren dürfen.

Die Vernichtung/Entsorgung kann z.B. durch eine ersatzlose Rückgabe an den Großhandel oder an den Hersteller bestehen. Denkbar ist auch die Übergabe in einer benachbarten Apotheke, damit die Arzneimittel dort unschädlich beseitigt werden. Im Einzelfall kann die Vernichtung/Entsorgung durch die Müllabfuhr erfolgen, sofern dabei die Gefahr des Missbrauchs umgangen werden kann. Am zweckmäßigsten erscheint die Vernichtung/Entsorgung mittels eines darauf spezialisierten Unternehmens.

Merke

In jedem Falle der Vernichtung/Entsorgung ist darauf zu achten, dass der Schutz des Menschen und der Umwelt sichergestellt sein muss. Dies gilt insbesondere bei der Vernichtung/Entsorgung von Betäubungsmitteln, sodass eine Entsorgung über das Abwasser ausscheidet.

Sofern die notwendige Vernichtung/Entsorgung der Arzneimittel nicht unverzüglich bzw. zeitnah erfolgen kann, so ist das Arzneimittel bis zur Vernichtung/Entsorgung unter Kenntlichmachung des Erfordernisses der Vernichtung/Entsorgung getrennt von den übrigen Mitteln zu lagern.

Praxistipp

Im Rahmen von Kontrollen der tierärztlichen Hausapotheke werden häufig abgelaufene Arzneimittel vorgefunden, die nicht getrennt und als zur Vernichtung vorgesehen gekennzeichnet neben sonstigen Arzneimitteln gelagert werden. Dieser Missstand stellt eine Ordnungswidrigkeit dar und kann mit einer Geldbuße geahndet werden.

46.3.1 Impfstoffe

Bei mangelhaften oder abgelaufenen Impfstoffen sind die gleichen Grundsätze zu beachten, wie bei anderen Arzneimitteln. Hier besteht allerdings die Besonderheit, dass lebende Erreger auf keinen Fall in die Umwelt gelangen dürfen.

Fazit

Der für den Betrieb der tierärztlichen Hausapotheke verantwortliche Tierarzt hat eine einwandfreie Beschaffenheit der Arzneimittel sicherzustellen. Zu diesem Zwecke sind die Arzneimittel regelmäßig – teilweise wiederholt – zu prüfen und die Prüfung zu dokumentieren.

47 Wie ist mit angebrochenen Arzneimitteln zu verfahren?

Jürgen Althaus

47.1 Einleitung

Es ist oben bereits dargestellt worden, dass § 8 TÄHAV dem für den Betrieb der tierärztlichen Hausapotheke verantwortlichen Tierarzt die Pflicht auferlegt, die Arzneimittel zu überprüfen und diese im Falle von deren Mangelhaftigkeit oder bei Ablauf des Verfallsdatums zu entsorgen. Im Falle von regelmäßig kurzfristig aufzubrauchenden Arzneimitteln mag dies meist unproblematisch sein. Gleiches gilt meist bei Abgabemedikamenten oder zum Verbrauch in der Praxis vorgesehenen nicht angebrochenen Originalpackungen.

47.2 Prüfung angebrochener Arzneimittel

Anders mag es sich allerdings verhalten bei angebrochenen Arzneimittelpackungen, die zur Anwendung durch den Tierarzt in der Praxis bzw. in der Außenpraxis vorgesehen sind. Hier sind viele Arzneimittel denkbar, die – angebrochen – über einen längeren Zeitraum in der Praxis oder im Praxisfahrzeug gelagert werden, um von dem Tierarzt angewendet und somit verbraucht zu werden. Hier ist zum Beispiel zu denken an Pulver oder Injektionslösungen, jedoch auch an Betäubungsmitteln. Derartige Arzneimittel werden in einer Praxis zum Teil über einen längeren Zeitraum verwendet. Es ist bekannt, dass Arzneimittel im Falle des Anbruchs der Packung oder der Flasche eine reduzierte Haltbarkeit aufweisen.

47.3 Anbruchdatum vermerken

Damit der für den Betrieb der tierärztlichen Hausapotheke verantwortliche Tierarzt den geforderten einwandfreien Zustand eines Arzneimittels sowie im Falle einer Mangelhaftigkeit dessen Entsorgung gewährleisten kann, wird gefordert, dass das Datum des Anbruchs auf jedem Arzneimittel vermerkt wird. Dies wird damit begründet, dass nur durch die Kennzeichnung des Primärgebindes mit dem Anbruchdatum die Bestimmung des Verfallsdatums und somit eine fristgerechte Entsorgung möglich ist. Häufig enthalten die Packungsbeilagen der Arzneimittelhersteller Angaben zur Haltbarkeit nach erfolgtem Anbruch. Zur Bestimmung der Haltbarkeit ist allerdings die Dokumentation des Anbruchdatums erforderlich.

Fazit

Der Tierarzt muss die Arzneimittel in seiner Hausapotheke regelmäßig prüfen. Insbesondere angebrochene und über einen langen Zeitraum verwendete Arzneimittel können eine verkürzte Haltbarkeit aufweisen. Daher sind sie immer mit dem Anbruchdatum zu versehen.

48 Wie hat eine Bilanzierung i. S.d. § 13 TÄHAV zu erfolgen?

Jürgen Althaus

Der für den Betrieb der tierärztlichen Hausapotheke verantwortliche Tierarzt hat mindestens einmal jährlich im Rahmen einer Prüfung die Ein- und Ausgänge gegen die vorhandenen Bestände verschreibungspflichtiger Arzneimittel aufzurechnen und etwaige Abweichungen festzustellen („Bilanzierung" gemäß § 13 Abs. 4 TÄHAV).

Merke

Der Tierarzt muss also jährlich den Soll-Bestand der Arzneimittel mit dem Ist-Bestand abgleichen, um etwaige Abweichungen festzustellen. Dazu ermittelt er aus den erworbenen Mengen der Arzneimittel und den angewendeten bzw. abgegebenen Arzneimitteln den Soll-Bestand, wobei auch die Mengen der vernichteten Arzneimittel sowie Glasbruch und Ähnliches berücksichtigt werden müssen. Die Ermittlung des Ist-Bestandes erfolgt sodann durch Inventur.

Es reicht somit im Rahmen der Bilanzierung nicht aus, eine summarische Überprüfung des gesamten Arzneimittelbestandes durchzuführen. Vielmehr ist die Bilanzierung für jedes einzelne Arzneimittel vorzunehmen, wobei nur gleiche Arzneimittel bilanziert werden können.

Die Bilanzierung ist sodann auf Ausdrucken oder in der Bestandsliste des Arzneimittels mit Gegenüberstellung der Soll- und Ist-Mengen mit Datum und Unterschrift zu bestätigen. Sofern sich bei der Bilanzierung Differenzen zwischen der Soll- und der Ist-Menge ergeben sollten, so sind diese zu erklären bzw. zu begründen.

Ähnliche Bilanzierungspflichten ergeben sich ferner sowohl bei Impfstoffen (vgl. § 40 Tierimpfstoffverordnung), als auch bei Betäubungsmitteln (vgl. § 17 BtMG).

Fazit

Der Tierarzt muss jährlich den Soll- mit dem Ist-Bestand verschreibungspflichtiger Arzneimittel seiner Apotheke abgleichen und dokumentieren. Etwaige Abweichungen sind zu erläutern.

49 Was ist beim Transport von Arzneimitteln im Praxis-PKW zu beachten?

Jürgen Althaus

49.1 Einleitung

Viele Tierarztpraxen unterhalten zur Erfüllung der tierärztlichen Aufgaben Praxisfahrzeuge, mit denen Tierhalter – seien es Nutztierhaltungsbetriebe in einer Großtierpraxis, Pferdehalter in einer Pferdefahrpraxis oder Kleintierhalter bei einer mobilen Kleintierpraxis – besucht werden. Viele größere, auf die Betreuung von Nutztieren spezialisierte Praxen unterhalten größere Fuhrparks von Praxisfahrzeugen, die allmorgendlich mit den notwendigen Arzneimitteln für die anstehenden tierärztlichen Behandlungen bestückt werden.

Derartige Praxisfahrzeuge sind als Teil der tierärztlichen Hausapotheke anzusehen. Insofern gelten sämtliche in diesem Kapitel dargestellten rechtlichen Voraussetzungen auch für diese Praxisfahrzeuge („Autoapotheke", „Außenpraxis").

49.2 Transport im Praxisauto

Schutz vor Beeinflussung Eine rechtliche Regelung über die in der Außenpraxis mitgeführten Arzneimittel findet sich in § 11 TÄHAV. Gemäß Abs. 1 dürfen Arzneimittel in der Außenpraxis nur in allseits geschlossenen Transportbehältnissen mitgeführt werden, die Schutz bieten vor einer nachteiligen Beeinflussung der Arzneimittel, insbesondere durch Licht, Temperatur, Witterungseinflüsse oder Verunreinigungen. Je nach Arzneimittelsortiment im PKW ist eine ausreichende Kühlmöglichkeit notwendig. Diese kann z. B. in einer Kühltasche mit Akkus für den kurzfristigen Transport von Impfstoffen bestehen. Bei der Notwendigkeit einer längerfristigen Kühlung sind anderweitige geeignete Kühlmaßnahmen (z. B. elektrischer Fahrzeug-Kühlschrank o. Ä.) zu gewährleisten.

Bei der Wahl des Standplatzes des Fahrzeuges ist darauf zu achten, dass die darin gelagerten Arzneimittel nicht einem sie schädigenden Klima ausgesetzt sind.

Schutz vor Zugriff Im Übrigen gelten hinsichtlich der Sicherheit der Arzneimittel dieselben Voraussetzungen, wie dies bei in Praxisräumen gelagerten Arzneimitteln der Fall ist. So müssen die in dem Praxis-PKW mitgeführten Arzneimittel sicher vor dem Zugriff Unbefugter sein.

Originalverpackung Eine weitere Besonderheit ergibt sich aus § 11 Abs. 1 Satz 2 TÄHAV. Danach dürfen von pharmazeutischen Unternehmern, Großhändlern oder aus Apotheken bezogene Fertigarzneimittel nur in ihrem Originalbehältnis mitgeführt werden.

49.3 Mitgeführte Arzneimittelmengen

In vielen Tierarztpraxen ist es üblich, den am Ende des Arbeitstages in dem Praxis-PKW noch vorhandenen Arzneimittelbestand über Nacht im Fahrzeug zu belassen und den Bestand am kommenden Morgen für den folgenden Arbeitstag aufzufüllen. Oftmals ist auch festzustellen, dass in Praxis-PKW sehr große Arzneimittelbestände mitgeführt werden.

Hier gilt es, die Regelung des § 11 Abs. 2 TÄHAV zu beachten. Diese Regelung enthält eine Begrenzung des in einem Praxis-PKW mitzuführenden Arzneimittelbestandes. Danach darf ein Tierarzt Arzneimittel nur in einer solchen Menge und in einem solchen Sortiment mit sich führen, dass der regelmäßige tägliche Bedarf seiner tierärztlichen Tätigkeit nicht überschritten wird.

§ Urteil

In einer älteren Entscheidung hat das Bundesverwaltungsgericht (Urteil vom 02.12.1993, Az. 3 C 42/91) noch ausgeführt, dass die Anordnung an einen Tierarzt, in seinem Fahrzeug nicht mehr Arzneimittel mitzuführen und aufzubewahren, als dem Tagesbedarf seiner Außenpraxis entspricht, weder im Arzneimittelgesetz noch in der Verordnung über tierärztliche Hausapotheken eine Stütze finde. Die Entscheidung ist insoweit mittlerweile als überholt anzusehen, als dass § 11 Abs. 2 TÄHAV eine entsprechende ausdrückliche Regelung vorsieht.

Nach dem Willen des Verordnungsgebers soll durch die Begrenzung, also das Mitsichführen eines Tagesbedarfs, sichergestellt werden, dass der Tierarzt die Arzneimittel abends entlädt und in seinen Betriebsräumen ordnungsgemäß verwahrt. Was aber ist unter einem „regelmäßigen täglichen Bedarf" zu verstehen? Nach der Kommentierung in Zrenner/Paintner/Saalfrank/Wesser zu § 11 TÄHAV sollen die Begriffe „regelmäßiger Bedarf" zum Ausdruck bringen, dass das Arzneimittelsortiment lediglich den üblicherweise zu erwartenden Behandlungsumfang abdecken soll. Dazu gehören – so die Kommentierung – aber auch Arzneimittel für den Notfall, etwa für akute Vergiftungsfälle, oder sonst zwar selten benötigte Arzneimittel, aber unerlässlich im konkreten, nicht voraussehbaren Einzelfall, beispielsweise in einer großflächigen Pferdepraxis.

Fazit

Ein Tierarzt darf Arzneimittel nur in einer solchen Menge und in einem solchen Sortiment im Praxis-PKW mit sich führen, dass der regelmäßige tägliche Bedarf seiner tierärztlichen Tätigkeit nicht überschritten wird.

50 Wie können Betäubungsmittel sicher aufbewahrt werden?

Julia Laacks

Gemäß § 15 Betäubungsmittelgesetz (BtMG) müssen Betäubungsmittel gesondert aufbewahrt und gegen unbefugte Entnahme gesichert werden. Die Aufbewahrung und Sicherung kann beispielsweise in einem Tresor (Wertschutzschrank) in der tierärztlichen Hausapotheke erfolgen. Bei der Anschaffung eines Wertschutzschrankes ist darauf zu achten, dass dieser nach § 15 BtMG für Betäubungsmittel zugelassen ist.

Praxistipp

Nach den Richtlinien über Maßnahmen zur Sicherung von Betäubungsmittelvorräten im Krankenhausbereich, in öffentlichen Apotheken, Arztpraxen sowie Alten- und Pflegeheimen (Stand: 1.1.2007) des Bundesinstitutes für Arzneimittel und Medizinprodukte (BfArM) sind zertifizierte Wertschutzschränke mit einem Widerstandgrad 0 oder höher nach EN 1143–1 zu verwenden. Wertschutzschränke mit einem Eigengewicht unter 200 kg sind entsprechend der EN 1143–1 zu verankern. Ausgenommen hiervon ist die Aufbewahrung von Betäubungsmittelmengen, die höchstens den durchschnittlichen Tagesbedarf einer Teileinheit darstellen und ständig griffbereit sein müssen. Diese sind durch Einschließen so zu sichern, dass eine schnelle Entwendung wesentlich erschwert wird.

51 Wie müssen Betäubungsmittel dokumentiert werden?

Julia Laacks

Tierärzte müssen den Verbleib und Bestand von Betäubungsmitteln gemäß § 1 Abs. 3 Betäubungsmittel-Verschreibungsverordnung (BtMVV) lückenlos nachweisen. Die Nachweisführung hat unverzüglich nach Bestandsänderung für jedes Betäubungsmittel getrennt nach amtlichem Formblatt zu erfolgen.

Praxistipp

Amtliche Formblätter für den Nachweis und Bestand sind amtliche Karteikarten und Betäubungsmittelbücher, die verteilt werden durch z. B. die Bundesanzeiger-Verlagsgesellschaft mbH, Postfach 10 05 34, 50 445 Köln.

Der Tierarzt kann zwar einen Mitarbeiter mit der Nachweisführung beauftragen, ist jedoch verpflichtet, diese am Ende eines jeden Kalendermonats zu prüfen und durch Unterschrift zu bestätigen. Die Verantwortung für die Nachweisführung trägt somit vollumfänglich der verschreibungsberechtigte Tierarzt. Die Aufzeichnung kann auch mittels elektronischer Datenverarbeitung erfolgen, sofern jederzeit der Ausdruck der dort gespeicherten Angaben in der Reihenfolge des amtlichen Formblattes gewährleistet ist.

Praxistipp

Ein Muster des amtlichen Formblattes zur elektronischen Nachweisführung stellt die Bundesopiumstelle auf der Homepage des Bundesinstitutes für Arzneimittel und Medizinprodukte (bfarm.de) unter der Rubrik „Service" zur Verfügung.

Verbleibsnachweise sind drei Jahre nach der letzten Eintragung beim verantwortlichen Tierarzt aufzubewahren.

Fazit

Der Verbleib von Betäubungsmitteln muss lückenlos dokumentiert werden. Dies kann elektronisch oder handschriftlich auf den dafür vorgesehenen Formblättern geschehen und muss 3 Jahre aufbewahrt werden.

52 Wie müssen Betäubungsmittel vernichtet werden?

Julia Laacks

Nach der gesetzlichen Regelung in § 16 BtMG hat der Eigentümer von nicht mehr verkehrsfähigen Betäubungsmitteln diese auf seine Kosten in **Gegenwart von zwei Zeugen** in einer Weise zu vernichten, die eine auch nur teilweise Wiedergewinnung der Betäubungsmittel ausschließt sowie den Schutz von Mensch und Umwelt vor schädlichen Einwirkungen sicherstellt. Über die Vernichtung ist eine Niederschrift zu fertigen und diese drei Jahre aufzubewahren.

Praxistipp

Weitere nützliche Informationen zum Thema Betäubungsmittel finden Sie auf der Homepage des Bundesinstitutes für Arzneimittel und Medizinprodukte (bfarm.de). Insbesondere die im Bereich „Service" zu findende pdf-Datei mit FAQ der Bundesopiumstelle zum Thema Betäubungsmittel bietet praxisrelevante Antworten für einen schnellen Überblick und viele hilfreiche Angaben etwa zu Hotlines, Links und Formularen.

53 Dürfen Betäubungsmittel an einen Tierhalter abgegeben werden?

Jürgen Althaus

53.1 Einleitung

In der tierärztlichen Praxis taucht immer wieder die Frage danach auf, ob ein Tierarzt ein Opioid – beispielsweise Buprenovet – an den Tierhalter abgeben darf, um diesem z. B. die Fortführung der Schmerzbekämpfung zu Hause zu ermöglichen. Der Umgang mit Betäubungsmitteln ist gesetzlich äußerst stringent geregelt. Kleine Fehler können schnell zur Rechtswidrigkeit oder gar Strafbarkeit des tierärztlichen Handelns führen.

Aus Sicht des Tierarztes stellen sich verschiedene Fragen.

- Darf ein Betäubungsmittel an den Tierhalter abgeben werden, und wenn ja, welches?
- Darf ein Tierhalter überhaupt Betäubungsmittel erwerben und besitzen?
- Welche Voraussetzungen sind an eine Abgabe von Betäubungsmitteln geknüpft?
- Muss ein Tierarzt eine behördliche Erlaubnis für die Abgabe von Betäubungsmitteln vorweisen können?
- Wie sind der Verbleib und der Bestand der Betäubungsmittel in der tierärztlichen Hausapotheke zu dokumentieren?

53.2 Rechtslage

Die maßgebliche Rechtsvorschrift für die Verschreibung und Abgabe auf Verschreibung durch Tierärzte findet sich in § 13 Betäubungsmittelgesetz (BtMG). Danach dürfen bestimmte Betäubungsmittel u. a. nur von Tierärzten und nur dann verschrieben oder im Rahmen einer tierärztlichen Behandlung verabreicht oder einem anderen zum unmittelbaren Verbrauch überlassen werden, wenn ihre Anwendung am und im tierischen Körper begründet ist.

Im Rahmen des Betriebs einer tierärztlichen Hausapotheke dürfen jedoch nur die in Anlage III des Betäubungsmittelgesetzes bezeichneten Betäubungsmittel und nur zur Anwendung bei einem vom Betreiber der Hausapotheke behandelten Tiere abgegeben werden.

Diese in § 13 BtMG genannten Voraussetzungen decken sich inhaltlich in etwa mit den in § 4 BtMG genannten Ausnahmen von einer grundsätzlich erforderlichen Erlaubnis der Abgabe, Veräußerung oder des Inverkehrbringens und Erwerbens von Betäubungsmitteln durch das Bundesinstitut für Arzneimittel und Medizinprodukte. Einer solchen grundsätzlich erforderlichen Erlaubnis bedarf gemäß § 4 Abs. 1 Nr. 1 c) BtMG nicht, wer im Rahmen des Betriebs einer tierärztlichen Hausapotheke in Anlage III bezeichnete Betäubungsmittel für ein von ihm behandeltes Tier abgibt. Desgleichen bedarf einer solchen grundsätzlich erforderlichen Erlaubnis gemäß § 4 Abs. 1 Nr. 3 b) nicht, wer ein in Anlage 3 bezeichnetes Betäubungsmittel zur Anwendung an einem Tier von einer Person erwirbt, die dieses Tier behandelt und eine tierärztliche Hausapotheke betreibt.

Merke

Nach dem Wortlaut dieser – zugegebenermaßen relativ komplizierten – Gesetzesregelung besteht somit grundsätzlich die rechtliche Möglichkeit eines Tierarztes, ein Betäubungsmittel an einen Tierhalter abzugeben. Desgleichen besteht die rechtliche Möglichkeit eines Tierhalters, ein Betäubungsmittel von einem Tierarzt zu erwerben.

Beide vorgenannten Varianten werden – ebenso wie die oben dargestellten gesetzlichen Regelungen der §§ 4 und 13 BtMG – im Wesentlichen von drei Voraussetzungen abhängig gemacht.

53.2.1 Voraussetzungen für die Abgabe an den Tierhalter

Diese sind:

1. Betäubungsmittel gemäß Anlage III des Betäubungsmittelgesetzes Das BtMG enthält drei Anlagen:

- Anlage I erfasst die nichtverkehrsfähigen Betäubungsmittel (Handel und Abgabe verboten)
- Anlage II erfasst die verkehrsfähigen, aber nicht verschreibungsfähigen Betäubungsmittel (Handel erlaubt, Abgabe verboten)
- Anlage III erfasst die verkehrsfähigen und verschreibungsfähigen Betäubungsmittel (Handel und Abgabe erlaubt)

Zu den in Anlage III erfassten Betäubungsmitteln zählen beispielsweise Morphin, Diazepam, Fentanyl, Midazolam, Tetrazepam, Tilidin oder Buprenorphin. Die vorgenannten Tierarzneimittel sind ausdrücklich in Anlage III des BtMG aufgeführt und dürfen demnach abgegeben und erworben werden.

2. Betrieb einer tierärztlichen Hausapotheke Die genannten Rechtsvorschriften setzen ferner voraus, dass der Erwerb oder die Abgabe im Rahmen des Betriebs einer tierärztlichen Hausapotheke erfolgt. Allein die Qualifikation als Tierarzt und der Betrieb einer tierärztlichen Praxis reichen daher nicht aus. Vielmehr muss der abgebende Tierarzt eine tierärztliche Hausapotheke nach den Bestimmungen der tierärztlichen Hausapothekenverordnung (TÄHAV) betreiben.

3. Behandlung Die genannten Rechtsvorschriften fordern ferner, dass ein Tierarzt ein Betäubungsmittel nur „für ein von ihm behandeltes Tier" abgeben darf. Spiegelbildlich darf ein Tierhalter ein Betäubungsmittel nur von einer Person erwerben, „die dieses Tier behandelt" hat. Wann und unter welchen Umständen eine solche „Behandlung" vorliegt, wird in Frage 5 (S. 30) dargestellt. Im Ergebnis hängen die Anforderungen an eine ordnungsgemäße Behandlung jeweils vom Einzelfall ab und können nicht generell beurteilt werden. Als Maßstab muss jeweils herangezogen werden, dass der Tierarzt eine einwandfreie Diagnose und damit eine exakte Indikation für den Einsatz des Arzneimittels unter Berücksichtigung des aktuellen Standes der tiermedizinischen Wissenschaft bestimmen kann.

Die Anforderungen an eine „ordnungsgemäße Behandlung" dürften – ähnlich wie dies bei der Abgabe von Arzneimitteln gemäß § 56 a AMG i. V. m. § 12 TÄHAV der Fall ist – auch in den beschriebenen Vorschriften der §§ 4 und 13 BtMG relativ hoch sein.

53.3 Zusammenfassung

Wenn ein Tierarzt eine tierärztliche Hausapotheke betreibt, das betreffende Tier ordnungsgemäß behandelt hat und das betreffende Betäubungsmittel in Anlage III des BtMG erfasst ist, darf der Tierarzt eine Abgabe des Betäubungsmittels an den Tierhalter vornehmen. Unter den gleichen Voraussetzungen darf ein Tierhalter das entsprechende Betäubungsmittel von einem Tierarzt erwerben.

54 Was ist beim Umgang mit Impfstoffen zu beachten?

Jürgen Althaus

54.1 Einleitung

In diesem Kapitel über den Betrieb einer tierärztlichen Hausapotheke muss konsequenterweise auch der Umgang mit Impfstoffen beleuchtet werden, obwohl der Verkehr mit Tierimpfstoffen nicht unter den Regelungsbereich des Arzneimittelgesetzes fällt. Vielmehr ist der Bereich der Tierimpfstoffe dem Bereich des Tierseuchenrechts zuzuordnen. Die einschlägigen Rechtsvorschriften finden sich im Tiergesundheitsgesetz in Verbindung mit der Verordnung über Sera, Impfstoffe und Antigene nach dem Tiergesundheitsgesetz (Tierimpfstoff-Verordnung), zuletzt geändert am 31.08.2015. Der Umgang mit Tierimpfstoffen soll deshalb an dieser Stelle des Buchs behandelt werden, weil er regelmäßig auch Gegenstand einer Überprüfung der tierärztlichen Hausapotheke ist (vgl. Verfahrensanweisung 07 112 104 „Überwachung von tierärztlichen Hausapotheken" der Zentralstelle der Länder für Gesundheitsschutz bei Arzneimitteln und Medizinprodukten). Es wird insofern auf die Ausführungen über die Kontrolle der tierärztlichen Hausapotheke verwiesen.

54.2 Vertriebsweg von Impfstoffen

Der Vertriebsweg von Tierimpfstoffen ist eingeschränkt und nur nach den Voraussetzungen des §40 Tierimpfstoff-Verordnung möglich. Danach dürfen pharmazeutische Unternehmer und Großhändler Mittel, die zur Anwendung am Tier bestimmt sind, nur abgeben an (u. a.) Tierärzte zur Anwendung an den von ihnen behandelten Tieren (§40 Abs. 1 Nr. 1 Tierimpfstoff-Verordnung). Es kann daraus zunächst der Grundsatz abgelesen werden, dass Tierimpfstoffe lediglich an **Tierärzte, nicht aber an Tierhalter abgegeben werden dürfen.** Die Abgabe darf allerdings nicht an irgendeinen Tierarzt erfolgen, sondern nur an den die Tiere behandelnden Tierarzt. Hier ist wieder der Begriff der „von ihm behandelten Tiere" von besonderer Bedeutung. Der Begriff ist gleichzusetzen mit dem Behandlungsbegriff (S.30) in §56 a Abs. 1 AMG i. V. m. §12 TÄHAV. Damit scheidet eine Abgabe eines Tierimpfstoffs an einen Tierarzt dann als rechtswidrig aus, wenn der Tierarzt lediglich „Empfänger" der Tierimpfstoffe ist, um diese sodann an einen gewerbsmäßigen Tierhaltungsbetrieb zur eigenverantwortlichen Anwendung abzugeben, ohne die zu impfenden Tiere selbst zu kennen.

54.2.1 Abgabe an Tierhalter

Eine Ausnahme von dem vorbeschriebenen Grundsatz der Abgabe nur an einen Tierarzt gilt unter den Voraussetzungen des §40 Abs. 3. Danach dürfen pharmazeutische Unternehmer, Großhändler und insbesondere Tierärzte Impfstoffe an einen gewerbsmäßigen oder berufsmäßigen Tierhalter oder eine von diesen beauftragte Person nur unter folgenden und in §40 Abs. 3 Satz 2 i. V. m. §44 Tierimpfstoff-Verordnung genannten Voraussetzungen abgeben:

- Es handelt sich um einen berufs- oder gewerbsmäßigen Tierhalter.
- Der Tierhalter erwirbt das Mittel von einem Tierarzt.
- Der Tierarzt betreut die Tiere des Bestandes, an denen das Mittel angewendet wird, regelmäßig.
- Der Tierarzt hat den Tierhalter in der Anwendung der Impfstoffe unterwiesen. Dazu gehört z. B. auch der Hinweis auf Impfreaktionen und Nebenwirkungen.
- Der Tierarzt hat dem Tierhalter vor der erstmaligen Anwendung des Mittels einen Anwendungsplan ausgehändigt, der mindestens Folgendes hervorheben muss:

  - die Bezeichnung des Mittels, das angewendet werden soll, und des pharmazeutischen Unternehmers
  - die Indikation
  - den Anwendungszeitpunkt oder den Anwendungszeitraum
  - die Anzahl und die nähere Bezeichnung der Tiere, an denen das Mittel angewendet werden soll
  - die Lagerungs- und Anwendungshinweise für den Tierhalter einschließlich des Hinweises auf die einzuhaltende Wartezeit
  - den Zeitplan für die durchzuführenden Kontrollen.
- Der Tierarzt hat die Impfstoffabgabe bei der für den Tierhalter zuständigen Veterinärbehörde gemäß § 44 Abs. 1 Nr. 3 Tierimpfstoff-Verordnung angezeigt. Dabei ist auch der vorgenannte Anwendungsplan vorzulegen.
- Der Tierarzt muss den Verbleib der Impfstoffe gemäß § 40 Abs. 4 Tierimpfstoff-Verordnung dokumentieren (Abgabedatum, Bezeichnung des Impfstoffs mit Zulassungsnummer, Chargenbezeichnung, Verfallsdatum, abgegebene Menge, Name/Anschrift des Tierhalters).

Vor der Anwendung eines Mittels durch den Tierhalter oder die von diesem beauftragte Person hat der Tierarzt das Erfordernis der Anwendung und die Impffähigkeit der Tiere festzustellen (§ 44 Abs. 3 Satz 1 Tierimpfstoff-Verordnung). Nach der Anwendung des Mittels durch den Tierhalter oder die von diesem beauftragte Person sind die Tiere durch den Tierarzt, der den Impfstoff abgegeben hat, zu den im Anwendungsplan vorgesehenen Zeitpunkten zu kontrollieren.

Praxistipp
Die Kontrolle umfasst dabei eine klinische Bestandsuntersuchung auf Impfreaktionen, eine Einsichtnahme in die Aufzeichnungen des Tierhalters und, soweit erforderlich, eine Kontrolle des Anwendungserfolgs (§ 44 Abs. 4 Tierimpfstoff-Verordnung).

54.3 Bilanzierung und Dokumentation

Für Impfstoffe, die an Tierhalter abgegeben werden, hat jährlich einmal eine Bilanzierung zu erfolgen (§ 40 Abs. 5 Tierimpfstoff-Verordnung). Diese Bilanzierung ist mittels Datum und Ergebnis zu dokumentieren. Die Bilanzierung kann durchgeführt werden durch die Eingabe der Zu- und Abgänge im PC und Bestandsermittlung oder durch eine tabellarische Erfassung der Zugänge der verschiedenen Tierimpfstoffe sowie deren Abgabe und einmal jährlichem Abgleich von ermitteltem Soll-Bestand und in der Praxis festgestelltem Ist-Bestand.

Für Impfstoffe, die nicht an den Tierhalter abgegeben, sondern durch den Tierarzt selbst angewendet werden, ist durch diesen ebenfalls der Verbleib zu dokumentieren. Hier sind mindestens die Bezeichnung des Impfstoffs, das Anwendungsdatum, die Identität des Tieres/des Tierhalters sowie die Anzahl der geimpften Tiere zu erfassen.

Merke
Der Tierarzt hat den Bezug sowie den Verbleib von Impfstoffen in ähnlicher Form zu dokumentieren, wie dies bei apothekenpflichtigen Arzneimitteln der Fall ist.

Für den Nachweis des Bezugs sind die Rechnungen oder Lieferscheine in der Praxis aufzubewahren. Die Aufbewahrung der Rechnungen/Lieferscheine zu diesem Zweck sollte gesondert und kann rein chronologisch oder zusätzlich alphabetisch erfolgen.

Fazit
Die Abgabe von Tierimpfstoffen darf nur durch den ein Tier/einen Tierbestand behandelnden Tierarzt erfolgen. Der Begriff der „von ihm behandelten Tiere" ist gleichzusetzen mit dem Behandlungsbegriff in § 56a Abs. 1 AMG i. V. m. § 12 TÄHAV.

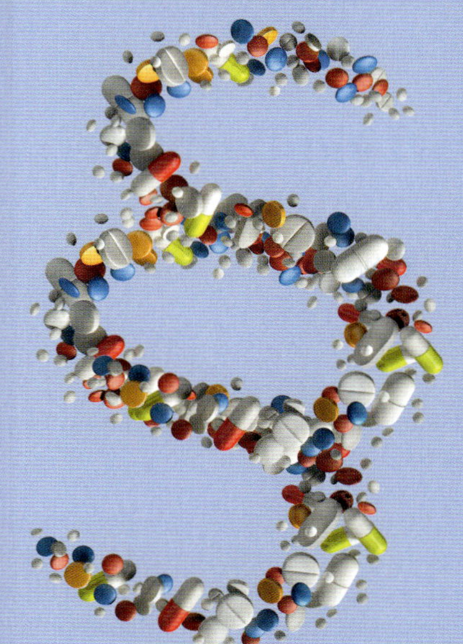

Teil 9
Ein Blick hinüber zum Tierhalter

55 Wo und durch wen darf ein Tierhalter Arzneimittel erwerben?

Jürgen Althaus

55.1 Einleitung

Es ist in Frage 3 (S. 21) ausführlich dargestellt worden, unter welchen rechtlichen Voraussetzungen ein Tierarzt Arzneimittel an einen Tierhalter abgeben oder verschreiben darf (vgl. dazu die Ausführungen zu § 56 a Abs. 1 AMG). So darf ein Tierarzt ein Arzneimittel an einen Tierhalter nur abgeben, wenn das Mittel für die von dem Tierarzt selbst behandelten Tiere bestimmt ist. Sofern ein Tierarzt ein apothekenpflichtiges Arzneimittel an einen Tierhalter abgibt, ohne das betreffende Tier zuvor ordnungsgemäß untersucht zu haben, so handelt der Tierarzt rechtswidrig und macht sich **strafbar**.

55.2 Beispiele

Wie sieht es aber aufseiten des Tierhalters aus? Darf der Tierhalter Arzneimittel nur vom Tierarzt erwerben? Oder gibt es für ihn andere Möglichkeiten des Erwerbs?

Gerade im Internet werden zum Teil scheinbar einfache Bezugswege aufgezeigt. So heißt es beispielsweise auf einer Internetseite:

> *„Auf dieser Internetseite finden Sie objektive Informationen über rezeptpflichtige Antibiotika. Auch geben wir Ihnen Ratschläge über die besten europäischen Online-Apotheken und Versandapotheken, wo Sie ein Online-Rezept von einem anerkannten Arzt bekommen, ohne den eigenen Hausarzt in Kenntnis setzen zu müssen."*

In einem Hundeforum heißt es zum Thema „Antibiotika ohne Rezept":

> *„Ich wollte von meinem Tierarzt ein Rezept für Amoxicillin. Das Medikament half nach der 2008 diagnostizierten Borrelieninfektion bereits mehrmals. Und ich habe auch schon mehrmals ein entsprechendes Rezept auf Zuruf bekommen. Nun brauche ich wieder so ein Rezept, der Tierarzt möchte aber erst eine Untersuchung machen mit der Begründung, dass er ein Rezept nach so einem langen Zeitraum ohne Untersuchung nicht ausstellen darf. Ist diese Aussage korrekt?"*

55.3 Reduktion von Antibiotikaeinsatz und Resistenzen

In Frage 86 (S. 204) und den folgenden werden die Regelungen der sogenannten 16. AMG-Novelle beschrieben. Das Ziel der dort geregelten arzneimittelrechtlichen Vorschriften besteht in einer Minimierung des Antibiotikaeinsatzes und in einer Minimierung von Resistenzen. Die gesetzgeberisch ins Auge gefasste Zielgruppe besteht insbesondere in Haltern von lebensmittelliefernden Tieren (Schweine, Rinder, Puten, Hühner).

> **Merke**
> **Die neuen arzneimittelrechtlichen Regelungen sehen einen Vergleich des betriebsindividuellen Antibiotikaverbrauchs mit einer bundesweiten Therapiehäufigkeit vor.**

In dem beschriebenen Bereich der Haltung lebensmittelliefernder Tiere besteht einerseits eine umfassende Dokumentations-/Erfassungs- und Meldepflicht des Tierhalters und andererseits umfassende behördliche Überwachungs- und Anordnungsbefugnisse.

55.3.1 Nicht-lebensmittelliefernde Tiere

Können sich die Halter von nicht-lebensmittelliefernden Tieren nun entspannt zurücklehnen und darauf verweisen, dass die geschilderten Einschränkungen nur für Halter lebensmittelliefernder Tiere gelten? Ist diese Sichtweise gerechtfertigt? Sind die Halter nicht-lebensmittelliefernder Tiere, also insbesondere Halter von Katzen und Hunden, von einem sorgfältigen Umgang mit Antibiotika ausgenommen?

Ein Blick in die Praxis lässt eine derartige Vermutung teilweise als gerechtfertigt erscheinen. Viele Tierhalter glauben, aufgrund langjähriger Erfahrungen in der Lage zu sein, Krankheitssymptome zu erkennen und zum Teil sogar zu therapieren. Zum Teil wird Tierhaltern der Bezug von Antibiotika (vgl. eingangs dargestellter Beispielsfall) leicht gemacht. Zum Teil können Antibiotika über den Online-Versandhandel bezogen werden, ohne dass dafür das Tier einem Tierarzt vorgestellt werden muss.

55.4 Erwerb von Arzneimitteln durch den Tierhalter

Die Regelungen über die ordnungsgemäße Abgabe von Arzneimitteln durch einen Tierarzt an Tierhalter sind eng verknüpft mit den Regelungen über den ordnungsgemäßen Erwerb von Arzneimitteln durch den Tierhalter. Es dürfte bekannt sein, dass grundsätzlich drei Kategorien von Arzneimitteln unterschieden werden können, nämlich freiverkäufliche Arzneimittel, apothekenpflichtige Arzneimittel und verschreibungspflichtige Arzneimittel. Die Befugnisse eines abgebenden Tierarztes auf der einen Seite oder eines erwerbenden Tierhalters auf der anderen Seite hängen maßgeblich davon ab, in welche Kategorie das betreffende Arzneimittel einzuordnen ist.

55.4.1 Freiverkäufliche Arzneimittel

Am einfachsten stellt sich die Situation bei den freiverkäuflichen Arzneimitteln dar. Derartige Arzneimittel kann/darf der Tierhalter beim Tierarzt, in einer Apotheke, in Drogerien, im Tierfachhandel oder im Versandhandel erwerben. Der Tierhalter darf derartige Arzneimittel bei seinem Tier anwenden, ohne einen Tierarzt hinzuziehen zu müssen.

55.4.2 Apotheken- und verschreibungspflichtige Arzneimittel

Anders verhält es sich bei apotheken- und verschreibungspflichtigen Arzneimitteln. Gemäß § 57 Abs. 1 AMG darf ein Tierhalter Arzneimittel, die zum Verkehr außerhalb der Apotheke nicht freigegeben sind (apothekenpflichtige Arzneimittel) zur Anwendung bei Tieren nur in **Apotheken** oder bei dem das Tier oder den Tierbestand behandelnden **Tierarzt** oder als Fütterungsarzneimittel bei einem **Hersteller** erwerben.

Nach dem Wortlaut regelt § 57 den Bezug apothekenpflichtiger Arzneimittel. Der generellen Regelung in § 43 Abs. 1 Satz 1 AMG, dass Arzneimittel im Sinne des § 2 Abs. 1 oder Abs. 2 Nr. 1 AMG nur in Apotheken in den Verkehr gebracht werden dürfen, unterliegen von vornherein alle verschreibungspflichtigen Arzneimittel. Nach § 44 Abs. 3 Nr. 1 AMG sind verschreibungspflichtige Arzneimittel generell apothekenpflichtig.

Merke

Die oben dargestellte Regelung des § 57 AMG regelt ein an den Tierhalter gerichtetes Verbot, apothekenpflichtige Arzneimittel, die bei Tieren angewendet werden sollen, an anderen als den erlaubten Stellen zu erwerben. So dürfen Tierarzneimittel, die nicht zum Verkehr außerhalb der Apotheken freigegeben sind, an Tierhalter nur in den Betriebsräumen einer Apotheke oder einer tierärztlichen Hausapotheke oder durch den Tierarzt ausgehändigt werden.

55.5 Behandelnder Tierarzt

Die Regelung des § 57 AMG macht deutlich, dass ein apothekenpflichtiges Arzneimittel nicht durch irgendeinen Tierarzt bezogen werden darf, sondern ausschließlich durch den das Tier oder den Tierbestand behandelnden Tierarzt. Eine derartige „Behandlung" schließt insbesondere ein, dass nach den Regeln der tierärztlichen Wissenschaft 1. die Tiere oder der Tierbestand in angemessenem Umfang untersucht worden sind und 2. die Anwendung der Arzneimittel und der Behandlungserfolg vom Tierarzt kontrolliert werden (§ 12 Abs. 2 TÄHAV). Nach der Rechtsprechung setzt eine derartige „Untersuchung in angemessenem Umfang" (S. 32) und somit eine „Behandlung" im Sinne der genannten gesetzlichen Vorschriften voraus, dass der Tierarzt für den konkreten Einzelfall eine Indikation für ein konkretes Arzneimittel sowie eine Diagnose bestimmen kann.

Sofern der Tierhalter ein apothekenpflichtiges Arzneimittel unter Umgehung eines Tierarztes erwirbt, so stellt dies einen Verstoß gegen die genannten gesetzlichen Vorschriften dar. Sofern ein Tierhalter wie in dem eingangs dargestellten Beispielsfall auf dem Versandwege ein verschreibungspflichtiges Arzneimittel erwirbt, ohne dass ein Tierarzt das Tier bzw. den Tierbestand behandelt bzw. untersucht hat, so erwirbt der Tierhalter das Arzneimittel rechtswidrigerweise und macht sich dadurch strafbar.

Fazit

Ein Tierhalter darf apothekenpflichtige Arzneimittel zur Anwendung bei Tieren nur in Apotheken oder bei dem das Tier oder den Tierbestand behandelnden Tierarzt oder als Fütterungsarzneimittel bei einem Hersteller erwerben. Ein anderweitiger Erwerb ist verboten. Der Erwerb durch einen unbekannten Tierarzt ist daher unzulässig.

56 Darf ein Tierhalter Arzneimittel im Wege des Versandes erwerben?

Jürgen Althaus

56.1 Einleitung

In den Ausführungen zur vorstehenden Frage ist dargestellt worden, dass ein Tierhalter gemäß § 57 AMG apothekenpflichtige Arzneimittel zur Anwendung bei Tieren nur in Apotheken, bei dem das Tier oder den Tierbestand behandelnden Tierarzt oder im Falle von Fütterungsarzneimitteln beim Hersteller erwerben darf (§ 57 Abs. 1 Satz 1 und 2 AMG). Der nachfolgende Satz 4 der genannten Vorschrift ist relativ kompliziert formuliert und besagt, dass die Sätze 1 und 2 (Bezug von apothekenpflichtigen Arzneimittel ausschließlich in einer Apotheke oder beim behandelnden Tierarzt bzw. einem Hersteller) dann **nicht** gelten, sobald Arzneimittel, die ausschließlich zur Anwendung bei nicht lebensmittelliefernden Tiere zugelassen sind, vom Tierhalter im Wege des Versandes nach § 43 Abs. 5 Satz 3 oder 4 AMG erworben werden. Die Vorschrift verweist somit auf § 43 Abs. 5 Sätze 3 und 4 AMG. In § 43 sind Voraussetzungen festgelegt, unter denen eine Apothekenpflicht von Arzneimitteln besteht und unter welchen Voraussetzungen apothekenpflichtige Arzneimittel durch einen Tierarzt in Verkehr gebracht werden dürfen.

Grundsätzlich gilt gemäß § 43 Abs. 4 AMG, dass apothekenpflichtige Arzneimittel im Rahmen des Betriebs einer tierärztlichen Hausapotheke durch Tierärzte an Halter der von ihnen behandelten Tiere abgegeben und zu diesem Zweck vorrätig gehalten werden dürfen. Des Weiteren dürfen gemäß § 43 Abs. 5 AMG apothekenpflichtige und zur Anwendung bei Tieren bestimmte Arzneimittel an den Tierhalter nur in der Apotheke oder tierärztlichen Hausapotheke oder durch den Tierarzt ausgehändigt werden. Von diesem Grundsatz normiert § 43 Abs. 5 Sätze 3 und 4 AMG eine Ausnahme.

56.2 Ausnahmeregelung

Insoweit dürfen abweichend von dem vorzitierten Grundsatz Arzneimittel, die ausschließlich zur Anwendung bei Tieren, die nicht der Gewinnung von Lebensmitteln dienen, zugelassen sind, von Apotheken mit einer behördlichen Erlaubnis im Wege des Versandes abgegeben werden.

Des Weiteren dürfen derartige Arzneimittel im Rahmen des Betriebes einer tierärztlichen Hausapotheke im Einzelfall in einer für eine kurzfristige Weiterbehandlung notwendigen Menge für vom Tierarzt behandelte Einzeltiere im Wege des Versandes abgegeben werden.

Die Regelung des § 43 Abs. 5 Sätze 3 und 4 AMG stellt somit eine Ausnahmeregelung der ansonsten vorgesehenen Abgabe von Arzneimitteln ausschließlich im Rahmen des Betriebs einer tierärztlichen Hausapotheke durch den Tierarzt dar.

Merke

Der Versand von Arzneimitteln durch einen Tierarzt ist zulässig unter folgenden Voraussetzungen:

- **Das Arzneimittel ist ausschließlich für nicht-lebensmittelliefernde Tiere zugelassen. Es kommt hier ausschließlich auf die Zulassung an, nicht aber auf den vorgesehenen Verwendungszweck/Tierart.**
- **Das Arzneimittel ist bestimmt für ein von dem Tierarzt behandeltes Tier.**
- **Der Versand erfolgt ausschließlich für einen konkreten Einzelfall im Sinne eines Ausnahmefalls.**
- **Der Versand erfolgt lediglich in einer für die kurzfristige Weiterbehandlung notwendigen Menge.**

Sofern die vorerwähnten und in § 43 Abs. 5 Sätze 3 und 4 AMG beschriebenen Voraussetzungen eines rechtmäßigen Arzneimittelversands durch einen Tierarzt vorliegen, darf ein Tierhalter ein apothekenpflichtiges Arzneimittel ausnahmsweise gemäß § 57 Abs. 1 Satz 4 AMG im Wege des Versandes erwerben.

Somit ist der Versand eines apothekenpflichtigen Arzneimittels, welches für lebensmittelliefernde Tiere zugelassen ist, durch einen Tierarzt ebenso unzulässig, wie dessen Erwerb durch den Tierhalter. Gleiches gilt, wenn ein Arzneimittel sowohl für lebensmittelliefernde als auch für nicht-lebensmittelliefernde Tiere (siehe § 43 Abs. 5 Sätze 3 und 4 AMG: „...dürfen Arzneimittel, die ausschließlich zur Anwendung bei Tieren, die nicht der Gewinnung von Lebensmittel dienen, zugelassen sind, ...") zugelassen ist.

8 Fazit

Der Versand von Arzneimitteln durch einen Tierarzt ist unter anderem und nur im Einzelfall zulässig, wenn das Arzneimittel ausschließlich für nicht-lebensmittelliefernde Tiere zugelassen ist. Es kommt ausschließlich auf die Zulassung an, nicht aber auf den beabsichtigten Verwendungszweck. Ein für Schweine und Hunde zugelassenes Arzneimittel darf somit nicht im Wege des Versandes erworben werden.

57 Unter welchen Voraussetzungen darf ein Tierhalter ein Arzneimittel anwenden?

Jürgen Althaus

57.1 Einleitung

Beispiel

Ein Hundehalter erwirbt ein für die Behandlung seines Hundes notwendiges Antibiotikum im Wege des Versandes über eine ausländische Versandapotheke. Nach Erhalt des Arzneimittels wendet der Hundehalter dieses gemäß den Vorgaben auf der Packungsbeilage an. Eine Untersuchung oder Behandlung durch einen Tierarzt erfolgt nicht.

In Frage 55 (S. 144) ist dargestellt worden, unter welchen Voraussetzungen und von wem ein Tierhalter ein (apothekenpflichtiges und verschreibungspflichtiges) Arzneimittel erwerben darf. Danach ist grundsätzlich nur der Erwerb in einer Apotheke oder durch den das Tier behandelnden Tierarzt bzw. im Falle eines Fütterungsarzneimittels durch den Hersteller erlaubt, in anderen Fällen rechtswidrig.

In dem eingangs dargestellten Beispielsfall hat der Tierhalter das Antibiotikum somit rechtswidrigerweise erworben, da er das Arzneimittel nicht von einem „das Tier behandelnden Tierarzt", sondern unter Umgehung eines Tierarztes erworben hat.

Wie sieht es aber nun aus mit der Anwendung? Darf der Hundehalter das Antibiotikum eigenverantwortlich bei seinem Hund anwenden?

57.2 Arzneimittel-Anwendung durch Tierhalter

Gemäß § 57 a AMG dürfen Tierhalter und andere Personen, die nicht Tierärzte sind, verschreibungspflichtige Arzneimittel (dazu gehören die meisten Antibiotika) bei Tieren nur anwenden, soweit die Arzneimittel von dem Tierarzt verschrieben oder abgegeben worden sind, bei dem sich die Tiere in Behandlung befinden.

Nach dem Ausschussbericht zur 15. AMG-Novelle soll die genannte Vorschrift einer **eigeninitiativen Selbstmedikation** von Tieren durch Tierhalter entgegenwirken, wenn die Tierhalter ohne vorherige tierärztliche Konsultation in den Besitz verschreibungspflichtiger Arzneimittel gelangt sind.

Dies wird damit begründet, dass die Anwendung eines verschreibungspflichtigen Arzneimittels bei einem Tier ohne vorherige Konsultation eines Tierarztes zum einen zu Risiken für das einzelne Tier (Fehlbehandlung/unerwünschte Arzneimittelwirkungen) führte und sich zum anderen insbesondere auch im Falle der Anwendung bei lebensmittelliefernden Tieren nachteilig auf das menschliche Umfeld auswirken könne (Stichwort: Resistenzrisiken).

Merke

§ 57 a AMG beschreibt ein grundsätzliches Anwendungsverbot für verschreibungspflichtige Arzneimittel. Eine Ausnahme von diesem generellen Anwendungsverbot besteht nur in den Fällen, in denen das Arzneimittel von dem Tierarzt verschrieben oder abgegeben worden ist, bei dem sich das Tier/die Tiere in Behandlung befinden.

57.3 Voraussetzungen und Ausnahmen

Erforderlich ist zunächst eine **Verschreibung** des Tierarztes. Diese muss die Angaben enthalten, die in § 2 Arzneimittelverschreibungsverordnung (AMVV) vorgeschrieben sind (Angabe der Tierart, Identität des Tieres, Dosierung pro Tier und Tag, Dauer der Anwendung, Indikation und Wartezeit sowie Name des Tierhalters). Die Verschreibung oder die Abgabe des (verschreibungspflichtigen) Arzneimittels darf des Weiteren nur durch den behandelnden Tierarzt erfolgen. Hinsichtlich des Begriffs der „Behandlung" (S. 30) wird auf die umfangreichen Ausführungen zu § 56 a AMG verwiesen.

57.3.1 Lebensmittelliefernde Tiere

Besonderheiten im Sinne von Verschärfungen bestehen dann, wenn die Anwendung bei Tieren erfolgen soll, die der Gewinnung von Lebensmitteln dienen. Hier greift die gesetzliche Vorschrift des § 58 AMG. Danach dürfen zusätzlich zu den vorbeschriebenen Anforderungen des § 57 a AMG Tierhalter und andere nichttierärztliche Personen verschreibungspflichtige Arzneimittel oder andere vom Tierarzt verschriebene oder erworbene Arzneimittel bei lebensmittelliefernden Tieren nur nach einer tierärztlichen Behandlungsanweisung für den betreffenden Fall anwenden.

Die Vorschrift soll sicherstellen, dass an Tieren und insbesondere an lebensmittelliefernden Tieren Arzneimittel nur unter den Voraussetzungen und Bedingungen eingesetzt werden, die der behandelnde Tierarzt gemäß § 56 a AMG bei der Anwendung, Verschreibung und Abgabe von Arzneimitteln zu beachten hat. Die Vorschrift dient insbesondere dem **Verbraucherschutz** und der **Lebensmittelsicherheit**. In praktischer Hinsicht ist die Regelung von strafrechtlicher Relevanz.

Beispiel

Ein Tierarzt gibt an einen Tierhalter ein verschreibungspflichtiges Arzneimittel (Antibiotikum) zur Anwendung durch den Tierhalter an lebensmittelliefernden Tieren ab. Die Abgabe erfolgt in einer den tatsächlichen Bedarf übersteigenden Menge, sodass nach der Anwendung des Arzneimittels eine Restmenge beim Tierhalter verbleibt. Dieser wendet die Restmenge ohne vorherige tierärztliche Konsultation in einem später in dem Tierbestand auftretenden Krankheitsfall eigenmächtig an.

Die Veterinärbehörden werfen einem Tierhalter in derartigen Fällen regelmäßig einen Verstoß gegen § 58 AMG vor, indem dieser ein verschreibungspflichtiges Arzneimittel ohne **eine tierärztliche Behandlungsanweisung** angewendet hat.

Tierärztliche Behandlungsanweisung

Eine solche tierärztliche Behandlungsanweisung muss für den betreffenden Anwendungsfall erteilt sein. Die Behandlungsanweisung erfolgt regelmäßig im Rahmen der Abgabe des Arzneimittels durch den Tierarzt. Meist dient dazu ein tierärztlicher Abgabe- und Anwendungsbeleg, welcher die notwendigen Informationen für eine ordnungsgemäße Behandlung enthält (Anzahl und Identität der Tiere, Diagnose, Dosierung, Behandlungsdauer, Wartezeit).

Es ist Aufgabe des Tierhalters zu entscheiden, ob die von ihm vorgenommene Anwendung von der Behandlungsanweisung des Tierarztes gedeckt ist. Ist die Anwendung von der erteilten Behandlungsanweisung nicht mehr gedeckt, ist eine erneute Behandlungsanweisung erforderlich. Dies gilt insbesondere im Falle der beabsichtigten Anwendung von Arzneimittel-Restmengen (S. 98).

Nicht verschreibungspflichtige, aber apothekenpflichtige Arzneimittel, deren Anwendung nicht aufgrund einer tierärztlichen Behandlungsanweisung erfolgt, dürfen gemäß § 58 Abs. 1 Satz 2 AMG nur angewendet werden, wenn sie zugelassen sind für die in der Kennzeichnung oder Packungsbeilage der Arzneimittel bezeichneten Tierarten und Anwendungsgebiete und in einer Menge, die nach Dosierung und Anwendungsdauer der Kennzeichnung des Arzneimittels entspricht.

Diese Voraussetzungen gelten ebenfalls nur bei der Anwendung bei lebensmittelliefernden Tieren und sind nur als Ausnahme für den Fall zu verstehen, dass eine ansonsten auch bei apothekenpflichtigen Arzneimitteln notwendige Behandlungsanweisung nicht vorliegen sollte (vgl. Kommentierung in Kloesel/Cyran zu § 58 Ziffer 7).

Fazit

Tierhalter dürfen verschreibungspflichtige Arzneimittel nur anwenden, soweit diese von dem behandelnden Tierarzt verschrieben oder abgegeben worden sind. Zur rechtmäßigen Anwendung bei lebensmittelliefernden Tieren ist eine tierärztliche Behandlungsanweisung für den konkreten Fall erforderlich.

58 Welche Folgen können Verstöße gegen §§ 57, 57a und 58a AMG haben?

Jürgen Althaus

58.1 Strafrechtliche Sanktionen

Der Erwerb **verschreibungspflichtiger Arzneimittel** entgegen § 57 AMG, also außerhalb einer Apotheke bzw. unter Umgehung eines behandelnden Tierarztes, stellt gemäß § 95 Abs. 1 Nr. 9 AMG eine **Straftat** dar, welche mit Freiheitsstrafe bis zu drei Jahren oder mit Geldstrafe bestraft wird.

Demgegenüber stellt der Erwerb **nicht verschreibungspflichtiger Arzneimittel** entgegen § 57 nach § 97 Abs. 2 Nr. 22 AMG eine **Ordnungswidrigkeit** dar, welche mit einer Geldbuße bis zu 25.000,00 EUR geahndet werden kann.

Die **Anwendung** eines verschreibungspflichtigen Arzneimittels unter Umgehung eines behandelnden Tierarztes gemäß § 57a AMG stellt nach § 97 Abs. 2 Nr. 22a ebenfalls eine **Ordnungswidrigkeit** dar, welche mit einer Geldbuße bis zu 25.000,00 EUR geahndet werden kann.

Anders verhält es sich wiederum bei der **Anwendung** eines verschreibungspflichtigen Arzneimittels bei lebensmittelliefernden Tieren ohne tierärztliche Behandlungsanweisung (§ 58 AMG). Diese stellt eine **Straftat** gemäß § 95 Abs. 1 Nr. 10 AMG dar und wird mit Freiheitsstrafe bis zu drei Jahren oder mit Geldstrafe bestraft.

58.2 Verwaltungsrechtliche Sanktionen

Zusätzlich zu den vorgenannten strafrechtlichen Sanktionen ist es denkbar, dass eine Behörde verwaltungsrechtliche Maßnahmen (Widerruf von Genehmigungen, Erteilung von Auflagen) ergreift, bis hin zu verwaltungsrechtlichen Verbots- und Untersagungsanordnungen. Schließlich ist unter bestimmten Voraussetzungen auch ein Verbot der Tierhaltung nach § 11 Tierschutzgesetz denkbar, wenn die für die Tierhaltung erforderlicher „Zuverlässigkeit" als fehlend angesehen wird.

Derartige verwaltungsrechtliche Sanktionen können neben den geschilderten strafrechtlichen Sanktionen zum Tragen kommen.

Fazit

Verstöße gegen §§ 57, 57a und 58a AMG werden – je nach Vergehen – als Ordnungswidrigkeiten oder Straftaten geahndet. Zusätzlich sind verwaltungsrechtliche Sanktionen möglich.

59 Welche Nachweispflichten gelten für den Tierhalter?

Jürgen Althaus

59.1 Tierhalter-Arzneimittelanwendungs- und Nachweisverordnung

Halter von lebensmittelliefernden Tieren müssen sowohl über den Erwerb als auch die Anwendung von apotheken- und verschreibungspflichtigen Arzneimitteln (auch Homöopathika) bei diesen Tieren Nachweise führen. Dies ergibt sich aus der Tierhalter-Arzneimittelanwendungs- und Nachweisverordnung. Diese Verordnung ist am 25.07.2015 in Kraft getreten und löste die zuvor gültige „Tierhalter-Arzneimittel-Nachweisverordnung" aus dem Jahre 2006 ab. Dabei sind die inhaltlichen Vorgaben der alten „Tierhalter-Arzneimittel-Nachweisverordnung" überwiegend erhalten geblieben.

Die Tierhalter-Arzneimittelanwendungs- und Nachweisverordnung gilt gemäß § 1 **ausschließlich** für die Halter von lebensmittelliefernden Tieren. Aus der Vorschrift ergibt sich ferner, dass Nachweise zu führen sind zum einem über den Erwerb von verschreibungs- und apothekenpflichtigen Arzneimitteln und zum anderen über die Anwendung von verschreibungs- und apothekenpflichtigen Arzneimitteln.

59.2 Nachweise

Die Nachweise sind in übersichtlicher und allgemein verständlicher Form zu führen. Die Form ist durch den Gesetzgeber nicht vorgeschrieben worden, so können die Nachweise in Papierform oder elektronisch geführt werden. Im Falle einer elektronischen Nachweisführung müssen die Daten **unveränderlich** sein. Praktisch scheidet somit eine Nachweisführung in Form einer jederzeit veränderbaren Excel-Tabelle aus.

Des Weiteren müssen die Nachweise übersichtlich, in allgemein verständlicher Form und zeitlich geordnet und darüber hinaus unverzüglich und in jedem Bestand geführt werden (vgl. § 1 Abs. 1 Sätze 3 und 4 Tierhalter-Arzneimittelanwendungs- und Nachweisverordnung).

59.2.1 Notwendige Angaben

Die Nachweise über den Erwerb von Arzneimitteln sind gemäß § 1 Abs. 2 der Verordnung:

- bei Abgabe eines Arzneimittels durch den Tierarzt der tierärztliche Arzneimittelabgabe- und Anwendungsbeleg (früher „AUA-Beleg") gemäß § 13 TÄHAV mit folgenden Pflichtangaben:
  - Anwendungs- oder Abgabedatum
  - fortlaufende Belegnummer des Tierarztes
  - Name und Adresse des Tierarztes
  - Name und Adresse des Tierhalters
  - Anzahl, Art und Identität der Tiere
  - Arzneimittelbezeichnung
  - angewendete oder abgegebene Menge
  - Wartezeit
- bei der Abgabe von Medikamenten an den Tierhalter zur Anwendung zusätzlich:
  - Diagnose
  - Chargenbezeichnung
  - Dosierung pro Tier und Tag
  - Dauer der Anwendung
- Original der Verschreibung, wenn verschreibungspflichtige Arzneimittel aus der Apotheke bezogen werden
- von sonstigen Arzneimitteln Belege, wie z. B. Rechnungen oder Lieferscheine, aus denen sich Lieferant, Art und Menge der Arzneimittel ergeben
- bei Fütterungsarzneimitteln die erste Durschrift der tierärztlichen Verschreibung
- (vgl. § 1 Abs. 2 Tierhalter-Arzneimittelanwendungs- und Nachweisverordnung)

59.3 Anforderungen an die Dokumentation

Der Tierhalter muss jede Anwendung von apotheken- und verschreibungspflichtigen Arzneimitteln bei lebensmittelliefernden Tieren unverzüglich dokumentieren oder dokumentieren lassen (§ 2 der Verordnung). Die Dokumentation ist für jeden Bestand eines Betriebes zu führen. Daraus folgt, dass ein Betrieb mehrere Dokumentationen zu führen hat, wenn mehrere Bestände geführt werden.

Praxistipp

Bislang war die Dokumentation unter der Bezeichnung „Bestandsbuch“ bekannt. Die Dokumentation kann als gebundenes Buch, als Karteikarte oder als zeitlich geordnete Sammlung von tierärztlichen Nachweisen mit ergänzenden Angaben der Anwendung durch den Tierhalter auf sogenannten Kombi-Belegen geführt werden.

Folgende Angaben müssen in übersichtlicher und allgemein verständlicher Form enthalten sein:

- Anzahl, Art und Identität der behandelten Tiere und, sofern zur Identifizierung der Tiere erforderlich, deren Standort
- Bezeichnung des angewendeten Arzneimittels
- Nummer des tierärztlichen Abgabebelegs, außer die Dokumentation erfolgt direkt auf dem Abgabebeleg (Kombibeleg)
- verabreichte Menge des Arzneimittels
- Datum der Anwendung
- Wartezeit in Tagen
- Name der Person, die das Arzneimittel angewendet hat (vgl. § 2 Tierhalter-Arzneimittelanwendungs- und Nachweisverordnung)

Eine besondere Bedeutung kommt in der Praxis der Dokumentation der Tieridentitäten zu. Dieses Problem stellt sich spiegelbildlich für Tierärzte bei der ihnen obliegenden Dokumentation der Arzneimittelabgabe gemäß § 13 TÄHAV. Die damit zusammenhängenden praktischen Probleme sind in Frage 36 (S. 108) ausführlich beschrieben, sodass an dieser Stelle der Einfachheit halber auf die dortigen Ausführungen verwiesen werden soll.

59.3.1 Pflichten des Tierhalters

Die sich aus der Tierhalter-Arzneimittelanwendungs- und Nachweisverordnung ergebenden Nachweispflichten richten sich ausschließlich an den Tierhalter. Er ist demnach dafür verantwortlich, dass jeder Erwerb und jede durchgeführte Anwendung von Arzneimitteln bei seinen Tieren nach den dort genannten Angaben dokumentiert wird.

Die entsprechende Nachweispflicht des Tierarztes bei der Abgabe von Arzneimitteln beschreibt § 13 TÄHAV.

Beispiel

In der Praxis kommt es in Einzelfällen durchaus vor, dass Tierärzte und Tierhalter ihre jeweiligen Dokumentationen aufeinander „abstimmen“, damit eventuelle Implausibilitäten kaschiert werden. Dies ist in der anwaltlichen Praxis meist dann festzustellen, wenn bei einer der betroffenen Personen eine Überprüfung durch die Überwachungsbehörde durchgeführt wurde und Gleiches bei der jeweils anderen Person droht.

In dieser Situation ist vor einem nachträglichen „Frisieren“ oder einem sogenannten „Totschreiben“ der Belege – erst recht in Absprache – zu warnen. Dies kann sich äußerst negativ auswirken, beispielsweise dann, wenn die Staatsanwaltschaft in einem derartigen gemeinsamen und abgesprochenen Verhalten eine Verdunklungsgefahr sieht, was nach den Regeln der Strafprozessordnung ein Grund für eine Untersuchungshaft darstellen kann.

Fazit

Insbesondere bei der Abgabe und Anwendung von Arzneimitteln bei lebensmittelliefernden Tieren kommt der Dokumentation eine große Bedeutung zu. Es kann aus diesem Grunde sowohl einem Tierarzt als auch einem Tierhalter nur dringend empfohlen werden, die erforderlichen Nachweise und Dokumentationen genau und wahrheitsgemäß nach den aufgezeigten Anforderungen zu führen. Nachlässigkeiten und Unregelmäßigkeiten können Bußgeldverfahren und im schlimmsten Falle sogar Strafverfahren nach sich ziehen.

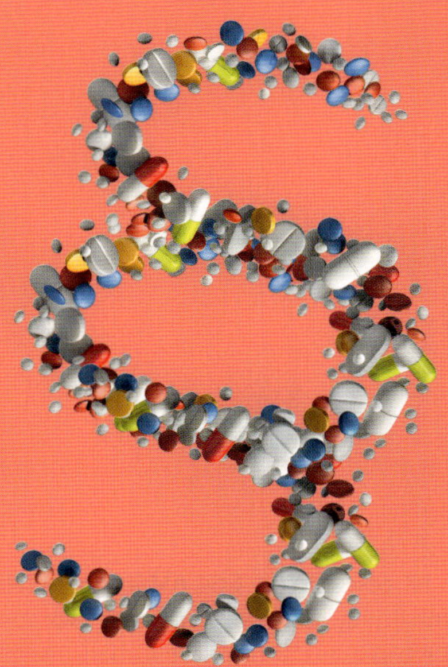

Fotolia©psdesign1

Teil 10 Apothekenprüfung

60 Wo findet sich die rechtliche Grundlage der Apothekenkontrolle?

Jürgen Althaus

Im Arzneimittelgesetz ist geregelt, dass und unter welchen Voraussetzungen niedergelassene Tierärzte im Rahmen des Führens einer tierärztlichen Hausapotheke am Verkehr mit Arzneimitteln teilnehmen, also insbesondere Arzneimittel an Tierhalter abgeben dürfen, vgl. „Dispensierrecht" (S. 18).

60.1 Verordnung über tierärztliche Hausapotheken

An den Betrieb einer tierärztlichen Hausapotheke sind dabei strenge Auflagen geknüpft, welche sich insbesondere aus der Verordnung über tierärztliche Hausapotheken (TÄHAV) ergeben. Demnach sind besondere Voraussetzungen an die Betriebsräume (Eignung, Zustand, Ausstattung, Nutzung), an die Geräte und Hilfsmittel (Kühlschrank, Messgeräte), an die in der Außenpraxis mitgeführten Arzneimittel, an die Herstellung und Aufbewahrung von Arzneimitteln (zum Beispiel Vorrats- und Abgabebehältnisse), an den Bezug, die Verschreibung sowie die Aufbewahrung von Betäubungsmitteln und insbesondere an den Nachweis des Erwerbs, der Herstellung, der Prüfung und den Verbleib von Arzneimitteln zu erfüllen. Daneben ist von zentraler Bedeutung, ob Arzneimittel vom Tierarzt im Rahmen einer ordnungsgemäßen Behandlung (S. 30) abgegeben bzw. angewendet werden.

60.2 Kontrolle durch zuständige Behörde

Es ist gesetzlich in § 64 AMG vorgesehen, dass die Einhaltung der vorgenannten Voraussetzungen durch die zuständigen Behörden überwacht werden, und dass zum Zwecke der Überwachung Kontrollen der tierärztlichen Hausapotheke durchgeführt werden sollen. In der genannten Vorschrift wird insbesondere geregelt, dass und wie die Überwachung von tierärztlichen Hausapotheken zu erfolgen hat, welche Rechte und Pflichten sowohl bei den die Überwachung durchführenden Institutionen als auch bei dem Tierarzt als Inhaber und Betreiber einer tierärztlichen Hausapotheke bestehen.

Oftmals verlaufen derartige behördliche Kontrollen der tierärztlichen Hausapotheke unspektakulär und glimpflich. Es gibt allerdings auch regelmäßig Kontrollen, bei denen Missstände oder Verstöße gegen Rechtsvorschriften durch die Überwachungsbehörde festgestellt oder zumindest behauptet bzw. vorgeworfen werden. In diesen Fällen kommt es mitunter vor, dass sich die Kontrollen schwieriger gestalten und möglicherweise sogar konfrontativ verlaufen. Dies ist insbesondere dann der Fall, wenn die Behörde dem Tierarzt wegen der (vermeintlichen) Begehung einer Ordnungswidrigkeit ein Bußgeld in Aussicht stellt oder gar wegen eines festgestellten oder behaupteten Verstoßes gegen Strafvorschriften die Abgabe des Verfahrens an die Staatsanwaltschaft und eine Meldung an die zuständige Tierärztekammer ankündigt.

Fazit

In der TÄHAV finden sich die Anforderungen an den Betrieb einer tierärztlichen Hausapotheke. Die Überprüfung der tierärztlichen Hausapotheke erfolgt nach § 67 AMG.

61 Welche Arten der Kontrolle gibt es?

Jürgen Althaus

Es gibt unterschiedliche Arten von Inspektionen. Im Allgemeinen unterscheidet man Regelinspektionen, Nachinspektionen und Inspektionen aus besonderem Anlass.

61.1 Regelinspektion

Lediglich die Regelinspektionen sind gesetzlich in § 64 Abs. 3 AMG geregelt. Diese sind „in der Regel" alle zwei Jahre und unangemeldet durchzuführen; dabei wird häufig sichergestellt, dass das Zeitintervall zwischen den Inspektionen nicht vorhersehbar ist.

61.2 Nachinspektion

Nachinspektionen werden gegebenenfalls durchgeführt, wenn bei Regelinspektionen Mängel festgestellt werden, deren Abstellung vor Ort überprüft werden muss.

61.3 Inspektion aus besonderem Anlass

Inspektionen aus besonderem Anlass werden situationsbezogen durchgeführt. Ein besonderer Anlass liegt beispielsweise vor bei

- Anzeige des Betriebs einer tierärztlichen Hausapotheke, einschließlich Änderungsanzeigen,
- Verdacht des Verstoßes gegen arzneimittelrechtliche Bestimmungen,
- Arzneimittelzwischenfällen und ähnlichem.

61.3.1 Anzeige des Betriebs einer tierärztlichen Hausapotheke

Bei dem vorgenannten Anlass „Anzeige des Betriebs einer tierärztlichen Hausapotheke" sollte beachtet werden, dass die erfolgreiche bzw. beanstandungsfreie Kontrolle der tierärztlichen Hausapotheke nicht Voraussetzung für die Erteilung der notwendigen Apothekenbescheinigung sein kann bzw. sein darf.

Das Abhängigmachen der Erteilung einer Apothekenbescheinigung (S. 125) von einer beanstandungsfreien Kontrolle der tierärztlichen Hausapotheke käme rechtlich einer „Genehmigung" gleich. Eine derartige „Genehmigung" ist allerdings im Arzneimittelgesetz nicht vorgesehen. Vielmehr sieht § 67 Abs. 1 AMG vor, dass Personen, die selbstständig und berufsmäßig Arzneimittel herstellen, prüfen, lagern, verpacken oder in den Verkehr bringen, lediglich verpflichtet sind, dies vor Aufnahme der Tätigkeit der zuständigen Behörde anzuzeigen.

Beispiel

In der Praxis kommt es gelegentlich vor, dass ein Tierarzt der zuständigen Behörde den Betrieb einer tierärztlichen Hausapotheke anzeigt, die Behörde allerdings sodann die Erteilung der notwendigen Apothekenbescheinigung als Voraussetzung des Arzneimittelbezugs davon abhängig macht, dass zunächst eine Kontrolle der tierärztlichen Hausapotheke durchgeführt wird und diese ohne Beanstandungen verläuft.

Ein derartiges Verhalten der Behörde ist nicht mit § 67 Abs. 1 S. 4 AMG vereinbar.

Fazit

Es gibt Regelinspektionen, Nachinspektionen und Inspektionen aus besonderem Anlass. Zu letzteren zählen auch die Kontrollen bei Aufnahme des Betriebs einer tierärztlichen Hausapotheke. Die Erteilung einer „Apothekenbescheinigung" darf allerdings nicht an eine solche Inspektion gebunden sein.

62 Welche Behörde ist für die Apothekenkontrolle zuständig?

Jürgen Althaus

Die Überwachung des Verkehrs mit Tierarzneimitteln wird von den Ländern vollzogen. Die Zuständigkeit für die Überwachung der Einhaltung arzneimittelrechtlicher Vorschriften durch Tierhalter und Tierärzte ist in den einzelnen Bundesländern zum Teil unterschiedlich geregelt.

62.1 Länderspezifische Regelung der Kontrollen

In einzelnen Bundesländern ist die Arzneimittelüberwachung den Regierungspräsidien übertragen, beispielsweise in Baden-Württemberg dem Regierungspräsidium Stuttgart oder dem Regierungspräsidium Tübingen (Stabsstelle Ernährungssicherheit). In anderen Bundesländern – beispielsweise Bayern – obliegt die Arzneimittelüberwachung den Kreisverwaltungsbehörden (z. B. den Landratsämtern).

Praxistipp

Gerade hier ist in der Praxis festzustellen, dass die Kontrollpraxis sich bei einzelnen Landratsämtern deutlich von derjenigen benachbarter Landratsämter unterscheiden kann.

In Schleswig-Holstein obliegt die Arzneimittelüberwachung dem Landeslabor Schleswig-Holstein. In Niedersachen erfolgt die Arzneimittelüberwachung – insoweit zentralisiert – durch das Niedersächsische Landesamt für Verbraucherschutz und Lebensmittelsicherheit (LAVES). Diese Form der Zentralisierung kann eine vereinheitliche Überprüfungspraxis gewährleisten.

In Nordrhein-Westfalen oblag die Arzneimittelüberwachung lange Zeit den zuständigen Kreis-Veterinärbehörden. Mit Wirkung zum 01.10.2015 war die Arzneimittelüberwachung erstmals zentralisiert und in den Zuständigkeitsbereich des Landesamts für Natur, Umwelt und Verbraucherschutz (LANUV) übertragen worden. Dies hat in der Tierärzteschaft Nordrhein-Westfalens zu einer erheblichen Verunsicherung und in den zurückliegenden Monaten zu vielfachen Diskussionen geführt, was letztlich zur Folge hatte, dass die Zentralisierung der Apothekenkontrolle durch das LANUV im Koalitionsvertrag von CDU und FDP im Juni 2017 wieder rückgängig gemacht und den Kreisveterinärämtern zurück übertragen wurde.

In Brandenburg liegt die Zuständigkeit demgegenüber bei den Veterinärämtern der Landkreise und kreisfreien Städte. Es sollen an dieser Stelle nicht alle zuständigen Behörden erwähnt werden.

Fazit

Von Bedeutung ist, dass sich die Überwachungszuständigkeiten der Bundesländer individuell gestalten und dass eine bundeseinheitliche Überwachungsbehörde nicht existiert. § 64 AMG spricht hier nur von der „zuständigen Behörde". Eine genaue Benennung wird allerdings nicht vorgenommen.

63 Nach welchen Kriterien erfolgt eine Apothekenkontrolle?

Jürgen Althaus

63.1 Einleitung

Anlässlich einer Apothekenkontrolle soll durch die zuständige Behörde gemäß § 64 AMG insbesondere geprüft werden, ob die arznei- und betäubungsmittelrechtlichen Bestimmungen zum Schutz des Verbrauchers vor Gesundheitsgefährdungen und zur Wahrung und Förderung der Gesundheit der Tiere eingehalten werden. Dabei wird insbesondere kontrolliert, ob die Voraussetzungen eingehalten werden, die in der Verordnung über tierärztliche Hausapotheken (TÄHAV) hinsichtlich der Betriebsräume, der Herstellung und Aufbewahrung von Arzneimitteln, der Geräte und Hilfsmittel, der in der Außenpraxis mitgeführten Arzneimittel und ähnliches eingehalten werden. Des Weiteren wird überprüft, ob die rechtlichen Vorschriften im Zusammenhang mit dem Betäubungsmittelverkehr sowie der Impfstoffverordnung eingehalten werden.

63.2 Verfahrensanweisung „Überwachung von tierärztlichen Hausapotheken“

Grundlage der Durchführung der Kontrolle ist in den meisten Fällen die Verfahrensanweisung „Überwachung von tierärztlichen Hausapotheken“ (Verfahrensanweisung 07 112 104) der Zentralstelle der Länder für Gesundheitsschutz bei Arzneimitteln und Medizinprodukten. Diese Verfahrensanweisung dient der Vereinheitlichung der Apothekenkontrolle und somit bundesweit der Qualitätssicherung. Es mag sein, dass einzelne Behörden eigene Kontrollverläufe niedergelegt haben. Diese basieren jedoch meist auf der genannten Verfahrensanweisung.

Die Verfahrensanweisung unterteilt sich in die eigentliche Anweisung zur Durchführung des Verfahrens (Planung, inhaltliche Vorbereitung von Inspektionen, Durchführung von Inspektionen, Eröffnungsbesprechung, Begehung der Betriebsräume und Überprüfung der vorhandenen Arzneimittel, Überprüfung der vorhandenen Unterlagen, Probenahme, Abschlussbesprechung, Inspektionsbericht, Nachbereitung der Inspektion inklusive notwendiger Maßnahmen) und insbesondere die Anlage I „Niederschrift über die Inspektion der tierärztlichen Hausapotheke“. Hier wiederum sind die Kriterien niedergelegt, nach welchen die Kontrolle durchgeführt wird.

63.3 Was wird geprüft?

Konkret erfolgt eine Überprüfung folgender Kriterien:

- Vorliegen einer Anzeige zum Betrieb der tierärztlichen Hausapotheke nach § 67 AMG
- Art und Größe der Praxis (z. B. Großtierpraxis, Kleintierpraxis, Gemischtpraxis, Pferdepraxis, Tierklinik, Spezialpraxis, beschäftigtes Personal, Behandlung von lebensmittelliefernden Tieren u. Ä.)
- Benennung des/der Verantwortlichen für die Hausapotheke
- Vorliegen von Betreuungsverträgen (Anzahl und Bestandsart)
- Aufbewahrung von Nachweisen auf Bild- oder Datenträgern
- Anzahl der ausschließlichen Apothekenbetriebsräume
- Vorliegen örtlich getrennter Betriebsräume
- Kenntlichmachung der Betriebsräume
- Eignung der Betriebsräume hinsichtlich Größe, Lage und Einrichtung
- Zustand der Betriebsräume (baulicher Zustand, hygienischer Zustand)
- Ausstattung der Betriebsräume (Wasseranschluss, Energieversorgungsanschluss, Beleuchtung)

- Nutzung der Betriebsräume zu praxisfremden Zwecken
- übersichtliche und getrennte Lagerung der Arzneimittel von anderen Mitteln
- Schutz vor unbefugtem Zugriff
- Sinnenprüfung von Fertigarzneimitteln
- Verfallsdatum der Arzneimittel
- Eignung von Vorrats-/Abgabebehältnissen
- ordnungsgemäße Kennzeichnung von Behältnissen
- Herstellung von Arzneimitteln
- vorhandene Gerätschaften und deren Zustand
- Verfügbarkeit einschlägiger Rechtsvorschriften
- in der Außenpraxis mitgeführte Arzneimittel (Anzahl der Praxisfahrzeuge, ordnungsgemäße Transportbehältnisse, ausreichende Kühlung, Menge der Arzneimittel, Mitführen von Betäubungsmitteln in der Außenpraxis, ausreichende Lagerung und Sicherung mitgeführter Arzneimittel)
- Einsatz, Bezug und Aufbewahrung von Betäubungsmitteln
- Nachweise von Betäubungsmitteln
- Verschreibung, Herstellungsauftrag und Nachweise von Fütterungsarzneimitteln
- Nachweise über Erwerb und Verbleib von Impfstoffen
- Lagerung von Impfstoffen
- Vorliegen von Ausnahmegenehmigungen nach der Tierimpfstoff-Verordnung
- Führung und Aufbewahrung ordnungsgemäßer Nachweise über den Erwerb, die Herstellung, die Prüfung und den Verbleib von Arzneimitteln
- Ordnungsgemäßheit der Behandlungen (Abgabe von Arzneimitteln nur im Rahmen einer ordnungsgemäßen Behandlung, Einhaltung von Abgabefristen, Versand von apothekenpflichtigen Arzneimitteln, Verbringen von Tierarzneimitteln aus EU-Mitgliedsstaaten, ordnungsgemäße Umwidmung von Arzneimitteln und ähnliches)

Praxistipp

Die Auflistung zeigt bereits, dass anlässlich einer Inspektion einer tierärztlichen Hausapotheke eine Vielzahl von Prüfungspunkten durch die Behörde abgearbeitet wird. Die genauen Kriterien sind in der „Niederschrift über die Inspektion in der tierärztlichen Hausapotheke“ festgehalten. Diese Niederschrift lässt sich problemlos im Internet (zlg.de) herunterladen.

63.4 Niederschrift über die Kontrolle

Über die Kontrolle der tierärztlichen Hausapotheke ist gemäß § 64 Abs. 3 d) AMG ein Bericht bzw. eine Niederschrift – meist unter Verwendung des Musters „Niederschrift über die Inspektion der tierärztlichen Hausapotheke“ – zu fertigen.

In dieser Niederschrift sind die **wesentlichen Ergebnisse** aufzuführen. Des Weiteren sind **besondere Vorkommnisse** und Beanstandungen sowie getroffene Anordnungen zu vermerken. Auch **Mängel**, die bereits während der Überprüfung abgestellt wurden, sind zu vermerken. Darüber hinaus sind etwaige Einwendungen gegen ausgesprochene Beanstandungen oder sonstige relevante Feststellungen und Festlegungen niederzuschreiben.

Die Niederschrift ist durch die Kontrollperson zu unterschreiben und dem bei der Kontrolle anwesenden Praxisinhaber bzw. dem für den Betrieb der tierärztlichen Hausapotheke verantwortlichen Tierarzt zur Kenntnis zu geben. Diese sollen mit ihrer Unterschrift die Kenntnisnahme bestätigen und versichern, dass außer in den besichtigten Räumen und Praxisfahrzeugen keine Arzneimittel oder sonstige pharmakologische Stoffe vorhanden sind und dass die von ihnen zu führenden Nachweise vollständig vorgelegt wurden. Des Weiteren soll dadurch bestätigt werden, dass der Inhalt der Niederschrift zur Kenntnis genommen und das Ergebnis mündlich erläutert wurde.

Die Niederschrift über die Kontrolle ist dem verantwortlichen Tierarzt entweder unmittelbar im Anschluss auszuhändigen oder zu übersenden.

Fazit

Die Kontrollbehörde arbeitet im Rahmen einer Apothekenkontrolle meist die Kriterien ab, die in der Verfahrensanweisung „Überwachung von tierärztlichen Hausapotheken“ niedergelegt sind. Einem für den Betrieb einer tierärztlichen Hausapotheke verantwortlichen Tierarzt kann empfohlen werden, die tierärztliche Hausapotheke von Zeit zu Zeit selbst danach zu überprüfen, ob die in der Verfahrensanweisung niedergelegten Kriterien erfüllt sind. Dadurch können möglicherweise für den Fall einer behördlichen Kontrolle Mängel vermieden werden.

64 Was wird häufig von der Kontrollbehörde bemängelt?

Jürgen Althaus

64.1 Einleitung

Die vorangegangenen Kapitel enthalten umfassende Ausführungen dazu, unter welchen Voraussetzungen Arzneimittel durch einen Tierarzt angewendet, abgegeben und verschrieben werden dürfen, in welcher Form die Anwendung oder die Abgabe von Arzneimitteln zu dokumentieren ist und welche Kriterien durch die Überwachungsbehörde bei der Kontrolle einer tierärztlichen Hausapotheke geprüft werden.

64.2 Häufige Beanstandungen

Aus vorliegenden Niederschriften über die Inspektion tierärztlicher Hausapotheken, aus Bußgeldbescheiden und Strafanzeigen sowie aus behördlicherseits mitgeteilten Informationen lassen sich folgende häufige Beanstandungen feststellen:

64.2.1 Beanstandungen im Bezug auf Nachweise gemäß § 13 TÄHAV (Abgabebelege)

- Anzahl: Die Anzahl der zu behandelnden Tiere fehlt.
- Art: Die Art der zu behandelnden Tiere (Kuh, Mastbulle, Kalb, Saugferkel, Ferkel, Mastschwein, Sau und ähnliches) fehlt.
- Identität: Die detaillierte Angabe der Identität (Ohrmarkennummer, Gruppe, Bucht, Abferkelgruppe, Flatdeck, Gewichtsklasse und ähnliches) fehlt.
- Dosierung: Die Dosierung ist pro Tier und Tag angegeben anstatt einer pauschalen Angabe pro Kilogramm/KGW.
- Diagnose: Es werden Symptome dokumentiert anstatt der Angabe einer konkreten Diagnose (beispielsweise bakterielle Infektion des Atmungs-, Verdauungs-, Harn- und Geschlechtsapparate und ähnliches).
- Anwendungsdauer: Es fehlt die konkrete Angabe der Anwendungsdauer; die Angabe einer Zeitspanne „5 bis 7 Tage" ist ausreichend.
- Name des behandelnden Tierarztes: Der Name des behandelnden Tierarztes ist nicht lesbar und damit die Verantwortlichkeit nicht nachvollziehbar.
- elektronisch erstellte Nachweise: Es fehlt die kritische Überprüfung der vorgeschlagenen Angaben durch das System und die individuelle Anpassung eines elektronisch erfassten Nachweises.

64.2.2 Mängel im Bereich der „Bilanzierung"

- Es fehlt die jährliche Aufrechnung von Ein- und Ausgängen gegen die vorhandenen Bestände gemäß § 13 TÄHAV.
- Es wurde keine Ermittlung des Ist-Bestandes durch Inventur vorgenommen.
- Es fehlt die Dokumentation der Bilanzierung und Bestätigung mit Datum und Unterschrift.
- Es fehlt die Erklärung/Begründung von Differenzen.

64.2.3 Mängel bei Bezug von Arzneimitteln

- Bezug von Arzneimitteln, die nicht der Erfüllung der Aufgaben des Tierarztes dienen

64.2.4 Mängel in Bezug auf die Umwidmung von Arzneimitteln

- Es liegt kein Therapienotstand vor.
- Ein zugelassenes Arzneimittel für die betreffende Tierarzt oder das Anwendungsgebiet ist im Handel erhältlich.
- Es liegt keine ernstliche Gefährdung bzw. eine schwere Erkrankung vor.
- Es besteht ein Risiko für Mensch und Tier.
- Der Therapienotstand wurde aus Kostengründen oder Praktikabilitätsgründen angenommen.
- Es wurden nicht zugelassenem EU-Arzneimittel für lebensmittelliefernde Tiere umgewidmet.

64.2.5 Mängel im Bereich der Betäubungsmittel

- Zu- und Abgänge werden nicht unverzüglich eingetragen.
- Abgleich des Soll- und Ist-Bestandes und Abzeichnen durch den verantwortlichen Tierarzt erfolgt nicht bzw. verspätet.

64.2.6 Mängel im Bezug auf abgelaufene Arzneimittel

- Abgelaufene Arzneimittel werden nicht von anderen Arzneimitteln getrennt aufbewahrt.
- Zur Vernichtung vorgesehene Arzneimittel werden nicht unter Kenntlichmachung des Erfordernisses der Vernichtung gelagert.
- Die Durchführung der Vernichtung wird nicht mit Mengenangabe, Datum und Unterschrift bestätigt.

64.2.7 Mängel im Zusammenhang mit arzneimittelrechtlichen Vorschriften

- Abgabe von Arzneimitteln für von dem Tierarzt nicht behandelte Tiere
- Anwendung/Abgabe nicht zugelassener Arzneimittel
- Abgabe einer unangemessenen Menge
- Überschreitung der 7- bzw. 31-Tage-Regel
- rechtswidrige Abgabe auf Vorrat
- keine Kontrolle des Behandlungserfolges

64.3 Zusammenfassung

Die vorstehende Auflistung soll keinesfalls abschließend sein. Vielmehr sollen die in der Praxis häufigsten Mängel und daraus resultierenden Beanstandungen dargestellt werden.

65 Welche Befugnisse hat die Kontrollbehörde?

Jürgen Althaus

65.1 Fragestellung

Hier handelt es sich um eine Frage, die in der Praxis häufig – nahezu bei jeder Kontrolle der tierärztlichen Hausapotheke – gestellt wird. Einem für den Betrieb und die Führung der tierärztlichen Hausapotheke verantwortlichen Tierarzt dürfte eine Kontrolle der Hausapotheke regelmäßig ungelegen kommen oder meist auch unangenehm erscheinen. Nicht selten tauchen Fragen auf, wie etwa: „Die Kontrolleure stehen vor der Praxistür. Muss ich sie überhaupt hereinlassen?“ Oder: „Dürfen die Kontrolleure einfach Schränke öffnen, Unterlagen einsehen und sogar das Praxisfahrzeug durchsuchen?“.

65.2 Befugnisse der zuständigen Behörde

Die Befugnisse der Überwachungsbehörde ergeben sich aus den gesetzlichen Vorschriften der §§ 64 ff. AMG. So haben sich die Kontrollpersonen nach § 64 Abs. 3 AMG davon zu überzeugen, dass die Vorschriften über Arzneimittel, Wirkstoffe, über die Werbung auf dem Gebiet des Heilwesens und über das Apothekenwesen beachtet werden.

Die mit der Überwachung beauftragten Personen sind dabei nach § 64 Abs. 4 AMG insbesondere zu folgenden Maßnahmen befugt:

- Grundstücke, Geschäftsräume, Betriebsräume, Beförderungsmittel und zur Verhütung dringender Gefahr für die öffentliche Sicherheit und Ordnung auch Wohnräume zu den üblichen Geschäftszeiten zu betreten, zu besichtigen sowie in Geschäftsräumen, Betriebsräumen und Beförderungsmitteln zur Dokumentation Bildaufzeichnungen anzufertigen. Das Grundrecht des Artikel 13 Grundgesetz auf Unverletzlichkeit der Wohnung wird insoweit eingeschränkt,
- Unterlagen über Entwicklung, Herstellung, Prüfung, klinische Prüfung oder Rückstandsprüfung, Erwerb, Lagerung, Verpackung, in Verkehr bringen und sonstigen Verbleib der Arzneimittel sowie das im Verkehr befindliche Werbematerial einzusehen,
- Abschriften oder Ablichtungen von den vorgenannten Unterlagen oder Ausdrücke oder Kopien von Datenträgern, auf denen die vorgenannten Unterlagen gespeichert sind, anzufertigen oder zu verlangen, soweit es sich nicht um personenbezogene Daten von Patienten handelt,
- von natürlichen und juristischen Personen und nicht rechtsfähigen Personenvereinigungen alle erforderlichen Auskünfte, insbesondere über die vorstehend genannten Betriebsvorgänge zu verlangen und
- vorläufige Anordnungen, auch über die Schließung des Betriebes oder der Einrichtung zu treffen, soweit es zur Verhütung dringender Gefahren für die öffentliche Sicherheit und Ordnung geboten ist.

Merke

Der Überwachungsbehörde werden im Hinblick auf das Betreten von Räumlichkeiten und im Hinblick auf die Dokumentation sehr weitreichende Rechte eingeräumt.

Im Einzelfall ist die Überwachungsbehörde gemäß § 65 AMG befugt, gegen Empfangsbescheinigung Proben nach ihrer Auswahl zum Zwecke der Untersuchung zu fordern oder zu entnehmen.

Somit sind Kontrollpersonen anlässlich der Kontrolle der tierärztlichen Hausapotheke sehr wohl gesetzlich befugt, Räume zu betreten, Behältnisse, das Praxisfahrzeug zu durchsuchen, Kopien zu fertigen und Daten und Unterlagen einzusehen, zu kopieren und zu speichern.

Praxistipp

Es kann an dieser Stelle den für die Führung und den Betrieb der tierärztlichen Hausapotheke verantwortlichen Tierärzten nur empfohlen werden, sich bei einer Kontrolle der tierärztlichen Hausapotheke diese weitgehenden Befugnisse der Kontrollpersonen zu vergegenwärtigen. Es scheint nicht sinnvoll, sich derartigen Maßnahmen zu widersetzen oder einzelne Maßnahmen zu verweigern. Dies birgt ansonsten frühzeitig die Gefahr einer Eskalation in sich, bevor die eigentliche Kontrolle überhaupt stattgefunden hat.

Fazit

Die Kontrollbehörden haben sehr weitgehende Befugnisse, die im Zweifelsfall auch zwangsweise durchgesetzt werden können. Es erscheint meist nicht sinnvoll, sich behördlichen Maßnahmen zu widersetzen.

66 Welche Rechte und Pflichten hat der Tierarzt?

Jürgen Althaus

66.1 Mitwirkungspflicht

Es ist in der voranstehenden Frage bereits beschrieben worden, welche Befugnisse die Kontrollbehörde (S. 163) hat. Der für die Führung und den Betrieb der tierärztlichen Hausapotheke verantwortliche Tierarzt ist verpflichtet, die in den §§ 64 und 65 AMG genannten Maßnahmen zu dulden und die in der Überwachung tätigen Personen bei der Erfüllung ihrer Aufgabe zu unterstützen.

Es besteht insoweit eine gesetzlich festgelegte Duldungs- und **Mitwirkungspflicht**. Dies beinhaltet insbesondere die Verpflichtung, den Überwachungsbehörden auf Verlangen die Räume und Praxisfahrzeuge zu bezeichnen, Räume, Fahrzeuge, Behälter und Behältnisse zu öffnen, Auskünfte zu erteilen, Kopien zu fertigen, Daten zu kopieren und die Entnahme von Proben zu ermöglichen.

66.2 Auskunftspflicht

Darüber hinaus ist der betroffene Tierarzt verpflichtet, die von der Kontrollbehörde gewünschten Informationen mitzuteilen. Gemäß § 65 Abs. 5 AMG darf der zur Auskunft verpflichtete Tierarzt die Auskunft nur auf solche Fragen **verweigern**, deren Beantwortung ihn selbst oder einem Angehörigen der Gefahr strafrechtlicher Verfolgung oder eines Verfahrens nach dem Gesetz über Ordnungswidrigkeiten aussetzen würde.

Merke
Es ist festzuhalten, dass neben den Befugnissen der Behörde spiegelbildlich auch die Verpflichtungen des betroffenen Tierarztes sehr weitgehend sind.

Die häufig formulierte Einstellung „Wenn schon meine Hausapotheke unaufgefordert und ungewollt kontrolliert wird, so werde ich die Kontrollpersonen sicherlich nicht auch noch unterstützen!“ ist angesichts der häufig aufkommenden Stresssituation sicherlich nachvollziehbar, findet allerdings keine rechtliche Stütze und **führt kaum zu einer Verbesserung des Ergebnisses der Kontrolle.**

Dennoch sollten auch die Überwachungspersonen bei Gelegenheit daran erinnert werden, dass sie zwar zur Kontrolle befugt sind, dass dieses allerdings nicht mit einschließt, die Arbeitskraft des Tierarztes über viele Stunden hinweg zu binden oder die Praxisabläufe nachhaltig zu stören.

Praxistipp
Sofern der verantwortliche Tierarzt aus praxisbetrieblichen Gründen (z. B. aktuelle Durchführung eines Bestandsbesuchs, operative Tätigkeit in der Kleintierpraxis und ähnliches) außer Stande sein sollte, an der geplante Kontrolle der Apotheke teilzunehmen, so sollte dies gegenüber der Kontrollperson kommuniziert werden, verbunden mit der Bitte um Durchführung der Kontrolle zu einem anderen Zeitpunkt.

Dies dürfte erfahrungsgemäß zumindest dann unproblematisch sein, wenn es sich um eine Regelinspektion handelt.

Fazit
Der für den Betrieb der tierärztlichen Hausapotheke verantwortliche Tierarzt ist verpflichtet, die gesetzlich vorgesehenen Kontrollmaßnahmen durch die Behörde zu dulden, die Kontrollpersonen zu unterstützen, angeforderte Unterlagen und Informationen herauszugeben und Räumlichkeiten zu öffnen. Erfahrungsgemäß wirken sich unberechtigte Weigerungen negativ auf das Kontrollergebnis aus.

67 Welche Maßnahmen kann die Behörde nach einer Kontrolle ergreifen?

Jürgen Althaus

67.1 Einleitung

Betroffene Tierärzte sind meist äußerst überrascht, wenn sie erfahren, dass gegen sie ein Bußgeldverfahren oder ein Strafverfahren eingeleitet wurde. Bevor ein Tierarzt Kenntnis von diesem Umstand erhält, sind im Vorfeld meist bereits Kontrollen, Ermittlungen und ähnliches durchgeführt worden.

Merke
In der Praxis ist die Einleitung eines Bußgeldverfahrens oder eines Strafverfahrens gegen einen Tierarzt meist die Folge einer Kontrolle der tierärztlichen Hausapotheke.

Im Rahmen einer derartigen Kontrolle wird von Seiten der Kontrollbehörde die tierärztliche Hausapotheke nach verschiedenen tatsächlichen und rechtlichen Kriterien überprüft. So wird beispielsweise überprüft, ob die Abgabe von Arzneimitteln durch den Tierarzt regelmäßig nach einer ordnungsgemäßen Behandlung (S. 30) im Sinne des § 56 a Abs. 1 AMG erfolgt. Oder es wird im Rahmen der Kontrolle der Behandlungsdokumentation (S. 104) überprüft, ob der Tierarzt die tierärztlichen Anwendungs- und Abgabebelege ordnungsgemäß gemäß § 13 TÄHAV ausgefüllt hat.

67.2 Mögliche Verfahren

Sofern im Rahmen der Apothekenkontrolle Mängel festgestellt werden sollten, so führen diese Mängel häufig zur Einleitung verschiedener Verfahren.

67.2.1 Mangelbehebung

Im besten Falle belehrt die Kontrollbehörde den Tierarzt lediglich schriftlich über die festgestellten Mängel und fordert diesen – ohne weitere Konsequenzen – auf, die festgestellten Mängel kurzfristig zu beheben.

67.2.2 Anordnung durch die Kontrollbehörde

Es muss allerdings keineswegs bei einer derartig harmlosen Maßnahme bleiben. So kann die Kontrollbehörde beispielsweise einen Bescheid gegen den Tierarzt erlassen, mit welchem der Tierarzt in Form von Anordnungen durch die Behörde zu einem bestimmten Verhalten verpflichtet wird. Eine solche Anordnung kann beispielsweise (aus einem Originalbescheid eines Landratsamtes) wie folgt lauten:

„ 1. Sie haben bei der Abgabe und Anwendung von Arzneimitteln bei Tieren, die der Lebensmittelgewinnung dienen, die tierärztlichen Abgabe- und Anwendungsbelege hinsichtlich der Anzahl und der Identität der Tiere korrekt zu führen.
2. Die Diagnose ist auf dem Anwendungs- und Abgabebeleg korrekt anzugeben.
3. Die Anwendung der Arzneimittel ist durch Sie als Tierarzt entsprechend zu kontrollieren (§ 12 Abs. 2 Nr. 2 TÄHAV) und auch zu dokumentieren, zum Beispiel indem Sie die Dokumentation der Anwendung durch den Tierhalter nach der Tierhalter-Arzneimittel-Nachweisverordnung in regelmäßigen Abständen auf Plausibilität und Vollständigkeit überprüfen und dies durch Datum und Unterschrift auf den Belegen vermerken.
4. Die Ziffern 1–3 dieses Bescheids werden für sofort vollziehbar erklärt.

5. Für den Fall, dass Sie gegen die Ziffern 1–3 dieses Bescheids verstoßen, wird ein Zwangsgeld in Höhe von 500,00 € je Verstoß gegen eine der Kennziffern 1–3 festgesetzt und für fällig erklärt.
6. Sie haben die Kosten des Verfahrens zu tragen."

67.2.3 Bußgeld

Eine weitere Möglichkeit besteht darin, dass als Folge der Apothekenkontrolle Verstöße gegen Bußgeldtatbestände, also Ordnungswidrigkeiten, festgestellt werden. Ein daraufhin gegen den Tierarzt ergehender Bußgeldbescheid kann beispielsweise (ebenfalls einem Originalbescheid eines Landratsamts entnommen) wie folgt aussehen:

„Sehr geehrter Herr Dr. ...,
Ihnen wird zur Last gelegt, folgende Ordnungswidrigkeit vorsätzlich begangen zu haben:
Entgegen § 13 Abs. 1 S. 2 Nr. 5 TÄHAV dokumentieren Sie nicht selber die Anzahl und Identität der Tiere, die zu behandeln ist. Sie lassen sich zu einem Zeitpunkt nach der Abgabe der Antibiotika vom Tierhalter Ohrmarkenlisten nachliefern und nehmen diese zu Ihrer Dokumentation.
...
Verletzte Vorschriften: § 15 Nr. 8 i. V. m. § 13 Abs. 3 i. V. m. Abs. 1 S. 2 TÄHAV, § 97 Abs. 2 Nr. 31 AMG.
Gemäß § 17 des Gesetzes über Ordnungswidrigkeiten (OWIG) wird gegen Sie eine Geldbuße in Höhe von 500,00 € festgesetzt."

67.2.4 Strafrechtliche Verfahren

Schließlich bleibt es auch denkbar, dass die Kontrollbehörde anlässlich der Apothekenkontrolle glaubt, ein strafrechtliches relevantes Verhalten des Tierarztes feststellen zu können, zum Beispiel wenn der Tierarzt Arzneimittel an Tierhalter abgibt, sofern er dessen Tiere vor der Abgabe nicht ordnungsgemäß untersucht hat.

Beispiel

In einem derartigen Fall verhält es sich meist so, dass die Veterinärbehörde die zuständige Staatsanwaltschaft anschreibt und dort Strafanzeige gegen den Tierarzt erstattet. Im Rahmen einer derartigen Strafanzeige beschreibt die zuständige Veterinärbehörde der Staatsanwaltschaft den Grund, den Verlauf und das Ergebnis der durchgeführten Kontrolle. Sodann wird regelmäßig die Strafvorschrift genannt, gegen die der betroffene Tierarzt verstoßen haben soll. Schließlich erfolgen meist – und dies ist in verfahrensrechtlicher Sicht sehr bedeutsam – rechtliche Ausführungen der Veterinärbehörde. Dies erscheint aus Sicht der Veterinärbehörde oftmals erforderlich, um die Staatsanwaltschaft, die mit der relativ komplizierten Materie des Arzneimittelrechts oft wenig zu tun hat, zu „briefen".

Schließlich enthält eine Strafanzeige der Veterinärbehörde oftmals folgende abschließende Sätze:

„Sofern zur Aufklärung des Sachverhaltes eine Durchsuchung der Tierarztpraxis beabsichtigt werden sollte, könnte von hier eine Mitarbeiterin aus dem Aufgabenbereich Tierarzneimittelüberwachung als Sachverständige zur Verfügung gestellt werden.
Ich bitte um Mitteilung des dortigen Aktenzeichens und um Unterrichtung über den Ausgang des Strafverfahrens. Sofern eine Einstellung des Verfahrens erwogen werden sollte, bitte ich, mir zuvor Gelegenheit zu einer Stellungnahme zu geben."

Merke

Die vorstehend zitierten Sätze lassen die Vermutung aufkommen, dass in einem strafrechtlichen Ermittlungsverfahren gegen einen Tierarzt eine relativ enge Verbindung bzw. ein reger Austausch zwischen der anzeigeerstattenden Veterinärbehörde einerseits und der ermittelnden Staatsanwaltschaft andererseits besteht bzw. erfolgt.

So ist in der anwaltlichen Praxis festzustellen, dass selbstverständlich die Staatsanwaltschaft als objektive und unabhängige Ermittlungsbehörde eine eigene rechtliche Würdigung eines Sachverhaltes vornimmt, diese allerdings häufig auf einer vorangehenden Stellungnahme des Veterinäramtes basiert.

Sofern in einer Praxis in der Vergangenheit bereits mehrfach eine Kontrolle der tierärztlichen Hausapotheke durchgeführt und dort Mängel festgestellt worden sein sollten, so bescheinigen die Veterinärbehörden dem Tierarzt häufig eine gewisse „Ignoranz“ bzw. „Belehrungsresistenz“, was sich bei Bußgeldverfahren oft auf die Höhe des festzusetzenden Bußgeldes und bei Strafverfahren unter Umständen auf die negative Bewertung des Verhaltens des Tierarztes und als deren Folge auf die Höhe der strafrechtlichen Sanktionen auswirkt.

Fazit

Sofern im Rahmen einer Apothekenkontrolle Missstände in der tierärztlichen Hausapotheke bemängelt werden, so bleibt das Verfahren oftmals nicht auf die behördliche Anordnung zur Behebung der Missstände beschränkt. Vielmehr kann die Apothekenkontrolle in derartigen Fällen weitere Verfahren (Verbotsanordnungen, Bußgeldverfahren und im schlimmsten Fällen sogar Strafverfahren) nach sich ziehen.

68 Wer trägt die Kosten einer Apothekenkontrolle?

Jürgen Althaus

68.1 Einleitung

Immer wieder zeigen sich betroffene Tierärzte äußerst negativ überrascht, wenn ihnen nach einer negativ verlaufenden Apothekenkontrolle nicht nur ein behördlicher Anordnungsbescheid, gegebenenfalls mit einem Ordnungs- oder Zwangsgeld, ein Bußgeldbescheid oder Ähnliches, sondern darüber hinaus auch ein Gebührenbescheid zugeht, in welchem dem betroffenen Tierarzt die durch die Kontrollbehörde veranlassten Gebühren in Rechnung gestellt werden.

68.2 Rechtliches

Die von den Kontrollbehörden erstellten Gebührenbescheide finden ihre Rechtsgrundlage in entsprechenden Vorschriften der Landesgebührengesetze, zum Teil mit darauf beruhenden Gebührenverzeichnissen oder Verwaltungsgebührenordnungen. Danach erheben die staatlichen Behörden für Amtshandlungen, die sie auf Veranlassung oder im Interesse Einzelner vornehmen, Verwaltungsgebühren nach diesen Gesetzen.

Merke

Gebührenschuldner nach den Landesgebührengesetzen, das heißt zur Zahlung verpflichtet ist, wer die Amtshandlung veranlasst oder in wessen Interesse sie vorgenommen wurde.

Häufig führen Tierärzte an dieser Stelle als Argument an, dass man die Apothekenkontrolle überhaupt nicht gewollt, somit auch nicht veranlasst habe und dass die Kontrolle nicht in ihrem Interesse durchgeführt wurde.

§ Urteil

Der unbestimmte Rechtsbegriff des „Veranlassens“ war im Zusammenhang mit Kosten- und Gebührenbescheiden bereits Gegenstand mehrerer gerichtlicher Urteile, so zum Beispiel des Urteils des Verwaltungsgerichtshofs Baden-Württemberg vom 02.04.1998, Az. 2 S 1148/97.

Eine Veranlassung liegt danach dann vor, wenn die Kontrolle von der betreffenden Person – hier dem Verantwortlichen der tierärztlichen Hausapotheke – in rechtlich zurechenbarer Weise verursacht worden ist.

Nach der vorzitierten Entscheidung des Verwaltungsgerichtshofs Baden-Württemberg findet die Überwachungstätigkeit nach ihrer in § 64 AMG beschriebenen gesetzlichen Ausgestaltung im Pflichten- und Interessenkreis des jeweiligen Betreibers der tierärztlichen Hausapotheke statt und zwar nach der Gesetzesintention ausnahmslos für alle so Betroffenen im Geltungsbereich des Gesetzes.

Aufgrund der gesetzlichen Regelungen verursacht der Verantwortliche für die Führung und den Betrieb der tierärztlichen Hausapotheke nach der genannten Entscheidung den Tatbestand, der die Überwachungshandlung der zuständigen Behörde bedingt, mit der Folge, dass ihm diese Amtshandlung auch individuell zurechenbar ist. Dabei ist es unerheblich, ob der betroffene Tierarzt einen individuellen, namentlich wirtschaftlichen Vorteil aus dieser Amtshandlung zieht.

Zusammenfassend geht die Rechtsprechung davon aus, dass Betriebsbesichtigungen von Apotheken nach § 64 AMG jedenfalls auch auf Veranlassung des jeweiligen Betreibers der Apotheke erfolgen und daher gebührenfähige Amtshandlungen sind. Rechtsstreitigkeiten dürften daher in den meisten Fällen kaum Aussicht auf Erfolg bieten.

69 Wie hoch sind die Kosten einer Kontrolle?

Jürgen Althaus

Als Mitte des Jahres 2015 die Entscheidung der Landesregierung Nordrhein-Westfalens mitgeteilt wurde, die Arzneimittelüberwachung in Nordrhein-Westfalen zu zentralisieren und dem Landesamt für Naturschutz, Umwelt und Verbraucherschutz (LANUV) zu übertragen, wurden in der Tierärzteschaft – nicht zuletzt auch aufgrund entsprechender Veröffentlichungen – hitzige Diskussionen über die Folgen dieser Maßnahme geführt. Eine dieser Folgen wurde regelmäßig damit zitiert, dass Apothekenkontrollen in Nordrhein-Westfalen zukünftig „12 000 €" kosten. Die Nennung dieses Betrages schürte die Angst vor eine Apothekenkontrolle.

69.1 Rechtliches

Wie bereits in Frage 68 (S. 169) dargestellt wurde, finden behördliche Gebührenbescheide ihre Rechtsgrundlage in den jeweiligen Landesgebührengesetzen, in Verbindung mit den jeweiligen und auf den Gebührengesetzen beruhenden Gebührenverzeichnissen oder Verwaltungsgebührenordnungen. Diese Gebührenverzeichnisse und Verwaltungsgebührenordnungen sehen meist nach dem Kostendeckungsprinzip einen Gebührenrahmen vor.

Beispiel

In dem Gebührengesetz z. B. für das Land NRW i. V. m. der Tarifstelle 23.7.1.3. der allgemeinen Verwaltungsgebührenordnung NRW wird ein Gebührenrahmen zwischen 50 und 12 000 € vorgesehen. Es erfolgt zumeist eine Berechnung des Zeitaufwandes für die Bearbeitung, also die gesamte Kontrolle (Vor- und Nachbereitung, Fahrzeit, Kontrolltätigkeit vor Ort). Hier werden dann Stundensätze in der Größenordnung von 70,00 € – 100,00 € vorgesehen.

Merke

Die Anzahl der Stundensätze und somit die Höhe der Gebühr hängt maßgeblich davon ab, wie weitgehend eine Kontrolle durchgeführt werden musste, inwieweit Mängel festgestellt wurden, vom Umfang des gelagerten Medikamentenbestandes und somit vom Umfang der Dokumentation und Ähnliches.

Letztlich wird auch die Gesamtgröße der Praxis und der Apotheke in die Gebührenrechnung einfließen. Es ist auch denkbar, dass der Umsatz der tierärztlichen Hausapotheke als Bemessungskriterium herangezogen wird.

Jedenfalls ist davon auszugehen, dass die Ausschöpfung der Höchstgebühr nur vereinzelt in Betracht kommen kann. Dies dürfte nach Mitteilung der Landesregierung Nordrhein-Westfalen nur für solche tierärztlichen Praxen in Betracht kommen, die aufgrund eines sehr hohen Umsatzes in der Hausapotheke einen entsprechenden Überwachungsaufwand erfordern.

Fazit

Die Berechnung der Kosten für eine Apothekenkontrolle folgt den jeweiligen Gebührengesetzen der Landesbehörden. Sie orientieren sich an Aufwand der Kontrolle sowie ggf. dem Umsatz der Tierarztpraxis.

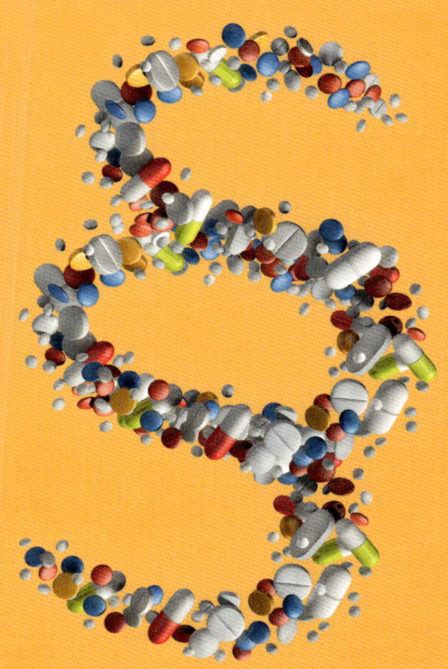

Fotolia©psdesign1

Teil 11 Strafverfahren/Ordnungswidrigkeitenverfahren

70 Welche Rolle hat die Arzneimittelüberwachungsbehörde bei der Einleitung eines Bußgeld- und Strafverfahrens?

Jürgen Althaus

Wie bereits in Frage 64 (S. 161) beschrieben wurde, ist es denkbar, dass die Veterinärbehörde anlässlich der Kontrolle einer tierärztlichen Hausapotheke Mängel feststellt bzw. die Nichteinhaltung arzneimittelrechtlicher Bestimmungen attestiert. Soweit es sich um geringfügige Mängel handelt, wird die Behörde möglicherweise eine Frist zur **Beseitigung** festgestellter Fehler oder Mängel setzen. In schwerwiegenderen Fällen mag die Behörde eventuell behördliche Anordnungen oder Verwaltungsmaßnahmen treffen.

Soweit die Behörde demgegenüber feststellt, dass in dem festgestellten Mangel eine **Ordnungswidrigkeit** oder im schlimmsten Falle gar eine **Straftat** zu sehen ist, so wird die Veterinärbehörde regelmäßig ein Bußgeldverfahren oder ein Strafverfahren gegen den betroffenen Tierarzt einleiten.

Merke

In der anwaltlichen Praxis ist festzustellen, dass den meisten Bußgeldverfahren oder Strafverfahren im Arzneimittelbereich Kontrollen der tierärztlichen Hausapotheke oder aber Kontrollen des Betriebes eines Tierhalters vorangehen.

Die Veterinärbehörden spielen somit bei der Einleitung von Bußgeldverfahren und Strafverfahren eine ganz maßgebliche Rolle. Während Bußgeldverfahren von der Behörde selbst betrieben werden, wird ein strafrechtliches Ermittlungsverfahren meist dadurch initiiert, dass die Veterinärbehörde gegenüber der zuständigen Staatsanwaltschaft Strafanzeige erstattet.

Praxistipp

Spätestens die Lektüre einer Strafanzeige durch die Veterinärbehörde lässt gelegentlich den Verdacht aufkeimen, dass einige Amtsveterinäre sich als „Strafverfolgungsbehörde“ verstehen und gegenüber der Staatsanwaltschaft versuchen, die behördliche Sichtweise – ob zutreffend oder unzutreffend – durchzusetzen.

Hier wird deutlich, dass die Interessenlage der Amtsveterinäre – gesetzlich so vorgesehen – eine grundlegend andere ist, als die der praktizierenden Tierärzteschaft. Ein kollegiales Verhältnis ist sicherlich wünschenswert, jedoch nicht überall vorzufinden.

71 Welchen Zusammenhang haben Kontrollen der tierärztlichen Hausapotheke und des Tierhaltungsbetriebs?

Jürgen Althaus

Besonders relevant für Nutztier- und Pferdepraktiker.

71.1 Kleintierpraktiker

Im Kleintierbereich ist die Situation ziemlich überschaubar: Der Tierarzt untersucht ein Tier, gibt dem Tierhalter möglicherweise für die Folgetage ein Arzneimittel zur Anwendung mit und der Tierhalter wendet das Arzneimittel gemäß der tierärztlichen Anweisung an. Es ist zwar denkbar (und gesetzlich vorgesehen), dass die tierärztliche Hausapotheke des Tierarztes kontrolliert wird. Eine Kontrolle des Tierhalters findet demgegenüber – normalerweise – nicht statt.

71.2 Nutztierpraktiker

Im Großtier- bzw. Nutztierbereich stellt sich die Situation ein wenig anders dar. Hier ist der Tierarzt aufgrund arzneimittelrechtlicher Vorgaben verpflichtet, Arzneimittel an einen Tierhalter nur nach ordnungsgemäßen Behandlung abzugeben und die Abgabe eines Arzneimittels nach bestimmten Vorgaben zu dokumentieren. Demgegenüber ist der Tierhalter wiederum aufgrund gesetzlicher Vorgaben verpflichtet, ein Arzneimittel nur aufgrund einer tierärztlichen Behandlungsanweisung anzuwenden und den Erwerb sowie die Anwendung des Arzneimittels nach bestimmten Kriterien seinerseits zu dokumentieren.

Es bestehen somit auf beiden Seiten (Tierarzt und Tierhalter) strenge Regeln hinsichtlich der Abgabe, der Anwendung und der Dokumentation.

Es ist ferner gesetzlich vorgesehen, dass sowohl die tierärztliche Hausapotheke des Tierarztes als auch der Betrieb des Tierhalters kontrolliert werden. Hieraus resultiert eine gewisse „Wechselwirkung" dergestalt, dass eine Kontrolle der Praxis bzw. des Betriebes eines Beteiligten häufig auch eine Kontrolle des jeweils anderen Beteiligten nach sich führt.

Beispiele

Beispiel 1

Im Verlauf einer Cross-Compliance-Kontrolle im Betrieb eines Tierhalters durch die Veterinärbehörde werden Arzneimittel-Anwendungs- und Abgabebelege eines Tierarztes vorgefunden. Nach Angaben des Tierhalters waren die vom Tierarzt abgegebenen Tierarzneimittel für Ferkel bestimmt, die erst zwei Tage nach der Abgabe des Arzneimittel im Betrieb aufgestallt werden sollten. Die Überprüfung des Tierhaltungsbetriebes führte wegen des Verdachts der Begehung einer Straftat gemäß § 56 a Abs. 1 S. 1 Nr. 1 AMG zur Einleitung eines strafrechtlichen Ermittlungsverfahrens gegen den Tierarzt.

Beispiel 2

Anlässlich einer Kontrolle eines Tierhaltungsbetriebes werden durch die Veterinärbehörde ungeöffnete bzw. nicht angebrochene Arzneimittelpackungen vorgefunden. Als Folge wird der Verdacht einer rechtswidrigen „Abgabe auf Vorrat" durch den Tierarzt formuliert, was zur Einleitung eines strafrechtlichen Ermittlungsverfahrens gegen den Tierarzt führte. Im Zuge der strafrechtlichen Ermittlungen wurde die Praxis des Tierarztes von den Ermittlungsbehörden durchsucht und verschiedene Gegenstände und insbesondere die gesamte EDV-Anlage beschlagnahmt.

Beispiel 3

Anlässlich der Überprüfung einer tierärztlichen Hausapotheke nimmt die Kontrollbehörde nach Einsicht der tierärztlichen Abgabe- und Anwendungsbelege die dort aufgeführten Identifikationsmerkmale (Ohrmarkennummern) zum Anlass, die tierhalterbezogene Tierdatenbank (HI-Tier) zu überprüfen. Anlässlich dieser Überprüfung treten Ungereimtheiten zu Tage, was weitere Ermittlungen in dem Betrieb des Tierhalters nach sich zieht.

71.2.1 Beziehung Tierarzt – Tierhalter

Während zwischen dem einen Großtierbestand betreuenden Tierarzt und dem Nutztier-Halter meist eine gewachsene **Geschäftsbeziehung** mit zum Teil ähnlich gelagerten Interessen (Förderung und Erhalt der Tiergesundheit) besteht, führt die Einleitung eines Strafverfahrens erfahrungsgemäß regelmäßig zu einem „Riss" in dieser Geschäftsbeziehung. Häufig wird es einem Beteiligten nur dann möglich sein, sich in strafrechtlicher Hinsicht zu entlasten, wenn er Tatsachen und Umstände benennt, die den jeweils anderen Beteiligten belasten können.

So ist es denkbar, dass ein betroffener Tierarzt zu seiner Verteidigung vorträgt, er habe die Dosierung eines Arzneimittels exakt berechnet und er sich bei dem Tierhalter vorgefundenen Vorrat nur dadurch erklären könne, **dass dieser die Behandlung entgegen der tierärztlichen Behandlungsanweisung nicht ordnungsgemäß durchgeführt haben muss.**

In vielen Fällen ist festzustellen, dass die Einleitung eines Strafverfahrens sowohl gegen den Tierarzt als auch gegen den Tierhalter zur Beendigung der bislang bestehenden Geschäftsbeziehung führt.

Es sind andererseits auch Fälle bekannt, in denen eine Kontrolle der tierärztlichen Hausapotheke den Tierarzt veranlasst, zunächst einmal Kontakt mit dem anderweitig betroffenen Tierhalter aufzunehmen, um das Ergebnis der durchgeführten Kontrolle zu besprechen und sodann die beiderseitige Dokumentation den Erfordernissen des Strafverfahrens „anzupassen".

Von einem derartigen Vorgehen ist aus anwaltlicher Sicht dringend zu warnen. Eine derartige Manipulation von Beweismitteln kann sich in einem strafrechtlichen Ermittlungsverfahren äußerst negativ für die Betroffenen auswirken. Im schlimmsten Falle nimmt die Staatsanwaltschaft in Absprache mit dem zuständigen Richter eine sogenannte **Verdunklungsgefahr** an, was wiederum einen Grund für eine Untersuchungshaft darstellen kann.

Beispiel

Gleiches gilt übrigens auch in einem bekannt gewordenen Fall, in welchem ein Tierarzt nach einer strafrechtlichen Durchsuchung der Praxis die mit ihm zusammenarbeitenden Tierhalter zu einer gemeinsamen „Informationsveranstaltung" in der Dorf-Gaststätte eingeladen hat, um mit diesen den Sachverhalt und die gemeinsame Verteidigungsstrategie zu besprechen.

Das aufgezeigte Verhalten ist aus anwaltlicher Sicht dringend zu missbilligen, verdeutlicht allerdings die enge Verzahnung von einer Kontrolle der tierärztlichen Hausapotheke einerseits und einer Kontrolle des Tierbestandes andererseits und der daraus möglicherweise resultierenden Verfahren.

Fazit

Es besteht eine Wechselwirkung zwischen dem Tierarzt und dem Tierhalter, sodass eine Kontrolle der tierärztlichen Hausapotheke oftmals eine Kontrolle des Tierhaltungsbetriebes und umgekehrt nach sich zieht. Eine „Zusammenarbeit" zwischen Tierarzt und Tierhalter zum Zwecke einer strafvermeidenden „Anpassung" von Unterlagen, Dokumentationen und Arzneimittelbeständen kann sich im Rahmen der Strafverfolgung empfindlich negativ auswirken und sollte daher unterbleiben.

72 Welche Behörde führt das Verfahren durch?

Julia Laacks

72.1 Einleitung

Das Ermittlungsverfahren wird von der Staatsanwaltschaft durchgeführt. Sie leitet als sog. „Herrin des Vorverfahrens“ verantwortlich das Ermittlungsverfahren und soll die Ermittlungen so weit führen, bis geklärt ist, ob ein hinreichender Tatverdacht für eine Anklage besteht.

72.2 Staatsanwaltschaft

Ein solcher hinreichender Tatverdacht im Sinne des § 170 Abs. 1 StPO besteht, wenn die Staatsanwaltschaft nach dem Ergebnis der Ermittlungen davon ausgehen kann, dass mit Wahrscheinlichkeit dem Beschuldigten in einer künftigen Hauptverhandlung die Tat nachzuweisen und seine Verurteilung zu erwarten ist. Es handelt sich somit um eine Prognoseentscheidung des Staatsanwalts, bei der ihm ein nicht unerheblicher Beurteilungsspielraum zukommt.

72.3 Polizei

Die Staatsanwaltschaft bedient sich zur praktischen Durchführung der Ermittlungen der Hilfe von Ermittlungspersonen, regelmäßig der Polizei. Diese wird von der Staatsanwaltschaft beauftragt, bestimmte Maßnahmen durchzuführen, wie etwa den Beschuldigten zum Tatvorwurf in der Polizeidienststelle zu vernehmen.

In der Praxis wird die tatsächliche Ermittlungstätigkeit von der Polizei durchgeführt, sodass der Tierarzt in einem Strafverfahren regelmäßig zunächst mit der Polizei in Kontakt geraten wird.

Gelangen die Ermittlungen nach Auffassung der Staatsanwaltschaft zu dem Ergebnis, dass ein hinreichender Tatverdacht besteht, verfasst der Staatsanwalt eine Anklageschrift und schickt diese an das zuständige Gericht. In der späteren Hauptverhandlung tritt ein Sitzungsvertreter der Staatsanwaltschaft als Ankläger auf. Führen die Ermittlungen hingegen nicht zu einem hinreichenden Tatverdacht, stellt die Staatsanwaltschaft das Verfahren gem. § 170 Abs. 2 StPO ein.

Weitere mögliche Ergebnisse eines strafrechtlichen Ermittlungsverfahrens sind in Frage 80 (S. 189) dargestellt.

73 Welche Straftatbestände sind in der Praxis von Bedeutung?

Jürgen Althaus

73.1 Einleitung

In diesem Buch ist an vielen Stellen im Zusammenhang mit der Darstellung der Rechtslage herausgearbeitet worden, dass und unter welchen Voraussetzungen ein bestimmtes Verhalten strafrechtliche Konsequenzen nach sich ziehen kann. Nachfolgend soll aus Gründen der Erleichterung des Verständnisses für den Leser versucht werden, eine exemplarische Zusammenfassung der wichtigsten Straftatbestände zu präsentieren.

73.2 Straftatbestände

Die arzneimittelrechtlichen Strafvorschriften sind geregelt in §§ 95 und 96 AMG. Die überaus langen und sicherlich sehr schwierig zu lesenden Vorschriften enthalten einen Katalog von insgesamt ca. 30 Straftatbeständen. Diese Straftatbestände beziehen sich zum Teil auf Tierärzte und zum Teil auf Tierhalter.

73.2.1 Straftaten begehbar durch Tierärzte

Eine zentrale und in der Praxis überaus häufig zum Tragen kommende Strafvorschrift ist die des § 95 Abs. 1 Nr. 8 AMG. Danach wird mit **Freiheitsstrafe bis zu drei Jahren oder mit Geldstrafe** bestraft, wer entgegen § 56 a Abs. 1 S. 1, auch i. V. m. S. 2 oder 3 Arzneimittel verschreibt, abgibt oder anwendet, die zur Anwendung bei Tieren bestimmt sind, die der Gewinnung von Lebensmitteln dienen, und nur auf Verschreibung an Verbraucher abgegeben werden dürfen.

Die in dieser Vorschrift genannten Voraussetzungen sind in diesem Buch überaus ausführlich dargestellt worden.

Merke

Verkürzt gesagt macht sich ein Tierarzt strafbar, wenn er insbesondere ohne eine vorherige ordnungsgemäße Behandlung eines Tieres oder eines Tierbestandes ein apothekenpflichtiges Arzneimittel an einen Tierhalter abgibt, ein nicht zugelassenes Arzneimittel anwendet oder abgibt, oder ein Arzneimittel in einer Menge abgibt, die ungerechtfertigt groß ist. Ferner macht sich ein Tierarzt strafbar, wenn er entgegen § 56 a Abs. 1 Nr. 5 die 7-Tage-Regel oder die 31-Tage-Regel bei der Abgabe von Arzneimitteln für lebensmittelliefernde Tiere missachtet.

In der anwaltlichen Praxis ist festzustellen, dass die meisten Arzneimittel-Strafverfahren gegen Tierärzte auf Vorwürfen im Zusammenhang mit einem Verstoß gegen § 56 a Abs. 1 AMG basieren, so insbesondere Vorwürfe wie etwa **„Abgabe auf Vorrat“, „Abgabe ohne vorherige Behandlung“, „Abgabe eines nicht zugelassenen Arzneimittels“ u. Ä..**

Wegen der besonderen Komplexität der Vorschrift des § 56 a Abs. 1 AMG sind viele Vorwürfe unter diese Vorschrift zu subsumieren. Dies führt dazu, dass die Vorschrift in nahezu allen behördlichen Strafanzeigen, staatsanwaltschaftlichen Anklageschriften und gerichtlichen Urteilen zitiert und das Verhalten eines Tierarztes daran gemessen wird.

Zur Klarstellung sei an dieser Stelle noch einmal hervorgehoben, dass sich die zitierte Strafvorschrift des § 95 Abs. 1 Nr. 8 AMG ausschließlich auf lebensmittelliefernde Tiere bezieht. Wenn demgegenüber eine Abgabe eines verschreibungspflichtigen Arzneimittels entgegen den beschriebenen Voraussetzungen des § 56 a Abs. 1 AMG für ein Tier erfolgt, das nicht der Lebensmittelgewinnung dient, so wird der Straftatbestand des § 95 Abs. 1 Nr. 8 AMG nicht verwirklicht.

73.2.2 Straftaten auf Seiten des Tierhalters

Es ist in Frage 57 (S. 149) beschrieben worden, unter welchen Voraussetzungen ein Tierhalter verschreibungspflichtige Arzneimittel erwerben und solche insbesondere bei lebensmittelliefernden Tieren anwenden darf.

So darf ein Tierhalter ein verschreibungspflichtiges Arzneimittel lediglich gemäß § 57 Abs. 1 AMG unter den dort genannten Voraussetzungen **(Erwerb in einer Apotheke, beim Hersteller oder bei dem den Tierbestand behandelnden Tierarzt)** erwerben.

Merke

Gemäß § 95 Abs. 1 Nr. 9 AMG wird ein Tierhalter mit Freiheitsstrafe bis zu drei Jahren oder mit Geldstrafe bestraft, wenn er verschreibungspflichtige Arzneimittel entgegen der vorgenannten Vorschrift des § 57 Abs. 1 erwirbt.

Die gleiche Strafandrohung besteht gemäß § 95 Abs. 1 Nr. 10 AMG in den Fällen, in denen ein Tierhalter entgegen § 58 Abs. 1 S. 1 verschreibungspflichtige Arzneimittel bei Tieren anwendet, die der Gewinnung von Lebensmitteln dienen.

Hier sei daran erinnert, dass eine Anwendung von verschreibungspflichtigen Arzneimitteln bei lebensmittelliefernden Tieren ausschließlich **„nach einer tierärztlichen Behandlungsanweisung für den betreffenden Fall“** erfolgen darf. Die Anwendung eines verschreibungspflichtigen Arzneimittels durch einen Tierhalter bei einem lebensmittelliefernden Tier verwirklicht somit dann den vorgenannten Straftatbestand, wenn eine tierärztliche Behandlungsanweisung für den konkreten Fall nicht vorliegen sollte.

An dieser Stelle können sicherlich noch weitere Straftatbestände erwähnt und beschrieben werden. Wegen der besonderen Bedeutung der vorstehend beschriebenen Straftatbestände soll die Aufzählung auf diese beschränkt bleiben.

73.3 Strafmaß bei besonderer Schwere

Für sämtliche in diesem Kapitel beschriebenen Straftatbestände gilt gemeinsam gemäß § 95 Abs. 2 AMG, dass der Versuch strafbar ist sowie gemäß § 95 Abs. 3 AMG, dass die Strafe in besonders schweren Fällen Freiheitsstrafe von einem Jahr bis zu zehn Jahren beträgt.

Ein „besonders schwerer Fall“ liegt nach der gesetzlichen Regelung „in der Regel“ insbesondere vor, wenn der Täter durch die vorgenannten Handlungen die Gesundheit einer großen Zahl von Menschen gefährdet **(Achtung bei der Abgabe nicht zugelassener oder verbotener (Metronidazol) Arzneimittel an lebensmittelliefernde Tiere!)**, oder wenn er beispielsweise aus groben Eigennutz für sich oder einen anderen Vermögensvorteile großen Ausmaßes erlangt (Stichwort **„gewerblicher illegaler Handel mit Arzneimitteln“**).

Fazit

Für Tierärzte sind besonders häufig Verstöße gegen § 56a AMG strafrechtlich relevant, für Tierhalter Verstöße gegen § 57AMG.

74 Welche Bußgeldtatbestände sind in der Praxis von Bedeutung?

Jürgen Althaus

74.1 Einleitung

In der Beantwortung der vorgenannten Frage ist dargestellt worden, durch welches Verhalten sich ein Tierarzt oder ein Tierhalter strafbar machen kann. Glücklicherweise wird nicht durch jedes Verhalten gleich ein Straftatbestand verwirklicht. Oft führt das Verhalten eines Tierarztes „lediglich" zum Vorwurf der Begehung einer **Ordnungswidrigkeit**, also eines Bußgeldtatbestandes.

Die meisten in der Praxis relevanten Bußgeldtatbestände sind in den Bußgeldvorschriften des §97 AMG niedergelegt. Auch bei dieser Vorschrift handelt es sich um einen **„Tatbestands-Katalog"** in welchem ca. 40 Bußgeldtatbestände aufgeführt werden.

74.2 Vom Tierarzt begehbare Ordnungswidrigkeiten

In der vorstehenden Frage ist dargestellt worden, dass die Abgabe von verschreibungspflichtigen Arzneimitteln an einen Tierhalter zur Anwendung bei lebensmittelliefernden Tieren entgegen §56 a Abs. 1 AMG einen **Straftatbestand** darstellt.

74.2.1 Nicht-lebensmittelliefernde Tiere

Anders verhält es sich gemäß §97 Abs. 2 Nr. 21 AMG. Danach handelt **ordnungswidrig**, wer entgegen §56 a Abs. 1 S.1 Nrn. 1, 2, 3 oder 4, jeweils auch i.V.m. S.3, Arzneimittel zur Anwendung bei Tieren abgibt, die **nicht der Gewinnung von Lebensmitteln dienen.**

Beispiel

Beispiel 1

Sofern also ein Tierarzt im Einzelfall ein nicht zugelassenes Antibiotikum an einen Tierhalter zur Behandlung eines Pferdes abgibt, so macht er sich strafbar.

Beispiel 2

Sofern ein Kleintierpraktiker ein nicht zugelassenes Antibiotikum an einen Tierhalter zur Anwendung bei dessen Hund abgibt, begeht der Kleintierpraktiker eine Ordnungswidrigkeit im Sinne der vorgenannten Vorschrift.

Die Abgrenzung kann in der Praxis insbesondere dann Bedeutung gewinnen, wenn es um die Frage geht, ob es sich bei einem konkret behandelten Pferd um ein lebensmittellieferndes Tier oder aber um ein nicht-lebensmittellieferndes Tier handelt.

74.2.2 Nachweise in der tierärztlichen Hausapotheke

Ein weiterer in der Praxis überaus bedeutsamer, aber auf den ersten Blick kaum verständlicher Bußgeldtatbestand findet sich in §97 Abs. 2 Nr. 31 AMG. Danach handelt ordnungswidrig, wer einer Rechtsverordnung nach §7 Abs. 2 S.2, §12 Abs. 1 Nr. 3 Buchst. a, §12 Abs. 1 b, §42 Abs. 3 §54 Abs. 1, §56 a Abs. 3, §57 Abs. 2 oder Abs. 3, §58 Abs. 2 oder §74 Abs. 2 zuwiderhandelt, soweit die Rechtsverordnung für einen bestimmten Tatbestand und auf diese Bußgeldvorschrift verweist. Die Lektüre der Bußgeldvorschrift lässt nicht erkennen, was genau sich dahinter verbirgt.

Eine der in der Vorschrift genannten Rechtsverordnungen ist die tierärztliche Hausapothekenverordnung (TÄHAV). Gemäß §13 Abs. 1 S.1 TÄHAV hat ein Tierarzt über den Erwerb, die Prüfung, sofern sie über eine Sinnenprüfung hinausgeht, und den Verbleib der Arzneimittel in der jeweiligen tierärztlichen Hausapotheke, ferner über die Verschreibung von Fütterungsarzneimitteln sowie über die Herstellung von Arzneimitteln Nachweise zu führen.

Gemäß § 13 Abs. 1 S. 2 TÄHAV sind des Weiteren bei der Anwendung von Arzneimitteln bei lebensmittelliefernden Tieren sowie bei der Abgabe von Arzneimitteln, die zur Anwendung bei diesen Tieren bestimmt sind, bestimmte Nachweise zu führen, die die in § 13 Abs. 1 S. 2 TÄHAV beschriebenen Inhalte aufweisen.

Merke

Ordnungswidrig handelt, wer vorsätzlich oder fahrlässig als Tierarzt entgegen § 13 Abs. 1 S. 1 oder 4 oder Abs. 3 S. 1 TÄHAV einen Nachweis nicht, nicht richtig oder nicht vollständig führt, nicht oder nicht rechtzeitig aushändigt, nicht oder nicht rechtzeitig übermittelt, nicht oder nicht mindestens fünf Jahre aufbewahrt oder nicht oder nicht rechtzeitig vorlegt. Im Falle der Verwirklichung eines der genannten Mängel handelt ein Tierarzt ordnungswidrig gemäß § 15 Nr. 8 i. V. m. § 13 Abs. 1 TÄHAV i. V. m. § 97 Abs. 2 Nr. 31 AMG.

Zum Zwecke der besseren Übersicht soll die Beschreibung von Bußgeldtatbeständen auf die zwei vorgenannten Ordnungswidrigkeiten beschränkt bleiben.

74.3 Vom Tierhalter begehbare Ordnungswidrigkeiten

Sofern ein Tierhalter nicht-verschreibungspflichtige Arzneimittel entgegen § 57 Abs. 1 erwirbt, so begeht er eine Ordnungswidrigkeit gemäß § 57 Abs. 2 Nr. 22.

Merke

Der Erwerb eines nicht-verschreibungspflichtigen Arzneimittels außerhalb einer Apotheke, unter Umgehung des behandelnden Tierarztes oder unter Umgehung des Herstellers stellt eine Ordnungswidrigkeit dar.

Gleiches gilt, wenn ein Tierhalter Arzneimittel entgegen § 57 a AMG anwendet (§ 97 Abs. 2 Nr. 22 a AMG). Danach dürfen Tierhalter verschreibungspflichtige Arzneimittel bei Tieren nur anwenden, soweit die Arzneimittel von dem Tierarzt verschrieben oder abgegeben worden sind, bei dem sich die Tiere in Behandlung befinden.

Sofern ein Tierhalter entgegen § 58 Abs. 1 S. 2 oder 3 AMG Arzneimittel bei lebensmittelliefernden Tieren anwendet, so begeht er ebenfalls eine Ordnungswidrigkeit (§ 97 Abs. 2 Nr. 23 AMG).

74.3.1 Melde- und Mitteilungspflichten

An anderer Stelle in diesem Buch ist dargestellt, welche Melde- und Mitteilungspflichten ein Tierhalter gemäß § 58 a–d AMG als Ausfluss der 16. AMG-Novelle hat. Sofern ein Tierhalter entgegen § 58 a oder b bestimmte Mitteilungen nicht, nicht richtig, nicht vollständig, nicht in der vorgeschriebenen Weise oder nicht rechtzeitig macht, so begeht er eine Ordnungswidrigkeit gemäß § 57 Abs. 2 Nr. 23 a AMG.

Gleiches gilt, wenn ein Tierhalter entgegen § 58 d AMG bestimmte Feststellungen nicht, nicht richtig oder nicht rechtzeitig aufzeichnet oder den dort genannten Plan nicht, nicht richtig, nicht vollständig, nicht in der vorgeschriebenen Weise oder nicht rechtzeitig erstellt (vgl. § 97 Abs. 2 Nrn. 23 b und 23 c AMG).

Aus Gründen der Übersichtlichkeit soll die Darstellung der von Tierhaltern begehbaren Ordnungswidrigkeiten auf die vorbeschriebenen und in der Praxis bedeutsamen Bußgeldtatbestände beschränkt bleiben.

Fazit

Verstöße gegen § 56a AMG stellen eine Ordnungswidrigkeit dar, wenn es sich um nicht-lebensmittelliefernde Tiere handelt.
Eine mangelnde Dokumentation der Arzneimittelanwendung ist sowohl für den Tierarzt wie auch für den Tierhalter eine begehbare Ordnungswidrigkeit.

75 Wie erfährt man davon, dass ein Verfahren eingeleitet wurde?

Julia Laacks

Üblicherweise erfährt der Tierarzt von einem gegen ihn eingeleiteten Ermittlungsverfahren, wenn er von der Polizei eine **„Vorladung als Beschuldigter"** per Post erhält. Eine andere Möglichkeit besteht darin, dass auf dem Hof bzw. in dem Betrieb des Tierhalters eine Durchsuchung durchgeführt wird und der Tierarzt von dem Tierhalter im Anschluss darüber unterrichtet wird.

Es kann jedoch auch vorkommen, dass ein Ermittlungsverfahren von der Staatsanwaltschaft geführt wird, **der Tierarzt hierüber jedoch keinerlei Kenntnis erlangt.** So in etwa, wenn sich aufgrund der Ermittlungen der Staatsanwaltschaft seine Unschuld ergeben hat oder jeglicher begründeter Verdacht entfallen ist und somit kein hinreichender Tatverdacht (mehr) besteht. Dann stellt die Staatsanwaltschaft das Ermittlungsverfahren für den Tierarzt sang- und klanglos ein.

Merke

Nur wenn er zuvor in das Verfahren „verstrickt" war, muss die Staatsanwaltschaft ihn von der Einstellung des Ermittlungsverfahrens durch eine entsprechende Mitteilung in Kenntnis setzen. Dies gilt beispielsweise, wenn der Tierarzt zuvor als Beschuldigter vernommen worden ist oder gar ein Haftbefehl gegen ihn erlassen war.

76 Muss man einer polizeilichen Ladung Folge leisten?

Jürgen Althaus und Julia Laacks

76.1 Einleitung

Man kennt die Situation aus vielen Kriminalfilmen: Die Kriminalpolizisten überreichen dem Beschuldigten eine Visitenkarte und erklären ihm, dass man ihn am nächsten Tag zur Vernehmung auf dem Polizeipräsidium erwarte. Im Film erscheint der Beschuldigte dann am nächsten Tag tatsächlich bei der Polizei, um sich vernehmen zu lassen. Dies mag beim Zuschauer den Eindruck erwecken, als müsse man als Beschuldigter einer polizeilichen Ladung immer Folge leisten.

76.2 Polizeiliche Ladung

In der Praxis verhält es sich häufig so, dass ein beschuldigter Tierarzt ein Schreiben der zuständigen Polizeibehörde erhält, mit welchem er zu einem bestimmten Termin zur polizeilichen Vernehmung als Beschuldigter geladen wird. Der Betroffene erfährt häufig erst durch dieses Schreiben von der Tatsache, dass gegen ihn ein Ermittlungsverfahren eingeleitet wurde. Die Vorladung enthält neben der Bezeichnung des konkreten Tatvorwurfs, des Ereignisortes und der Ereigniszeit einen Termin, zu dem das Erscheinen zur Vernehmung erwartet wird.

Merke
Wird der Tierarzt – sei es in Form der oben beschriebenen Überreichung einer Visitenkarte oder durch Übersendung eines Ladungsschreibens – zu einer solchen polizeilichen Beschuldigtenvernehmung geladen, so muss er diese Ladung nicht befolgen.

Ein Beschuldigter ist nicht verpflichtet, bei der zuständigen Polizeibehörde zu erscheinen. Mangels einer gesetzlichen Ermächtigungsgrundlage kann die Polizei das Erscheinen des Beschuldigten zur Vernehmung nicht erzwingen.

Der beschuldigte Tierarzt sollte den Termin **der guten Form halber absagen.** Sofern der Tierarzt einen Rechtsanwalt mit seiner Verteidigung beauftragen sollte, so wird dieser der Polizeidienststelle mitteilen, dass sein Mandant – der beschuldigte Tierarzt – auf Empfehlung des Rechtsanwalts nicht zu dem Vernehmungstermin erscheinen werde.

Wenn der zur Vernehmung Vorgeladene nicht in der Polizeidienststelle erscheint, wird üblicherweise die Ermittlungsakte von der Polizei mit einem entsprechenden Vermerk zurück an die Staatsanwaltschaft gesandt. Diese entscheidet als „Herrin des Vorverfahrens“ dann über die weitere Vorgehensweise.

76.3 Ladung der Staatsanwaltschaft

Merke
Lädt die Staatsanwaltschaft selbst den Beschuldigten zur Vernehmung, besteht – im Gegensatz zur polizeilichen Vorladung – eine Erscheinenspflicht.

Diese kann die Staatsanwaltschaft bei Fernbleiben des Beschuldigten durchsetzen, indem sie gemäß § 163 a Abs. 3 Satz 2 StPO einen Vorführungsbefehl erlässt. Der Erlass eines solchen Vorführungsbefehls setzt die Androhung der Vorführung in der schriftlichen Ladung und das unentschuldigte Fernbleiben des Beschuldigten voraus.

Praxistipp

Sofern der Beschuldigte aus zwingenden – beispielsweise beruflichen, privaten oder gesundheitlichen – Gründen am Vernehmungstermin bei der Staatsanwaltschaft verhindert sein sollte, so sollte dies dringend der Staatsanwaltschaft mitgeteilt werden.

Auch vor dem (Ermittlungs-)Richter besteht eine **Erscheinenspflicht**, die in § 133 StPO geregelt ist und die ebenfalls mittels Erlasses eines Vorführungsbefehls durchgesetzt werden kann.

Praxistipp

Der Tierarzt sollte immer Folgendes bedenken: Die Pflicht zum Erscheinen zu einer Vernehmung bei der Staatsanwaltschaft oder vor dem Richter bedeutet nicht, dass er sich zur Sache, sprich zum Tatvorwurf, äußern muss. Selbstverständlich kann (und sollte) er von seinem Recht zu schweigen Gebrauch machen.

Fazit

Ein beschuldigter Tierarzt muss einer polizeilichen Ladung nicht Folge leisten. Er ist nicht verpflichtet, bei der zuständigen Polizeibehörde zu erscheinen.
Der Ladung der Staatsanwaltschaft oder des Richters hingegen ist Folge zu leisten.

77 Soll man vor der Polizei eine Aussage machen?

Jürgen Althaus und Julia Laacks

77.1 Einleitung

Man sieht folgende Situation in nahezu allen Kriminalfilmen: Der Verdächtige sitzt im Polizeirevier in einem abgedunkelten Raum an einem mit einem Mikrofon versehenen Tisch und wird nachdrücklich von den Ermittlungsbeamten befragt. Der Verdächtige äußert sich dann oftmals zu den gegen ihn erhobenen Vorwürfen.

Die Realität sollte aus Verteidigersicht anders aussehen.

77.2 Schweigerecht

Zu einem der fundamentalen und wichtigsten Rechte eines Verdächtigen/Beschuldigten im Strafverfahren gehört das Schweigerecht. Dies bedeutet, dass es dem Beschuldigten nach dem Gesetz freisteht, sich zu der Beschuldigung zu äußern oder nicht zur Sache auszusagen. Darüber hinaus hat der Beschuldigte das Recht, **jede aktive Mitwirkung an der Aufklärung des Sachverhaltes zu verweigern** und im Falle einer unmittelbaren Konfrontation mit den Strafverfolgungsbehörden **sofort einen Verteidiger zu konsultieren.** Über diese Rechte ist der Beschuldigte gemäß § 136 Abs. 1 Satz 2 StPO vor der Vernehmung zu belehren. Von den vorgenannten Rechten sollte der beschuldigte Tierarzt in einem Strafverfahren unbedingt Gebrauch machen und verinnerlichen, dass aus dem Schweigen beweisrechtlich keine ihm nachteiligen Schlüsse gezogen werden dürfen.

Merke
Daher gilt: Keine Aussage machen und keine vermeintlich „harmlosen" Gespräche mit Polizeibeamten führen!

Nicht selten wird nämlich versucht, den Beschuldigten beispielsweise im Rahmen einer Durchsuchung in ein zunächst belanglos erscheinendes Gespräch zu verwickeln und ihm auf diesem Wege Informationen oder eine Einlassung zur Sache zu entlocken.

Die Entscheidung, zunächst vom Schweigerecht Gebrauch zu machen, muss natürlich **nicht endgültig** sein. Es hängt von den konkreten Umständen des Einzelfalls und von der Verteidigungsstrategie ab, ob und gegebenenfalls wann eine Äußerung zur Sache sinnvoll sein kann.

Praxistipp
Eine Einlassung sollte jedoch unter keinen Umständen vor vollständiger Akteneinsicht durch den Verteidiger erfolgen. Denn ansonsten läuft der Beschuldigte höchste Gefahr, der Staatsanwaltschaft bisher unbekanntes Belastungsmaterial auf dem sprichwörtlichen „goldenen Tablett" zu servieren oder den Sachverhalt durch nachteilige Angaben zu seinen Lasten in die Ermittlungsakte zu „zementieren".

Selten bis nie können solche Fehler im Nachhinein vom Verteidiger wieder rückgängig gemacht werden.

77.2.1 Teilschweigen

Eine weitere Gefahr stellt das sogenannte Teilschweigen dar. Dieses liegt vor, wenn der Beschuldigte im Rahmen einer Einlassung nur auf einzelne Fragen schweigt und er sich so zu einigen Umständen der Tat äußert, zu anderen hingegen nicht.

Ein solches Aussageverhalten darf in die Beweiswürdigung einbezogen und zulasten des Tierarztes gewertet werden. Der Gedanke dahinter ist vereinfacht gesagt folgender: Wer tatsächlich nichts zu verbergen hat, wird umfassend Stellung nehmen und nicht für ihn unliebsame Fragen durch Schweigen umschiffen wollen.

Merke

Es gilt daher, auch den Fehler des Teilschweigens unbedingt zu vermeiden.

In der Praxis ist häufig festzustellen, dass dem beschuldigten Tierarzt der hinter den erhobenen Vorwürfen stehende Sachverhalt und das bisherige Ergebnis der Ermittlungen überhaupt nicht bekannt sind. So ist ihm meist nicht bekannt, ob und mit welchem Inhalt Zeugen – beispielsweise der oder die Tierhalter – bereits vernommen wurden. Ferner ist ihm nicht bekannt, ob bereits anderweitig Durchsuchungen und Beschlagnahmen erfolgt sind und zu welchem Ergebnis diese geführt haben. In einer solchen Situation stellt eine Äußerung vor der Polizei im Einzelfall ein erhebliches Risiko dar. Hier gilt dann der in den Kriminalfilmen häufig zitierte Satz:

„Alles, was Sie sagen, kann vor Gericht gegen Sie verwendet werden!"

Insofern kann eine unbedacht getätigte Äußerung nicht mehr aus der Ermittlungsakte entfernt werden.

Fazit

Ein beschuldigter Tierarzt ist nicht verpflichtet, vor der Polizei eine Aussage zu machen. Er kann und sollte sich vielmehr auf sein Schweigerecht berufen. Daraus dürfen keine nachteiligen Schlüsse gezogen werden.

78 Wie läuft eine polizeiliche Durchsuchung/ Beschlagnahme ab?

Jürgen Althaus und Julia Laacks

78.1 Einleitung

Beispiel

Es ist morgens, 08:30 Uhr. In einer Gemischtpraxis sitzen die ersten Kleintierhalter mit ihren Tieren im Warteraum. Plötzlich fahren auf dem Parkplatz drei Fahrzeuge vor. Diesen entsteigen insgesamt 15 Personen, wobei es sich um 14 Kriminalbeamte und einen Staatsanwalt handelt. Die 15 Personen betreten die Praxis, fragen nach dem Praxisinhaber und überreichen diesem einen richterlichen Durchsuchungs- und Beschlagnahmebeschluss. Sodann verteilen sich die Ermittlungsbeamten auf mehrere Räume der Praxis, durchsuchen diese und tragen zu beschlagnahmende Gegenstände zusammen. Des Weiteren wird die gesamte EDV-Anlage abmontiert. Die in der tierärztlichen Hausapotheke befindlichen Unterlagen werden eingesammelt und die Medikamentenbestände fotografiert und erfasst. Das Personal wird von den Kriminalbeamten einzeln vernommen. Währenddessen haben sich die wartenden Kleintierhalter verflüchtigt. Nach ca. drei Stunden verlassen die Ermittlungsbeamten inklusive der beschlagnahmten Gegenstände die Praxis. Zurück bleibt ein völlig gestresstes und überwältigtes Praxispersonal.

Die praktischen Erfahrungen zeigen, dass eine derartige Durchsuchung und Beschlagnahme für die betroffenen Praxisinhaber und auch deren Personal eine hochgradig angespannte und verunsichernde Stresssituation bedeutet. Aus diesem Grund sollen nachfolgend die rechtlichen Grundlagen einer polizeilichen Durchsuchung und Beschlagnahme beschrieben werden.

Die Zulässigkeit der Durchsuchung beim Beschuldigten richtet sich nach den §§ 102, 105 StPO. Für Durchsuchungen bei anderen Personen wie z. B. Tierhaltern gelten die §§ 103, 105 StPO.

78.2 Durchsuchung beim Beschuldigten

Die Durchsuchung beim Beschuldigten setzt einen **Tatverdacht** voraus, der jedoch noch nicht so weit konkretisiert oder erhärtet sein muss, dass die Eigenschaft als Beschuldigter bereits begründet werden kann.

Merke

Bloße Vermutungen, die nicht auf tatsächliche Anhaltspunkte oder kriminalistische Erfahrung gestützt werden können, reichen hingegen nicht aus.

Durchsucht werden dürfen Wohnungen und Räume, die der Verdächtige innehat. Dazu gehören auch Arbeits- und Geschäftsräume wie die Tierarztpraxis. Ferner stellen dem Verdächtigen gehörende Sachen Objekte dar, die durchsucht werden dürfen, sodass beispielsweise das Praxisfahrzeug oder aber die EDV-Anlage hierunter fällt.

78.3 Richterliche Anordnung

Die Durchsuchung bedarf der Anordnung, sofern sich der Verdächtige nicht ausdrücklich einverstanden erklärt. Wegen des mit einer Durchsuchung verbundenen Grundrechtseingriffs unterliegt die Durchsuchungsanordnung dem Richtervorbehalt. Eine Durchsuchungs- und Beschlagnahmeanordnung kann somit grundsätzlich nur durch einen Richter erfolgen.

In der Anordnung müssen der Tatvorwurf und damit verbunden der Rahmen, die Grenzen und das Ziel der Durchsuchung hinreichend bestimmt festgelegt werden. Jedoch ist in der Strafprozessordnung keine bestimmte Form für die Anordnung vorgesehen, sodass die Anordnung auch telefonisch erfolgen kann. In solchen Fällen muss allerdings ein detaillierter Aktenvermerk erfolgen, in dem die oben genannten inhaltlichen Anforderungen der Durchsuchungsanordnung dokumentiert werden.

78.3.1 Gefahr im Verzug

Bei Gefahr im Verzug dürfen in Abweichung von dem oben genannten Richtervorbehalt Durchsuchungen von der Staatsanwaltschaft und Polizeibeamten als deren Ermittlungspersonen angeordnet werden. Nach der Rechtsprechung des Bundesverfassungsgerichts besteht Gefahr im Verzug, wenn die richterliche Anordnung nicht eingeholt werden kann, ohne dass der Zweck der Maßnahme gefährdet wird.

Da jedoch die richterliche Anordnung die Regel ist, muss die Staatsanwaltschaft oder Polizei zuvor versuchen, eine solche zu erlangen, und zwar so rechtzeitig wie möglich. Unter keinen Umständen dürfen sie mit dem Durchsuchungsantrag an den Richter so lange warten, bis die Gefahr eines Beweismittelverlusts tatsächlich entstanden ist, um dann Gefahr im Verzug zu bejahen und ihre damit verbundene Eilkompetenz anzunehmen.

78.4 Durchsuchung bei Dritten

Nicht nur der Tierarzt selbst kann von einer Durchsuchung betroffen sein. Zum Auffinden bestimmter Spuren und Beweismittel darf auch eine Durchsuchung bei Dritten, etwa im Betrieb eines Tierhalters, dessen Bestand der Tierarzt betreut, stattfinden. Die Wechselwirkungen zwischen Tierarzt und Tierhalter sowie deren Folgen werden in Frage 71 (S. 173) ausführlich beschrieben.

Merke

Anders als im Fall der Durchsuchung bei einem Beschuldigten reicht eine bloße Vermutung allerdings nicht aus.

Die Durchsuchung bei Dritten ist nur zulässig, wenn aufgrund bestimmter Tatsachen die Annahme gerechtfertigt ist, dass die Durchsuchung zum Auffinden der Spur oder des bestimmten Beweismittels führen wird. Hinsichtlich der Anordnungsbefugnis und des Inhalts der Durchsuchungsanordnung gilt das oben Gesagte.

Fazit

Die Durchsuchung von z. B. Praxisräumen unterliegt immer der richterlichen Anordnung. Nur bei „Gefahr im Verzug“, also dem drohenden Verlust von Beweismitteln, dürfen Staatsanwaltschaft oder Polizei sie anordnen.

79 Wie verhält man sich am besten bei einer Durchsuchung/Beschlagnahme?

Jürgen Althaus und Julia Laacks

79.1 Einleitung

Ohne Zweifel: eine polizeiliche Durchsuchung oder Beschlagnahme ist alles andere als eine angenehme Situation für den Tierarzt. Panik, Unsicherheit, Angst, Schamgefühl – dies sind nur einige der Reaktionen, die über ihn hereinbrechen. Doch auch wenn es noch so schwerfällt, die wichtigste Regel im Falle einer Durchsuchung oder Beschlagnahme lautet: **unbedingt Ruhe bewahren!**

Wer kopflos handelt, indem er sich unkooperativ oder gar aggressiv zeigt, wird damit keinesfalls zur Entschärfung der Situation beitragen, sondern schlimmstenfalls eine Strafanzeige wegen Widerstandes gegen Vollstreckungsbeamte oder Beleidigung provozieren.

79.2 Rechtmäßiger Ablauf der Durchsuchung

Ruhe bewahren heißt dennoch nicht, dass der Tierarzt alles einfach über sich ergehen lassen sollte. Er kann in sachlicher Art und Weise zumindest auf einen rechtmäßigen Ablauf der Durchsuchung hinwirken. Hat er bereits einen Rechtsanwalt als Verteidiger beauftragt, sollte der Tierarzt diesen unbedingt sofort informieren. Dieser kann dann entweder – sofern es ihm kurzfristig möglich ist – am Durchsuchungsort erscheinen oder sich telefonisch mit dem Leiter der Durchsuchung verbinden lassen, um die Rechtmäßigkeit der Durchsuchung zu gewährleisten.

79.2.1 Richterlichen Durchsuchungsbeschluss einsehen

Dieser ist darauf zu prüfen, ob er älter als sechs Monate ist. Nach der Rechtsprechung des Bundesverfassungsgerichts darf zwischen dem Erlass einer richterlichen Durchsuchungsanordnung und deren Vollziehung eine Zeitspanne von maximal sechs Monaten liegen. Ist diese Zeitspanne abgelaufen, stellt der Gerichtsbeschluss keine wirksame Ermächtigungsgrundlage für die Untersuchung dar. Der Leiter der Durchsuchung sollte mit diesem Einwand umgehend sachlich konfrontiert werden.

79.2.2 Vom Schweigerecht Gebrauch machen

Selbstverständlich besteht auch im Rahmen einer Durchsuchung das Recht zu schweigen. Das heißt, der Tierarzt muss – genau wie bei einer Vernehmung – keine Angaben zur Sache machen und sollte sich von den Beamten nicht in vermeintlich harmlose Gespräche verwickeln lassen. In der Praxis ist teilweise festzustellen, dass ein betroffener Tierarzt angesichts der mit der Durchsuchung und Beschlagnahme verbundenen Stresssituation aus einem falsch verstandenen Harmoniebedürfnis heraus Angaben zur Sache macht. Dies sollte in jedem Falle vermieden werden.

79.2.3 Durchsuchungszeugen hinzuziehen

Praxiskollegen oder Helferinnen dürfen als Zeugen bei der Durchsuchung anwesend sein und können gemeinsam mit dem Tierarzt darauf achten, dass die Beamten nicht aus den Augen gelassen werden.

79.2.4 Nichts freiwillig herausgeben

Der Tierarzt sollte Gegenstände nicht freiwillig herausgeben, sondern der Sicherstellung ausdrücklich und formal widersprechen und dies in das Durchsuchungsprotokoll aufnehmen lassen.

79.2.5 Alle beschlagnahmten Gegenstände in das Durchsuchungsprotokoll schreiben lassen

Sämtliche beschlagnahmten Gegenstände müssen in das Protokoll der Durchsuchung und Beschlagnahme aufgenommen werden. Es ist darauf zu achten, dass sie so genau wie möglich bezeichnet werden.

79.3 Weiterer Praxisbetrieb

Die Folgen einer Durchsuchung und Beschlagnahme können eine Praxis unter Umständen vor erhebliche praktische Schwierigkeiten stellen. So ist es gerade im Arzneimittelbereich denkbar, dass die gesamte EDV-Anlage zum Zwecke der Auswertung, Teile des Medikamentenbestandes, Bestellbücher, Rechnungsordner, Lieferantenrechnungen, Anwendungs- und Abgabebelege und Ähnliches beschlagnahmt und aus der Praxis entfernt werden.

Dadurch wird allein in praktischer Hinsicht der in der nächsten Zukunft anstehende Praxisbetrieb deutlich **erschwert**. Häufig dauert es mehrere Wochen, bevor die beschlagnahmten Unterlagen, EDV-Geräte, Daten und ähnliches kopiert, ausgelesen, ausgewertet und zurückgegeben werden.

Praxistipp

Hier sollte über den beauftragten Verteidiger regelmäßig versucht werden, die Rückgabe zum Zwecke der Aufrechthaltung des Praxisbetriebs zu beschleunigen.

Fazit

Ein von einer Durchsuchung betroffener Tierarzt sollte angesichts der stressbehafteten Situation einer Durchsuchung unbedingt versuchen, einen kühlen Kopf zu bewahren, von seinem Schweigerecht Gebrauch machen und einen anwaltlichen Verteidiger seines Vertrauens kontaktieren. Im Übrigen sollten die vorstehend genannten Empfehlungen beachtet und eine Eskalation der Situation vermieden werden.

80 Welches Ergebnis hat ein strafrechtliches Ermittlungsverfahren?

Julia Laacks

80.1 Mögliche Ergebnisse

Das strafrechtliche Ermittlungsverfahren kann folgende Ergebnisse haben:

- Die Staatsanwaltschaft stellt das Verfahren mangels hinreichenden Tatverdachts ein.
- Die Staatsanwaltschaft stellt das Verfahren wegen Geringfügigkeit ein.
- Die Staatsanwaltschaft stellt das Verfahren nach Erfüllung von Auflagen ein.
- Die Staatsanwaltschaft erlässt einen Strafbefehl.
- Die Staatsanwaltschaft erhebt Anklage.

80.1.1 Einstellung des Verfahrens

Eine Einstellung des Verfahrens gemäß § 170 Abs. 2 StPO erfolgt, wenn ein **hinreichender Tatverdacht** zu verneinen ist.

Hierunter sind diejenigen Fälle zu fassen, in denen dem Beschuldigten die mögliche Straftat nicht nachgewiesen werden kann oder der sich aus der Akte ergebende Lebenssachverhalt keinen Straftatbestand erfüllt. Ferner fehlt es an einem hinreichenden Tatverdacht, wenn ein nicht zu beseitigendes Verfahrenshindernis besteht, die mögliche Straftat beispielsweise verjährt ist.

Dies ist der für den beschuldigten Tierarzt günstigste Ausgang des Verfahrens, da hiermit keinerlei negativen Folgen verknüpft sind.

80.1.2 Einstellung wegen Geringfügigkeit

Einen weiteren günstigen Ausgang des Verfahrens stellt die Einstellung wegen **geringer Schuld** gemäß § 153 StPO dar.

Auch diese Art der Einstellung hat keine negativen Folgen für den Tierarzt, da keine Sanktion erfolgt. Voraussetzung für eine Einstellung nach § 153 StPO ist, dass die Schuld als gering anzusehen wäre. Insofern erfolgt eine rein hypothetische Betrachtung, da die Schuldfrage am Ende offen bleibt.

Die Schuld wäre dann gering, wenn sie beim Vergleich mit Vergehen gleicher Art erheblich unter dem Durchschnitt liegt. Als Kriterien für eine „geringe Schuld" lassen sich insbesondere die kriminelle Energie, die Beweggründe des Tierarztes, die Höhe des verursachten Schadens und die Wiedergutmachung des Schadens anzuführen. Hat der Tierarzt also aufgrund menschlich verständlicher Beweggründe gehandelt, sind die verschuldeten Folgen der Tat gering und/oder hat der Tierarzt den Schaden bereits ganz oder teilweise wiedergutgemacht, spricht dies für eine geringe Schuld.

Merke

Gleichzeitig darf jedoch kein öffentliches Interesse an der Strafverfolgung bestehen. Ein öffentliches Interesse fehlt in der Regel, wenn die Tat in ihren Auswirkungen nicht über die Belange von Täter und Opfer hinausgeht. Umgekehrt besteht jedoch ein öffentliches Interesse, falls die Allgemeinheit von der Tat betroffen ist.

80.1.3 Einstellung gegen Erfüllung von Auflagen und Weisungen

Die Einstellung gegen Erfüllung von Auflagen und Weisungen nach § 153a StPO erfordert aus der Sicht der Staatsanwaltschaft im Unterschied zu der vorgenannten Einstellung nach § 153 StPO das Vorliegen eines **hinreichenden Tatverdachts.** Zur Erinnerung: Dieser liegt vor, wenn nach Aktenlage eine Verurteilung des Beschuldigten wahrscheinlicher ist als ein Freispruch.

Trotzdem kann eine Einstellung des Verfahrens in Betracht kommen, wenn die Schwere der Schuld dem nicht entgegensteht und eine Beseitigung des öffentlichen Interesses an der Strafverfolgung durch die Erfüllung von Auflagen und Weisungen beseitigt bzw. kompensiert werden kann.

Merke
Die Vorschrift kommt üblicherweise zur Anwendung, wenn die Schuld im mittleren Bereich anzusiedeln ist und es sich um einen Ersttäter handelt. Ist der Tierarzt also bereits einschlägig oder mehrfach vorbetraft oder bereits zuvor mit einer Einstellung nach § 153a StPO „davongekommen", wird er auf eine nochmalige Beendigung des Verfahrens nicht hoffen können.

Die Einstellung nach § 153a StPO erfordert die Zustimmung des Beschuldigten, da eine Sanktion durch Auflagen und Weisungen erfolgt. Die Geldzahlung an eine gemeinnützige Einrichtung oder an die Staatskasse stellt eine typische und wohl in den meisten Fällen zur Anwendung kommende Art der Auflagen und Weisungen dar. Weiter ist es möglich, dass dem Tierarzt sonstige gemeinnützige Leistungen wie etwa der Hilfsdienst in einem Krankenhaus, Pflegeheim oder im Opferschutz auferlegt werden.

Der große **Vorteil** der Einstellung nach § 153a StPO besteht darin, dass dem Tierarzt die Öffentlichkeit einer Hauptverhandlung vor Gericht erspart bleibt, die immer mit einem psychischen und gesellschaftlichen Druck verbunden ist und bei der das **Risiko einer Verurteilung nie ganz ausgeschlossen werden kann.** Fragt die Staatsanwaltschaft also an, ob der Tierarzt mit einer Einstellung nach Erfüllung von Auflagen und Weisungen einverstanden ist oder erreicht der vom Tierarzt beauftragte Verteidiger ein entsprechendes Angebot, so sollte eine Zustimmung immer in Erwägung gezogen werden.

Praxistipp
Um den Anschein eines Schuldeingeständnisses zu vermeiden empfiehlt es sich, mit der Zustimmung zu erklären, dass das Einverständnis mit dieser Verfahrensweise kein Geständnis im Hinblick auf die vorgeworfenen Straftat enthält und lediglich aus verfahrensökonomischen Gründen erfolgt.

80.1.4 Strafbefehl

Soweit eine Einstellung nicht in Betracht kommt, da die o. g. Voraussetzungen nicht erfüllt sind, hat die Staatsanwaltschaft die Möglichkeit, einen Strafbefehl beim zuständigen Gericht zu beantragen, wenn sie den hinreichenden Tatverdacht bejaht.

Das Strafbefehlsverfahren hat den **Vorteil**, dass es schnell und vor allen Dingen **ohne eine aufwendige und belastende Hauptverhandlung** zu einer Sanktion führt. Es kommt in solchen Fällen in Betracht, in denen sich die Beweislage als erdrückend darstellt und daher eine spätere Verurteilung ohnehin unumgänglich erscheint.

Merke
Das Strafbefehlsverfahren ist nur bei Vergehen zulässig, also bei rechtswidrigen Taten, die im Mindestmaß mit einer geringeren Freiheitsstrafe als einem Jahr oder die mit Geldstrafe bedroht sind.

Der Strafbefehl selbst enthält bereits eine bestimmte Rechtsfolge. Es kann demnach beispielsweise eine konkrete Geldstrafe festgesetzt werden, die in Tagessätzen bemessen wird. Die Höhe des einzelnen Tagessatzes bemisst sich nach dem Nettoeinkommen. Bei Beschuldigten, die einen Strafverteidiger haben, kann auch eine Freiheitsstrafe bis zu einen Jahr verhängt werden, wenn deren Vollstreckung zur Bewährung ausgesetzt wird.

Der Tierarzt kann sich an dieser Stelle überlegen, ob

- er den Strafbefehl akzeptieren will oder
- Einspruch einlegen will.

Akzeptiert der Tierarzt den Strafbefehl, wird der Strafbefehl rechtskräftig und steht dann einem rechtskräftigen Urteil gleich.

Wenn der Tierarzt den Strafbefehl nicht akzeptieren will, muss er hiergegen binnen 2 Wochen Einspruch einlegen. Dann wird der Strafbefehl hinfällig und es findet ein normales Strafverfahren statt, inklusive Hauptverhandlung.

Praxistipp

Insbesondere wenn der Tierarzt bis zum Erhalt des Strafbefehls keinen Verteidiger beauftragt hatte, empfiehlt es sich, dies nachzuholen, den Einspruch zunächst fristwahrend einzulegen und die Zeit bis zur Anberaumung eines Verhandlungstermins zu nutzen, um die Ermittlungsakte einzusehen und die Rechtslage bzw. die Verteidigungsaussichten zu prüfen.

Der Einspruch kann, falls eine Verteidigung keine Aussicht auf Erfolg bieten sollte, immer noch ohne Angabe von Gründen zurückgenommen werden. Erst nach Beginn der Hauptverhandlung kann die Rücknahme nur noch mit Zustimmung der Staatsanwaltschaft erfolgen.

Sollte eine Verteidigung Aussicht auf Erfolg bieten und das Strafverfahren weiter durchgeführt werden, ist allerdings zu bedenken, dass der Richter bei der Urteilsfällung nicht an die im Strafbefehl enthaltene Rechtsfolge, sprich Strafe, gebunden ist: Er kann schärfere Rechtsfolgen verhängen. Deswegen will im Vorfeld bereits gut überlegt sein, ob das Risiko einer Hauptverhandlung eingegangen werden soll.

80.1.5 Erhebung einer Anklage

Der **ungünstigste** Ausgang des Ermittlungsverfahrens ist die Erhebung einer Anklage durch die Staatsanwaltschaft beim zuständigen Gericht. Dies geschieht in Fällen, in denen sich aufgrund der durchgeführten Ermittlungen ein hinreichender Tatverdacht ergeben hat und aus Sicht der Staatsanwaltschaft eine Einstellung oder ein Strafbefehl nicht in Betracht kommt.

Die Anklageschrift enthält einen Anklagesatz, der die zur Last gelegte Tat nach Zeit und Ort ihrer Begehung sowie die gesetzlichen Merkmale der strafbaren Handlung, im Wesentlichen also den Gesetzestext der Straftatbestände, und die anzuwendenden Strafvorschriften wiedergibt. Ferner werden der konkrete Sachverhalt und die Beweismittel, wie z. B. Zeugen oder Urkunden, aufgeführt.

Sobald dem zuständigen Gericht die Anklageschrift der Staatsanwaltschaft vorliegt, prüft es, ob ihm der Tierarzt nach Aktenlage ebenfalls einer Straftat hinreichend verdächtig erscheint. Bejaht es diese Frage, beschließt das Gericht die Eröffnung des Hauptverfahrens und beraumt einen Termin zur Verhandlung an.

Fazit

Das Ziel der Verteidigung sollte immer darin bestehen, eine Einstellung des strafrechtlichen Ermittlungsverfahrens zu erwirken. Sofern eine Einstellung „mangels eines hinreichenden Tatverdachts" nicht gelingen sollte, stellt unter Umständen eine Einstellung gegen eine Geldauflage eine bessere Alternative dar, als das Risiko einer Anklageerhebung.

81 Wie läuft ein strafrechtliches Hauptverfahren ab?

Jürgen Althaus und Julia Laacks

81.1 Einleitung

Strafrechtliche Hauptverhandlungen erfreuen sich in nachmittäglichen Fernsehprogrammen oder abendlichen Spielfilmen regelmäßig einer großen Beliebtheit. Dort wird allerdings regelmäßig ein Bild vermittelt, das mit der Realität und den dahinterstehenden strafprozessualen Grundsätzen nicht viel zu tun hat.

Eine strafrechtliche Hauptverhandlung folgt gesetzlich vorgeschriebenen Regelungen. So ist der Gang der Hauptverhandlung in § 243 StPO geregelt und lässt sich in sieben Abschnitte unterteilen:

1. Aufruf zur Sache
2. Vernehmung des Angeklagten zur Person
3. Verlesung des Anklagesatzes durch den Staatsanwalt
4. Vernehmung des Angeklagten zur Sache
5. Beweisaufnahme
6. Schlussvorträge
7. Urteilsverkündung

81.2 Aufruf zur Sache

Der Vorsitzende eröffnet die Hauptverhandlung mit dem Aufruf zur Sache. Im Gerichtssaal sitzt der Angeklagte seitlich des Richtertisches neben seinem Verteidiger. Der bzw. die Vertreter der Staatsanwaltschaft nimmt/nehmen üblicherweise den gegenüberliegenden Platz an der Fensterseite ein.

Übrigens wird der Richter oder die Richterin üblicherweise mit der Bezeichnung **„Herr Vorsitzender“ bzw. „Frau Vorsitzende“** angesprochen, nicht mit der Bezeichnung „Herr Richter“ bzw. „Frau Richterin“ oder mit „Euer Ehren“, auch wenn zahlreiche Serien und Filme nach wie vor diesen Irrglauben verbreiten.

Im Anschluss an den Aufruf zur Sache stellt der Vorsitzende die Anwesenheit des Angeklagten, des Verteidigers, der Zeugen und Sachverständigen fest und belehrt die Zeugen gemeinsam über ihre **Wahrheitspflicht**. Die Zeugen verlassen sodann den Sitzungssaal, da die Beweisaufnahme erst nach der Vernehmung des Angeklagten stattfindet und jeder Zeuge einzeln vernommen werden muss.

81.3 Vernehmung des Angeklagten zur Person

Die Vernehmung des Angeklagten zu seiner Person dient der Identitätsfeststellung und der Feststellung der Verhandlungsfähigkeit. Über die Identitätsfeststellung hinausgehende Fragen zur Ermittlung der persönlichen Verhältnisse des Angeklagten, etwa nach Vorleben, Werdegang, Tätigkeit oder wirtschaftlichen Verhältnisse, die für die Beurteilung der Tat und die Rechtsfolgen von Bedeutung sein können, gehören nicht hierher, sondern erst zur Vernehmung des Angeklagten zur Sache.

81.4 Verlesung des Anklagesatzes durch den Staatsanwalt

Bei der Verlesung des Anklagesatzes handelt es sich um eine wesentliche Förmlichkeit des Strafverfahrens. Hierzu steht der Vertreter der Staatsanwaltschaft auf – die übrigen Verfahrensbeteiligten bleiben sitzen.

Ohnehin herrscht während der Verhandlung bei Staatsanwälten und Verteidigern weitaus weniger Bewegungsdrang, als es beispielsweise diverse Gerichtsshows suggerieren. Allenfalls um Zeugenvorhalte aus dem Inhalt der Akte zu machen, werden Staatsanwalt und Verteidiger ausnahmsweise aufstehen und zum Zeugenpult laufen. Ansonsten gilt grundsätzlich: Alle bleiben auf ihren Plätzen.

Der von der Staatsanwaltschaft vorzulesende Anklagesatz enthält als Bestandteil der Anklageschrift die dem Angeklagten vorgeworfenen Taten, das wesentliche Ergebnis der Ermittlungen und die Nennung der verletzten Strafvorschriften.

81.5 Vernehmung des Angeklagten zur Sache

Auf die Verlesung des Anklagesatzes folgt die Vernehmung des Angeklagten zur Sache. Zu Beginn muss der Vorsitzende den Angeklagten darauf hinweisen, dass es ihm freistehe, sich zu der Anklage zu äußern oder nicht zur Sache auszusagen. Auch in der Hauptverhandlung hat der Angeklagte demnach weiterhin **das Recht zu schweigen** und es gilt der Grundsatz, dass aus diesem Schweigen keine für den Angeklagten nachteiligen Schlüsse gezogen werden dürfen.

Praxistipp

Ob der Tierarzt schweigen oder sich zur Sache einlassen sollte, ist nicht pauschal zu beantworten, sondern letztlich immer eine Frage des konkreten Einzelfalls und der Verteidigungsstrategie. Häufig kann es jedoch sinnvoll sein, wenn der angeklagte Tierarzt Angaben zur Sache macht, um dem Gericht und der Staatsanwaltschaft bestimmte Abläufe, etwa eines Behandlungsgeschehens, plausibel zu erklären. Hier muss allerdings im Vorhinein mit dem Verteidiger genau abgeklärt werden, was, in welchem Umfang und in welcher Form von dem angeklagten Tierarzt erklärt werden soll.

Die Erfahrung zeigt, dass sowohl das Gericht als auch die Staatsanwaltschaft häufig ergänzende Fragen an den Angeklagten stellen. Dies können zum Teil reine Verständnisfragen sein.

Es kann sich dabei allerdings auch um – auf den ersten Blick harmlos wirkende – Nachfragen handeln, mit denen insbesondere die Staatsanwaltschaft versucht, Widersprüche in der Erklärung des Angeklagten aufzudecken. Manche Vertreter der Staatsanwaltschaft nehmen den Angeklagten dabei regelrecht „in die Zange“, was auf Seiten des Angeklagten unter Umständen zu einer schnell wachsenden Unsicherheit führen kann. Dieses wiederum birgt die Gefahr in sich, dass der Angeklagte sich in Widersprüche verstrickt. Gegebenenfalls wird es die Aufgabe der Verteidigung sein, Einhalt gebietend einzuschreiten.

81.6 Beweisaufnahme

Den praktisch wichtigsten Teil der Hauptverhandlung stellt die Beweisaufnahme dar, bei der eine Pflicht des Gerichts zur Wahrheitserforschung besteht. Dieser Pflicht kommt das Gericht nach, indem es etwa Zeugen vernimmt, Sachverständige befragt oder Urkunden verliest.

81.6.1 Zeugen

Die Qualität von Zeugen ist dabei höchst unterschiedlich. Dies gilt insbesondere, wenn es sich bei dem Zeugen – was in Tierarztstrafsachen häufig vorkommt – etwa um den **Tierhalter/Landwirt** handelt. Unter Umständen macht der Tierhalter als Zeuge für den angeklagten Tierarzt positive Ausführungen. Es kommt jedoch auch häufig vor, dass die Zeugenaussage eines Tierhalters für den angeklagten Tierarzt nachteilig ist. Hier wird deutlich, dass in einem Strafverfahren der Tierhalter und der Tierarzt unter Umständen auf unterschiedlichen Seiten stehen und die Interessen auseinandergehen.

Merke

Die Erfahrung zeigt, dass eine negative Zeugenaussage die gesamte Verteidigungsstrategie ins Wanken bringen kann.

81.6.2 Freie Beweiswürdigung

In der Hauptverhandlung gelten der Grundsatz der freien Beweiswürdigung und der berühmte Grundsatz **„im Zweifel für den Angeklagten“**.

Der Grundsatz der freien Beweiswürdigung bedeutet, dass der Richter nicht an feste Beweisregeln gebunden ist, sondern nur nach seiner freien – aus dem Inbegriff der Verhandlung geschöpften – Überzeugung entscheidet. So kann der Richter zu seiner Überzeugung auch aufgrund von Indizien gelangen, ohne dass eine Tat konkret bewiesen ist. Maßgeblich ist nur, dass bei ihm am Ende eine Gewissheit besteht; auch nur geringste Zweifel an einer Schuld des Angeklagten müssen dessen Verurteilung daher ausschließen.

Der Grundsatz „im Zweifel für den Angeklagten" bedeutet, dass der Richter, soweit es ihm nach Ausschöpfung aller Beweismittel nicht gelingt, den Sachverhalt zweifelsfrei aufzuklären, **von der für den Angeklagten günstigeren Möglichkeit auszugehen hat.**

81.7 Schlussvorträge

Sobald der Vorsitzende die Beweisaufnahme geschlossen hat, beginnt der Staatsanwalt mit seinem **Plädoyer** und beantragt eine bestimmte Strafe. Im Rahmen dieses Plädoyers stellt der Staatsanwalt den nach seiner Auffassung feststehenden Sachverhalt dar, würdigt die Beweise und macht zum Teil rechtliche Ausführungen.

An den Antrag ist das Gericht nicht gebunden – es kann eine mildere oder aber auch eine schärfere Strafe verhängen. Im Anschluss plädiert der Verteidiger (oder der Angeklagte selbst, falls er keinen Verteidiger beauftragt hat).

Dem Plädoyer kommt eine erhebliche Bedeutung zu, da hier die Möglichkeit besteht, noch einmal zusammenfassend die für den Angeklagten sprechenden Umstände herauszuarbeiten. Des Weiteren besteht die insbesondere in Tierarztstrafsachen wichtige Möglichkeit, Ausführungen zur Rechtslage zu machen.

Die Plädoyers werden im Stehen gehalten. Im Anschluss an die Plädoyers hat der Angeklagte selbst das letzte Wort. Es ist üblich, dass der Angeklagte sich den Ausführungen seines Verteidigers anschließt.

Sodann zieht sich das Gericht zur Urteilsfindung zurück und verlässt den Sitzungssaal.

81.8 Urteilsverkündung

Den letzten Abschnitt der Hauptverhandlung stellt die Urteilsverkündung dar. Der Vorsitzende verliest zunächst die Urteilsformel, wozu sich alle im Gerichtssaal Anwesenden von ihren Plätzen erheben. Danach teilt er die Urteilsgründe mit und belehrt über die Rechtsmittel.

81.8.1 Besonderheit Arzneimittelrecht?

Im Zusammenhang mit der mündlichen Hauptverhandlung sollen noch zwei Aspekte erwähnt werden. Zum einen stellt der Bereich des Arzneimittelrechts oftmals sowohl für das Gericht als auch die Staatsanwaltschaft eine „fremdartige" und in der Praxis nicht häufig vorkommende Rechtsmaterie dar. Dies mag unter Umständen für den Angeklagten vorteilhaft sein. Es kann sich allerdings auch als Nachteil herausstellen, wenn etwa bei dem Gericht oder bei der Staatsanwaltschaft ein unzutreffendes Rechtsverständnis besteht.

Merke

Es kommt allerdings durchaus vor, dass der Vertreter der Staatsanwaltschaft im Vorfeld oder etwa in den Verhandlungspausen durch Amtstierärzte der anzeigenden Veterinärbehörde „gebrieft" wird.

Zum anderen muss man davon ausgehen, dass eine strafrechtliche Hauptverhandlung gegen einen – den örtlich ansässigen – Tierarzt eine gewisse **Öffentlichkeitswirkung** hat. Da strafrechtliche Hauptverhandlungen in diesem Bereich öffentlich sind, finden sich auf den Zuschauerplätzen häufig interessierte Bürger, Vertreter des Veterinäramts und der örtlichen oder regionalen Presse.

Es wird auf den angeklagten Tierarzt befremdlich wirken, wenn seine Ausführungen vor Gericht – möglicherweise aus dem Zusammenhang gerissen – **am nächsten Tag in der Zeitung zu lesen sind.** Allein diese Öffentlichkeitswirkung kann für den Tierarzt einen erheblichen Stressfaktor bedeuten und – je nach Ausgang des Verfahrens – seine Person oder seine berufliche Tätigkeit mit einem Makel behaften.

Fazit

Eine strafrechtliche Hauptverhandlung ist für einen angeklagten Tierarzt insbesondere wegen deren Öffentlichkeitswirkung eine äußerst unangenehme Situation. Wenn irgendwie möglich, so sollte im Vorfeld des strafrechtlichen Ermittlungsverfahrens versucht werden, eine solche Hauptverhandlung zu vermeiden. Sofern dies nicht gelingen sollte, sollte der Tierarzt sich dieser Ausnahmesituation auf keinen Fall ohne einen mit den Besonderheiten des Arzneimittelrechts vertrauten anwaltlichen Verteidiger stellen.

82 Wie läuft ein Bußgeldverfahren ab?

Julia Laacks

82.1 Zuständige Behörde

Zuständig für die Verfolgung von Ordnungswidrigkeiten ist grundsätzlich die Verwaltungsbehörde. Sie nimmt die Ermittlungen auf und führt diese mit Hilfe der Polizei, wenn sie Kenntnis von einer (möglichen) Ordnungswidrigkeit erlangt.

Entstehen im Rahmen des Ermittlungsverfahrens Anhaltspunkte dafür, dass nicht „nur" eine bloße Ordnungswidrigkeit sondern eine Straftat vorliegt, **muss die Verwaltungsbehörde die Sache an die Staatsanwaltschaft abgeben.** Möglich ist aber auch der umgekehrte Weg: Wenn die Staatsanwaltschaft ein strafrechtlichen Ermittlungsverfahren einstellt, aber Anhaltspunkte dafür vorhanden sind, dass eine Ordnungswidrigkeit vorliegt, **gibt sie die Sache zur Verfolgung der Ordnungswidrigkeitan die Verwaltungsbehörde ab.**

82.2 Verwarnung

Bei geringfügigen Ordnungswidrigkeiten kann das Bußgeldverfahren ohne die Durchführung eines Ermittlungsverfahrens dadurch erledigt werden, dass der Betroffene durch die Verwaltungsbehörde oder die Polizei verwarnt wird. Üblich ist hierbei die Erhebung eines Verwarngeldes. Den meisten wird diese Prozedur wahrscheinlich aus dem Straßenverkehr bekannt sein.

Beispiel

Wer sich beispielsweise beim Überfahren eines Stoppschildes von der Polizei erwischen lässt, wird direkt vor Ort verwarnt und zur Kasse gebeten. Ist man nach Belehrung über das Weigerungsrecht mit der Verwarnung einverstanden und zahlt, ist die Sache erledigt.

82.3 Ermittlungsverfahren

Kann die Sache allerdings nicht durch Verwarnungsgeld erledigt werden oder ist der Betroffene mit der Verwarnung nicht einverstanden, so führt die Verwaltungsbehörde ein Ermittlungsverfahren durch.

Genau wie in einem Ermittlungsverfahren der Staatsanwaltschaft kann sich der Betroffene eines Verteidigers bedienen und es steht ihm frei, ob der sich zur Sache äußern oder schweigen will.

Merke

In jedem Falle muss er allerdings von der Verwaltungsbehörde die Gelegenheit zur Äußerung erhalten, bevor ein Bußgeldbescheid gegen ihn erlassen wird.

82.4 Höhe des Bußgeldes

Das Gesetz über Ordnungswidrigkeiten (OwiG) selbst enthält die generelle Bußgeldandrohung von 5 Euro bis 1.000 Euro. Jedoch gilt das nur, soweit in dem Gesetz, das den Tatbestand einer Ordnungswidrigkeit festlegt, keine andere Androhung erfolgt. Für die meisten Fälle gibt es jedoch spezialgesetzliche Bußgeldandrohungen (S. 178).

83 Was kann man gegen einen Bußgeldbescheid machen?

Julia Laacks

83.1 Einspruch

Gemäß § 67 OWiG kann der Betroffene binnen zwei Wochen nach Zustellung bei der Verwaltungsbehörde Einspruch gegen den Bußgeldbescheid einlegen.

Auf den Einspruch folgt sodann ein gerichtliches Verfahren vor dem Amtsgericht. Der zuständige Amtsrichter erhält die Akte und prüft den sich daraus ergebenden Sachverhalt. Anschließend bestehen für den Richter zwei Möglichkeiten:

83.2 Richterlicher Beschluss

Er kann durch Beschluss entscheiden, wenn er eine Hauptverhandlung nicht für erforderlich hält und wenn der Betroffene und die Staatsanwaltschaft diesem Verfahren nicht widersprechen.

Das Gericht hat u. a. die Möglichkeit, den Betroffenen freizusprechen, gegen ihn eine Geldbuße festzusetzen oder das Verfahren einzustellen.

Merke
Im Falle einer solchen Entscheidung durch Beschluss gilt das sog. Verböserungsverbot, d. h. das Gericht darf von der im Bußgeldbescheid getroffenen Entscheidung nicht zum Nachteil des Betroffenen abweichen.

Falls eine Beschlussentscheidung nicht infrage kommt, entscheidet das Gericht nach Durchführung einer mündlichen Hauptverhandlung mittels Urteil. Hierbei gilt das Verböserungsverbot allerdings nicht, sodass das Gericht von der im Bußgeldbescheid getroffenen Entscheidung auch zum Nachteil des Betroffenen abweichen darf.

Merke
Rechtskräftige gerichtliche Entscheidungen über die Tat als Ordnungswidrigkeit haben zur Folge, dass die Tat nicht mehr als Straftat verfolgt werden kann.

84 Welche weiteren Konsequenzen können nach Einleitung eines Strafverfahrens drohen?

Jürgen Althaus

84.1 Einleitung

In den vorstehenden Kapiteln ist ausführlich dargestellt worden, unter welchen Voraussetzungen gegen einen Tierarzt ein strafrechtliches Ermittlungsverfahren eingeleitet, durchgeführt und im schlimmsten Falle durch eine Verurteilung zum Abschluss gebracht werden kann.

Häufig sind von einem Strafverfahren betroffene Tierärzte sich nicht der Tatsache bewusst, dass es neben dem Strafverfahren und neben einer strafrechtlichen Verurteilung möglicherweise zu weiteren Verfahren und zu weiteren Sanktionen kommen kann. Zum einen sind hier ein Approbationswiderrufsverfahren und zum anderen ein berufsgerichtliches Verfahren zu nennen.

84.2 Approbationswiderrufsverfahren

Es ist denkbar, dass bereits nach der Einleitung eines strafrechtlichen Ermittlungsverfahrens, spätestens jedoch nach Abschluss des gerichtlichen Strafverfahrens, die Approbationsbehörde ein Approbationsentziehungsverfahren gegen den Tierarzt einleitet.

Die Voraussetzungen der Einleitung eines derartigen Verfahrens, der Ablauf des Verfahrens, die drohenden Konsequenzen und praktische Hilfestellungen finden Sie in Frage 85 (S. 200).

84.3 Berufsgerichtsverfahren

Des Weiteren ist es denkbar, dass sich ein Tierarzt – meist nach Abschluss eines Strafverfahrens – einem Berufsgerichtsverfahren ausgesetzt sieht.

Bei einem Berufsgerichtsverfahren handelt es sich um ein gesetzlich festgelegtes Verfahren der Sondergerichtsbarkeit, welches seine Grundlage in den entsprechenden Gesetzen der Bundesländer findet. Es handelt sich zum Teil um Heilberufsgesetze (z. B. in Nordrhein-Westfalen, Rheinland-Pfalz, Hessen, Berlin u. Ä.) oder zum Teil um Heilberufe-Kammergesetze (so z. B. Niedersachsen, Saarland, Schleswig-Holstein u. Ä.). Liegt ein nachweisbarer Verstoß gegen das Berufsrecht vor und ist die Schuld nicht nur gering, kann der Sachverhalt dem jeweils zuständigen Berufsgericht vorgetragen werden. Die Berufsgerichte sind meist bei den örtlich zuständigen Verwaltungsgerichten, teilweise allerdings auch bei einem örtlich zuständigen Zivil- oder Strafgericht angesiedelt.

Nach Eröffnung des Verfahrens entscheidet der der Kammer des Berufsgerichts angehörende Berufsrichter, ob eine Hauptverhandlung stattfinden wird.

Hält er eine milde Verurteilung für ausreichend, kann er auch ohne Hauptverhandlung im schriftlichen Verfahren entscheiden. In schwerer wiegenden Fällen hört die Kammer des Berufsgerichts (meist in der Besetzung von einem Berufsrichter und zwei ehrenamtlichen Richtern) in einer mündlichen Verhandlung den betroffenen Tierarzt und eventuelle Zeugen und Sachverständigen persönlich an, bevor sich die Kammer ein Urteil bildet.

Merke
Der beschuldigte Tierarzt kann auch selbst Beweisanträge stellen.

Der Gang des Verfahrens und insbesondere der Hauptverhandlung vor den Berufsgerichten ist in den meisten Heilberufsgesetzen/Heilberufekammergesetze dem Strafverfahren nach der Strafprozessordnung angenähert.

84.3.1 Sanktionen

Bestätigt sich im Rahmen der mündlichen Verhandlung, dass ein Tierarzt gegen seine Berufspflichten verstoßen hat, so stehen dem Berufsgericht verschiedene Sanktionen zur Verfügung.

So kann es als mildere Mittel eine Warnung oder einen Verweis aussprechen. Des Weiteren kann das Berufsgericht eine Geldbuße von bis zu 50.000,00 € verhängen und darüber hinaus zeitweilig das Wahlrecht entziehen. In einem schwerwiegenden Fall kann das Berufsgericht sogar die Berufsunwürdigkeit feststellen.

Merke
Je nachdem, wie schwerwiegend der gegen einen Tierarzt erhobene Vorwurf ist, kann eine Verurteilung in einem berufsgerichtlichen Verfahren sehr empfindliche Sanktionen nach sich ziehen.

Es ist in den meisten Heilberufsgesetzen/Heilberufekammergesetzen geregelt, dass das Verfahren vor dem Berufsgericht nicht öffentlich ist. Ein Tierarzt muss somit – anders als beispielsweise in Strafverfahren – keine Angst vor einer Öffentlichkeitswirksamkeit der Hauptverhandlung haben.

84.3.2 Berufung

Gegen das Urteil des Berufsgerichtes steht einem verurteilten Tierarzt regelmäßig die Möglichkeit zu, Berufung einzulegen. Das Berufungsverfahren wird dann vor dem jeweiligen Landesberufsgericht geführt.

84.3.3 Strafverfahren vs. Berufsgerichtsverfahren

Obgleich ein Berufsgerichtsverfahren parallel zu einem Strafverfahren eingeleitet werden kann, besteht eine verfahrensrechtliche Besonderheit. Ist wegen der gleichen Sache ein Verfahren vor dem Strafgericht eröffnet worden, wird das berufsrechtliche Verfahren nach den Heilberufsgesetzen/Heilberufekammergesetzen bis zum Abschluss des Strafverfahrens ausgesetzt.

Merke
Eine praktisch sehr bedeutsame Besonderheit besteht darin, dass die Tatsachenfeststellungen des Strafgerichts auch im berufsrechtlichen Verfahren bindend sind.

84.3.4 Berufsrechtlicher Überhang

Eine weitere Besonderheit besteht darin, dass nach einer strafrechtlichen Verurteilung eines Tierarztes wegen derselben Angelegenheit eine berufsgerichtliche Ahndung nur dann erfolgen kann, wenn ein sogenannter „berufsrechtlicher Überhang" besteht. Die Rechtsprechung geht davon aus, dass eine strafgerichtliche Entscheidung regelmäßig ausreichend ist für die Wahrung (auch) der berufsrechtlichen Belange, wenn der Gesichtspunkt der Verletzung von Berufspflichten innerhalb des Strafzwecks der Kriminalstrafe liegt und daher ausreichend berücksichtigt werden kann.

Zusätzliche berufsgerichtliche Maßnahmen sind allerdings dann geboten, wenn der besondere Grund und Zweck der Berufsgerichtsbarkeit im Einzelfall durch die strafgerichtliche Verurteilung allein nicht erfüllt wird (vgl. dazu exemplarisch: Landesberufsgericht für Heilberufe beim OVG Rheinland-Pfalz, Beschluss vom 24.07.2014, Az. LBGH E 10 372/14).

Das Gericht führt dazu aus:

„Der Durchführung des berufsgerichtlichen Verfahrens steht aber ein Verfahrenshindernis nach § 72 Abs. 1 S. 1 i. V. m. Abs. 2 Nr. 1 Heilberufsgesetz entgegen.
Hat nämlich ein Gericht wegen der einer Berufspflichtverletzung zugrundeliegenden Tat eine Strafe verhängt, ist nach § 46 Heilberufsgesetz

eine berufsgerichtliche Ahndung wegen desselben Sachverhaltes unzulässig, soweit nicht eine berufsgerichtliche Maßnahme zusätzlich erforderlich ist, um das Kammermitglied zur Erfüllung seiner Pflichten anzuhalten und das Ansehen des Berufs zu wahren.

...

Wie sich dem Wortlaut des § 46 Heilberufsgesetz entnehmen lässt, schließt die strafgerichtliche Ahndung einer Tat regelmäßig die Verhängung einer berufsgerichtlichen Maßnahme aus. Ein berufsrechtlicher Überhang, der neben einer Kriminalstrafe eine berufsgerichtliche Ahndung erfordert, ist nur bei Vorliegen der (eng begrenzten) Ausnahmetatbestände des § 46 Heilberufsgesetz anzunehmen, nämlich dann, wenn die Verhängung der Strafe nicht ausreichend ist, um die genannten berufsrechtlichen Belange zu wahren und die „Berufsunwürdigkeit" der Tat zum Ausdruck zu bringen."

Praxistipp

Sofern nun ein Tierarzt wegen eines Verstoßes gegen das Arzneimittelrecht strafrechtlich durch ein Gericht verurteilt werden sollte, so ist er grundsätzlich nicht sicher davor, dass gegen ihn nicht auch ein berufsgerichtliches Verfahren eingeleitet und er mit einer der genannten Sanktionen überzogen wird. Der betroffene Tierarzt sollte im Rahmen seiner Verteidigung im Sinne der vorzitierten Entscheidung des Landesberufsgerichts damit argumentieren, dass ein „berufsrechtlicher Überhang" gerade nicht besteht und neben der Verhängung der Kriminalstrafe eine berufsgerichtliche Ahndung gerade nicht mehr erforderlich ist.

Fazit

Verstöße gegen das Arzneimittelrecht sind keine Kavaliersdelikte. Arzneimittelrechtliche Verstöße können neben einem Strafverfahren unter Umständen weitere Verfahren, wie berufsgerichtliche Verfahren und im schlimmsten Falle Approbationswiderrufsverfahren nach sich ziehen. Unter Umständen können diese Verfahren nebeneinander zum Tragen kommen.

85 Kann ein Strafverfahren die Approbation des Tierarztes gefährden?

Jürgen Althaus

85.1 Einleitung

In der anwaltlichen Praxis ist gelegentlich festzustellen, dass eine Approbationsbehörde nach einer strafrechtlichen Verurteilung, nach einem sog. Strafbefehl oder sogar nach einer bloßen Einleitung eines Strafverfahrens an einen Tierarzt herantritt und diesem mitteilt, seine Approbation widerrufen zu wollen.

Die Approbationsbehörde teilt insofern mit, dass man für approbationsrechtliche Entscheidungen gemäß § 6 Abs. 2 (Widerruf) oder § 8 Abs. 1 Nr. 1 BTÄO (Ruhensanordnung) zuständig sei und die Absicht habe zu prüfen, ob der Tierarzt noch die erforderliche Zuverlässigkeit zur Ausübung des tierärztlichen Berufs besitzt oder aber ob seine tierärztliche Approbation nach § 6 Abs. 2 BTÄO zu widerrufen ist. **Gleichzeitig wird meist der Tierarzt zur Abgabe einer Stellungnahme aufgefordert.**

Der Erhalt eines derartigen Mitteilungs- und Aufforderungsschreibens wird höchstwahrscheinlich eines der besorgniserregendsten Schreiben in der beruflichen Laufbahn eines Tierarztes sein. Aus diesem Grunde erscheint es wichtig, die Hintergründe zu verstehen und die Situation einschätzen zu können.

85.2 Unwürdigkeit/Unzuverlässigkeit

Gemäß § 6 Abs. 2 BTÄO ist die Approbation zu widerrufen, wenn nachträglich eine der Voraussetzungen des § 4 Abs. 1 Nr. 2 BTÄO weggefallen ist.

Gemäß § 4 Abs. 1 Nr. 2 BTÄO ist die Approbation als Tierarzt auf Antrag zu erteilen, wenn der Antragsteller sich nicht eines Verhaltens schuldig gemacht hat, aus dem sich die **Unwürdigkeit oder Unzuverlässigkeit zur Ausübung des tierärztlichen Berufs ergibt.**

! Merke

Sofern sich also jemand eines Verhaltens schuldig gemacht hat, aus dem sich die Unwürdigkeit oder die Unzuverlässigkeit zur Ausübung des tierärztlichen Berufs ergibt, so ist gemäß § 6 Abs. 2 die Approbation zu widerrufen.

85.2.1 Einschränkung der Berufswahl

Bei einem Widerrufsrecht gemäß § 6 Abs. 2 BTÄO handelt es sich zwar um eine zwingende Norm, da der Behörde kein Ermessen eingeräumt wird, gleichwohl ist der Grundsatz der **Verhältnismäßigkeit** zu beachten, da es sich um einen Eingriff in die durch Art. 12 Abs. 1 Grundgesetz als Grundrecht geschützte Freiheit der Berufsausübung und -wahl handelt (vgl. Beschluss des Bundesverfassungsgerichts vom 16.01.1991, zitiert in Neue Juristische Wochenschrift 1991, S. 1530 ff.) und dieses auch durch die Freiheit der Entscheidung über die Dauer der Berufsausübung schützt (vgl. Bayerischer Verwaltungsgerichtshof, Beschluss vom 24.10.1988, Nr. 21 B 88.762).

Einschränkungen der Berufswahl sind aber nur dann verfassungsgemäß, wenn der Schutz besonders wichtiger Gemeinschaftsgüter diese zwingend erfordert und sie den Grundsatz der Verhältnismäßigkeit beachten (vgl. Verwaltungsgericht Würzburg, Urteil vom 08.12.2003, Az. W 8 K 03.1031).

§ Urteil

Als derart wichtige Gemeinschaftsgüter kommen hier das Vertrauen der Tierhalter und der Verbraucher in den Tierarzt, der mit seiner Tätigkeit auch der Gesundheit des Menschen dienen soll (vgl. § 1 BTÄO), sowie das Vertrauen in eine gesunde und natürliche Fleischproduktion in Betracht (vgl. Verwaltungsgericht Regensburg, Urteil vom 24.07.1989, BayVBl. 1990, 122; Verwaltungsgericht Würzburg, Urteil vom 08.12.2003, Az. W 8 K 03.1031).

85.2.2 Vorangehendes Strafverfahren

In der Praxis ist festzustellen, dass Approbationsbehörden sich bei der Anhörung des Tierarztes als Voraussetzung des Widerrufs der Approbation häufig argumentativ auf den Umstand stützen, dass gegen den Tierarzt ein der Approbationsbehörde gemeldetes Urteil eines Strafgerichts oder ein Strafbefehl ergangen sei. Die dortigen Feststellungen werden häufig von den Approbationsbehörden übernommen.

§ Urteil

Aufgrund der Rechtsprechung des Bundesverwaltungsgerichts (exemplarisch im Urteil vom 06.03.2003, Az. 3 B 10/03) dürfen im Rahmen von Approbations-Widerrufen die in einem rechtskräftigen Strafurteil enthaltenen tatsächlichen und rechtlichen Feststellungen regelmäßig zur Grundlage einer behördlichen oder gerichtlichen Beurteilung der betroffenen Persönlichkeit gemacht werden.

Das Bundesverwaltungsgericht hat hier den Verwaltungsgerichten das Recht zugesprochen, in einem Verwaltungsrechtsstreit **auf die Feststellungen des Strafgerichts zurückzugreifen.** Dies gilt nach der Rechtsprechung des Bundesverwaltungsgerichts nicht nur für Strafurteile, sondern auch und insbesondere für rechtskräftige Strafbefehle (zur Thematik des Strafbefehls vgl. Ausführungen zum Ablauf eines Strafverfahrens).

Dies gilt allerdings unter Berücksichtigung des zitierten Beschlusses des Bundesverwaltungsgerichts vom 06.03.2003 dann nicht, soweit sich gewichtige Anhaltspunkte für die Unrichtigkeit der in dem Strafbefehl oder dem Strafurteil genannten Feststellungen ergeben. In der Praxis wird man somit im Rahmen einer gegenüber der Approbationsbehörde abzugebenden Stellungnahme inhaltlich sehr detailliert vortragen und darauf abstellen müssen, dass die von der Approbationsbehörde übernommenen Feststellungen in dem Strafurteil oder in dem Strafbefehl nicht zutreffend sind.

Dies ist insbesondere bei einem Strafbefehl denkbar. Bei einem Strafbefehl handelt es sich um eine gerichtliche Entscheidung im Rahmen eines summarischen Verfahrens, welche ohne Durchführung einer mündlichen Verhandlung erlassen wird.

Häufig werden in einem Strafbefehl die von der Anklagebehörde, also der Staatsanwaltschaft, gegenüber dem Gericht dargelegten Sachverhalte übernommen. Diese müssen nicht zwingend den tatsächlichen Gegebenheiten entsprechen. Insofern sollte ein betroffener Tierarzt im Rahmen seiner Stellungnahme deutlich machen, dass und aus welchem Grunde die Feststellungen unzutreffend sind. Das kann beispielsweise dadurch geschehen, dass im Einzelnen ausgeführt wird, aus welchem Grunde die in dem Strafbefehl dargestellte arzneimittelrechtliche Rechtslage unzutreffend ist.

Hier sind detaillierte arzneimittelrechtliche Kenntnisse erforderlich, um den strafgerichtlichen Feststellungen begegnen zu können.

Ferner sollte gegenüber der Approbationsbehörde im Rahmen einer Stellungnahme deutlich gemacht werden, dass die dort zitierte strafgerichtliche Entscheidung möglicherweise noch nicht rechtskräftig ist, da entweder gegen den Strafbefehl Einspruch oder gegen das Strafurteil Berufung eingelegt wurde.

! Merke

Selbst wenn durch ein Strafgericht eine Entscheidung gegen den Tierarzt mit dem Inhalt eines Strafbefehls oder eines Strafurteils mit dem dargestellten Inhalt ergehen sollte, so folgt daraus immer noch nicht die Unwürdigkeit des Tierarztes zur Ausübung seines Berufs als Tierarzt.

85.2.3 Feststellung der Unwürdigkeit/ Unzuverlässigkeit

In Anlehnung an die Ausfüllung des Begriffs der Unwürdigkeit beim Arzt und Apotheker durch die Rechtsprechung liegt die Unwürdigkeit eines Tierarztes dann vor, wenn er durch sein Verhalten nicht mehr das Ansehen und Vertrauen besitzt, das für die Ausübung seines Berufs unabdingbar nötig ist (ständige Rechtsprechung, z. B. Bundesverwaltungsgericht, Urteile zitiert in Neue Juristische Wochenschrift 1999, 3425; Neue Juristische Wochenschrift 1993, 806).

Erforderlich ist ein schwerwiegendes Fehlverhalten des Tierarztes, das bei Würdigung aller Umstände seine weitere Berufsausübung zum maßgeblichen Zeitpunkt der letzten Verwaltungsentscheidung als untragbar erscheinen lässt (vgl. Bundesverwaltungsgericht, Urteil zitiert in Neue Juristische Wochenschrift 1999, 3425).

§ Urteil

Der Verwaltungsgerichtshof Baden-Württemberg (z. B. Beschluss vom 28.07.2003, Neue Juristische Wochenschrift 2003, S. 3647) bejaht in ständiger Rechtsprechung eine „Unwürdigkeit" nur dann, wenn der „Arzt vorsätzlich eine schwere, gemeingefährliche oder gemeinschädliche oder gegen die Person gerichtete, von der Allgemeinheit besonders missbilligte ehrenrührige Straftat begangen hat, die ein die Durchschnittsstraftat übersteigendes Unwerturteil enthält und zu einer tiefgreifenden Abwertung seiner Persönlichkeit führt".

An diesen Maßstäben gemessen wird man gegenüber der Approbationsbehörde darstellen müssen, dass aus einem Strafbefehl oder einem Strafurteil keinesfalls eine Unwürdigkeit zur Ausübung des tierärztlichen Berufs hergeleitet werden kann. Im Falle eines vorgeworfenen arzneimittelrechtlichen Verstoßes wird man dabei insbesondere darauf abstellen müssen, dass man nicht aus Gewinnsucht gehandelt hat oder dass das Handeln nicht zu einer Gefährdung der Gesundheit der Verbraucher geführt hat.

Des Weiteren muss man im Rahmen einer Stellungnahme gegenüber der Approbationsbehörde darauf abstellen, dass man auch nicht unzuverlässig zur Ausübung des tierärztlichen Berufs ist. Unzuverlässigkeit liegt vor, wenn jemand aufgrund seines bisherigen Verhaltens keine Gewähr dafür bietet, dass er in Zukunft seinen Beruf als Tierarzt ordnungsgemäß ausüben wird (ständige Rechtsprechung des Bundesverwaltungsgerichts im Hinblick auf die vergleichbare Rechtslage bei Ärzten oder Apothekern).

Danach ist ein Tierarzt als unzuverlässig im Sinne von §4 Abs. 1 Nr. 2 BTÄO anzusehen, wenn Tatsachen die Annahme rechtfertigen, der Tierarzt werde (auch) in Zukunft die berufsspezifischen Vorschriften und Pflichten nicht beachten. Für die danach anzustellende Prognose ist auf die Situation des Tierarztes im Zeitpunkt des Erlasses des Widerspruchsbescheides der Approbationsbehörde abzustellen sowie auf seinen vor allem durch die Art, Schwere und Zahl der Verstöße gegen die Berufspflichten manifest gewordenen Charakter (vgl. Bundesverwaltungsgericht, Urteil vom 16.09.1997, zitiert in Neue Juristische Wochenschrift 1998, S. 2756).

§ Urteil

Ausschlaggebend für die Prognose der Zuverlässigkeit ist die Würdigung der gesamten Persönlichkeit des Tierarztes und seiner Lebensumstände auf der Grundlage der Sachlage im Zeitpunkt des Abschlusses des Verwaltungsverfahrens (so die Rechtsprechung des Bundesverwaltungsgerichts, a. a. O.).

Im Ergebnis wird der Tierarzt vortragen müssen, dass die Voraussetzungen des §4 Abs. 1 Nr. 2 BTÄO (vgl. oben) nicht nachträglich weggefallen sind, was wiederum zur Folge hat, dass die Voraussetzungen gemäß §6 Abs. 2 BTÄO für einen Widerruf oder gemäß §8 Abs. 1 Nr. 1 BTÄO für die Anordnung des Ruhens der Approbation nicht vorliegen.

Die Anordnung des Ruhens der Approbation oder der Widerruf der Approbation stellt eine äußerst schwerwiegende und einschneidende behördliche Entscheidung dar, die unmittelbaren Einfluss auf das gesamte Leben eines Tierarztes haben wird.

Man mag sich auf den Standpunkt stellen, dass der Widerruf der Approbation in der Praxis nicht übermäßig häufig praktiziert wird. Dies schützt allerdings nicht davor, in bestimmten Situationen – theoretisch sogar bei lediglich der Einleitung eines strafrechtlichen Ermittlungsverfahrens – mit einem derartigen Verfahren überzogen zu werden.

Fazit

Die Einleitung eines arzneimittelrechtlichen Strafverfahrens kann im schlimmsten Falle den Widerruf der Approbation nach sich ziehen, wenn die Approbationsbehörde von der „Unwürdigkeit" und der „Unzuverlässigkeit" des betroffenen Tierarztes ausgeht.

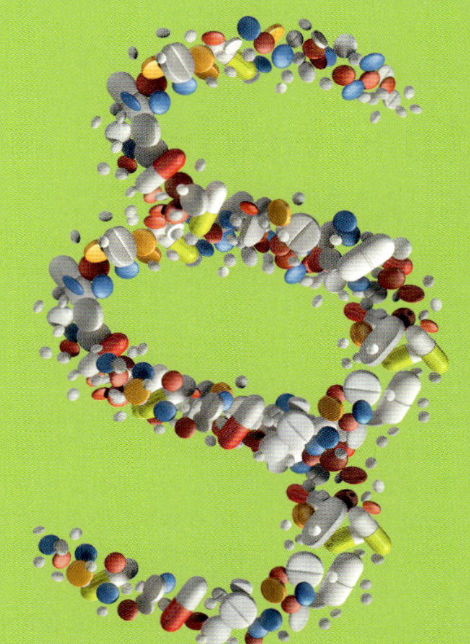

Fotolia©psdesign1

Teil 12
Regelungen und Konsequenzen der 16. AMG-Novelle

86 Welchen Hintergrund und welche Grundlagen hat die 16. AMG-Novelle?

Jürgen Althaus

Info
Besonders relevant für Nutztierpraktiker.

86.1 Einleitung

Am 01.04.2014 trat mit der 16. Novellierung des Arzneimittelgesetztes (16. AMG-Novelle) das sogenannte „Antibiotika-Minimierungskonzept" in Kraft. Mit dieser Novelle soll in Deutschland der Einsatz von Antibiotika in der Tierhaltung reduziert und das Risiko der Entstehung und Ausbreitung von Antibiotika-Resistenzen begrenzt werden.

Obwohl die Regelungen der 16. AMG-Novelle bereits längere Zeit umgesetzt werden, scheint die Tierärzteschaft teilweise nach wie vor verunsichert zu sein und stellt sich vielfach Fragen nach den aus dem Antibiotika-Minimierungskonzept resultierenden Rechten und (zusätzlichen) Pflichten des Tierarztes.

86.2 Fragen zur AMG-Novelle

So tauchen in der Praxis Fragen auf wie etwa:

- Besteht eine Meldepflicht lediglich auf Seiten des Tierhalters oder muss auch der Tierarzt Informationen zur Behandlung des Tierbestandes melden?
- Kann der Tierhalter die ihn aufgrund der gesetzlichen Regelungen treffenden Mitteilungspflichten auf den Tierarzt übertragen?
- Welche Angaben benötigt der Tierhalter vom Tierarzt für die Antibiotika-Anwendungsmeldung?
- Inwieweit treffen den Tierarzt möglicherweise weitergehende Dokumentationspflichten?
- In welcher Form wird ein Tierarzt hinzugezogen/involviert, wenn die betriebliche Therapiehäufigkeit die festgelegten Kennzahlen überschreitet?
- Kommen auf den Tierarzt weitergehende tierärztliche Beratungen zu?
- Kann die Überwachungsbehörde im Rahmen der Anordnung von Maßnahmen auf das Behandlungsregime des Tierarztes Einfluss nehmen?
- Drohen dem Tierarzt möglicherweise Haftungsrisiken, beispielsweise wenn der Tierarzt Meldepflichten des Tierhalters übernimmt?

86.3 Antibiotika-Resistenzen

Antibiotika gelten nach wie vor als das wichtigste Instrument zur Behandlung von Infektionskrankheiten, jedoch nehmen auch in Deutschland die Fälle von Antibiotika-Resistenzen zu. Dadurch können Medikamente bei erkrankten Menschen oder erkrankten Tieren ihre Wirkung verlieren. Da jeder Einsatz von Antibiotika letztlich die Resistenz fördern kann, soll sichergestellt werden, dass Antibiotika gerade bei Tieren, von denen Lebensmittel gewonnen werden, nur dann eingesetzt werden, wenn sie unbedingt erforderlich sind.

Die erstmals im Jahre 2011 in Deutschland verbindlich erfassten Daten über an Tierärzte abgegebene Mengen von Antibiotika (1.734 Tonnen) wurden auf Seiten des Gesetzgebers als Ausgangsbasis herangezogen, um das Ziel einer Minimierung des Antibiotika-Einsatzes und einer Bekämpfung von Antibiotika-Resistenzen zu definieren.

86.4 Ziel der Novelle

Das Ziel des Gesetzes ist klar definiert, nämlich den Einsatz von Antibiotika in der Nutztierhaltung deutlich zu minimieren.

Merke
Nach der Gesetzesbegründung besteht das konkrete Ziel des Gesetzes darin, Maßnahmen zu treffen, die darauf gerichtet sind, den Einsatz von Antibiotika bei der Haltung von Tieren zu reduzieren, den sorgfältigen Einsatz und verantwortungsvollen Umgang mit Antibiotika zur Behandlung von erkrankten Tieren zu fördern und zu verbessern, um das Risiko der Entstehung und Ausbreitung von Antibiotika-Resistenzen zu begrenzen sowie die Überwachung einer effektiveren Aufgabenwahrnehmung, insbesondere im Tierhaltungsbetrieb, zu ermöglichen.

86.4.1 Maßnahmen

Durch die Änderung bestehender und Schaffung neuer Ermächtigungen zum Erlass von Rechtsverordnungen sollten/sollen die Voraussetzungen für Regelungen mit folgenden Zielvorstellungen geschaffen werden:

- Im Hinblick auf den Einsatz von Antibiotika bei Tieren in bestimmten Fällen unter Beachtung der Zulassung Vorgaben zu machen und Begrenzungen vorschreiben zu können,
- im Hinblick auf eine effektivere Wahrnehmung der Überwachungsaufgaben der für den Vollzug des Tierarzneimittelrechts zuständigen Behörden der Länder,
- für die Übermittlung von Daten über die Abgabenmengenerfassung von Arzneimitteln zur Anwendung am Tier an Landesbehörden, sofern die Nutzung zu Monitoring-Zwecken erfolgt.

86.5 Antibiotika-Minimierungskonzept

Des Weiteren wurden Regelungen für ein an Tierhalter bestimmter lebensmittelliefernder Tiere gerichtetes verbindliches Antibiotika-Minimierungskonzept getroffen, welches aus folgenden Elementen besteht:

- Kontrollverpflichtungen (Antibiotika-Minimierungsplan erstellen und durchführen), insbesondere Feststellung der Therapiehäufigkeit und Benchmarking
- Anordnungsbefugnisse der zuständigen Behörde, wenn dies zur Verringerung der Anwendung von Antibiotika erforderlich ist (z. B. wenn die Therapiehäufigkeit eine bestimmte Kennzahl überschreitet)
- Regelungen über die Ermittlung der Therapiehäufigkeit

Die genannten Maßnahmen seien – so die Gesetzesbegründung weiter – erforderlich, um Ergebnissen aus dem jährlichen Resistenzmonitoring gerecht zu werden, die insbesondere für den Mastbetrieb hohe Resistenzraten gegen wichtige Antibiotika-Gruppen aufzeigen.

Durch die in Kraft getretenen gesetzlichen Regelungen soll somit insbesondere

- die Antibiotika-Minimierung erleichtert werden,
- dem Tierhalter ermöglicht werden, den Einsatz von Antibiotika und dessen Ursachen in seinem Betrieb besser zu überprüfen,
- die Tierarzneimittelüberwachung in die Verantwortung genommen werden, sich aktiv und vor Ort ein Bild der Lage zu machen und angemessene Maßnahmen zu treffen.

Die 16. AMG-Novelle stelle – so das damalige BMELV – somit einen wichtigen Fortschritt für den gesundheitlichen Verbraucherschutz dar. Sie biete eine Chance für eine Optimierung der Tierhaltung, mit der sowohl die Akzeptanz der Landwirtschaft bei der Verbraucherschaft in Deutschland gefördert als auch positive Entwicklungen im internationalen Handel erreicht werden können.

86.6 Praktische Umsetzung

Entsprechend der gesetzlichen Zielvorgabe soll die Therapiehäufigkeit eines jeden Tierhaltungsbetriebes mit der bundesweiten Therapiehäufigkeit verglichen werden.

Betriebliche Therapiehäufigkeit Aus diesem Grunde muss zunächst in einem ersten Schritt die betriebliche Therapiehäufigkeit ermittelt werden. Dazu muss jeder Tierhalter, der Rinder, Schweine, Puten oder Hühner mästet, jede Anwendung von Antibiotika der zuständigen Länderbehörde melden (§ 58 b AMG). Aus den gesetzlich vorgeschriebenen Angaben, die ein Tierhalter halbjährlich macht, berechnet die zuständige Länderbehörde die **halbjährliche betriebliche Therapiehäufigkeit** (§ 58 c AMG) – erstmals seit dem 28.02.2015.

Kennzahlen Die betriebliche Therapiehäufigkeit pro Halbjahr wird sodann sowohl dem Tierhalter als auch der Zulassungsbehörde für Tierarzneimittel, dem Bundesamt für Verbraucherschutz und Lebensmittelsicherheit (BVL) mitgeteilt (§ 58 c Abs. 2 AMG). Das BVL wiederum errechnet aus allen betrieblichen Therapiehäufigkeiten tierartbezogen die bundesweite halbjährliche Therapiehäufigkeit (§ 58 c Abs. 4 AMG). Von dieser werden sodann **zwei Kennzahlen** abgeleitet und jeweils zum 30.09. im Bundesanzeiger veröffentlicht (§ 58 c Abs. 4 Nr. 2 AMG).

Der Tierhalter ist nach Veröffentlichung der Kennzahlen verpflichtet, im Rahmen einer Selbsteinstufung festzustellen, ob er einzelbetrieblich die Kennzahlen überschritten hat (§ 58 d Abs. 1 AMG). Ergibt der von dem Tierhalter vorzunehmende Vergleich der betrieblichen Therapiehäufigkeit eine Überschreitung der Kennzahlen, also des bundesweiten Verbrauchs, so resultieren daraus verschiedene von dem Tierhalter einzuleitende Maßnahmen (§ 58 d Abs. 2 AMG), welche auch von der zuständigen Behörde gemäß § 58 d Abs. 3 AMG angeordnet werden können.

Hinsichtlich der Einzelheiten wird auf die Beantwortung der nachfolgenden Fragen verwiesen.

Fazit

Die 16. AMG-Novelle hatte insbesondere die Minimierung des Antibiotika-Verbrauchs in der Nutztierhaltung zum Ziel.

87 Welche Kennzahlen gibt es und welche Folgen hat deren Überschreitung?

Jürgen Althaus

87.1 Einleitung

Wie bereits in Kap. 86.5 (S.205) ausgeführt, wurde mit der 16. AMG-Novelle ein System zur Messung von Behandlungshäufigkeiten von Antibiotika im Betrieb und in einem bundesweiten Vergleich der Ergebnisse eingeführt. Daran schließen sich Prüf- und Handlungsverpflichtungen der Tierhalter an, **die eine Reduzierung des Antibiotika-Einsatzes zum Ziel haben.** Tierhalter müssen danach anhand der bundesweiten Kennzahlen vergleichen, wie häufig in anderen Betrieben therapiert wird und wie ihre betriebsindividuelle Situation zu beurteilen ist.

Das Ziel besteht darin, eine Transparenz in der Tierhaltung herbeizuführen, indem durch den Vergleich der Therapiehäufigkeiten intensiv und permanent die betrieblichen Ursachen des Einsatzes von Antibiotika ermittelt werden und kontinuierlich an Verbesserungen gearbeitet wird.

87.2 Berechnung der Therapiehäufigkeit

Gleichzeitig erhalten die Behörden Kenntnis über Betriebe, bei denen Überwachungsmaßnahmen zu prüfen sind. Aus den Angaben, die ein Tierhalter halbjährlich macht, berechnet die zuständige Länderbehörde die **halbjährliche betriebliche Therapiehäufigkeit.**

Der genaue Berechnungsweg ist in § 58 c Abs. 1 AMG beschrieben. Danach wird die durchschnittliche Anzahl der Behandlungen mit antibakteriell wirksamen Stoffen, bezogen auf den jeweiligen Betrieb und die jeweilige Art der gehaltenen Tiere unter Berücksichtigung der Nutzungsart

1. für jeden angewendeten Wirkstoff die Anzahl der behandelten Tiere mit der Anzahl der Behandlungstage multipliziert und die so errechnete Zahl jeweils für alle verabreichten Wirkstoffe des Halbjahres addiert
2. und die nach Nr. 1 ermittelte Zahl anschließend durch die Anzahl der Tiere der betreffenden Tierart, die durchschnittlich in dem Halbjahr gehalten worden sind, dividiert (betriebliche halbjährliche Therapiehäufigkeit).

Vereinfacht kann der Berechnungsweg folgendermaßen dargestellt werden:

$$\text{Therapiehäufigkeit} = \frac{(\text{Anz. behandelte Tiere} \times \text{Anz. Behandlungstage}) + (\ldots)}{\text{Anz. durchschnittlich gehaltene Tiere pro Halbjahr}}$$

87.2.1 Bundesweite Therapiehäufigkeit

Diese Therapiehäufigkeit wird für jeden Betrieb für jede Tier- und Nutzungsart ermittelt. Diese betriebliche Therapiehäufigkeit pro Halbjahr wird dann sowohl dem Tierhalter als auch der Zulassungsbehörde für Tierarzneimittel, dem Bundesamt für Verbraucherschutz und Lebensmittelsicherheit (BVL) mitgeteilt.

Das BVL errechnet sodann aus allen betrieblichen Therapiehäufigkeiten tierartbezogen die bundesweite halbjährliche Therapiehäufigkeit (§ 58 c Abs. 4 Satz 1 AMG).

87.3 Berechnung der Kennzahlen

Von dieser bundesweiten halbjährlichen Therapiehäufigkeit werden zwei Kennzahlen abgeleitet.

Die Kennzahl 1 (Median) entspricht dem Wert, unter dem **50 % aller erfassten halbjährlichen**

Therapiehäufigkeiten liegen. Kennzahl 2 (drittes Quartil) entspricht dem Wert, unter dem **75 % aller erfassten halbjährlichen betrieblichen Therapiehäufigkeiten liegen.**

Das Bundesamt für Verbraucherschutz und Lebensmittelsicherheit macht diese Kennzahlen bis zum Ende des dritten Monats des Halbjahres, das auf die Mitteilungen des vorangehenden Halbjahres folgt, für das jeweilige abgelaufene Halbjahr im Bundesanzeiger bekannt und schlüsselt diese unter Berücksichtigung der Nutzungsart auf (§ 58 c Abs. 4 Satz 2 AMG).

87.4 Konsequenzen für die Tierhalter

Anschließend muss jeder Tierhalter seine halbjährliche betriebliche Therapiehäufigkeit mit den entsprechenden veröffentlichten Kennzahlen innerhalb von zwei Monaten vergleichen (§ 58 d Abs. 1 Nr. 1 AMG).

Betriebliche Therapiehäufigkeit unterhalb Kennzahl 1 Ergibt dieser Vergleich, dass die betriebsindividuelle Therapiehäufigkeit geringer ist als die Kennzahl 1, bedeutet dies, dass der Tierhalter zu den 50 % der Tierhalter gehört, die am sparsamsten mit Antibiotika umgehen. Der Tierhalter zählt damit zu den „Geringverbrauchern". Für diese werden keine Maßnahmen zur weiteren Minimierung des Antibiotika-Einsatzes vorgeschrieben.

Betriebliche Therapiehäufigkeit zwischen Kennzahl 1 und 2 Ergibt der Vergleich allerdings, dass die betriebliche halbjährliche Therapiehäufigkeit eines Tierhalters oberhalb der Kennzahl 1, allerdings unterhalb der Kennzahl 2 der bundesweiten halbjährlichen Therapiehäufigkeit liegt, so bedeutet dies, dass der Tierhalter mehr Antibiotika verbraucht hat, als die sparsamsten 50 %, aber weniger als die 25 % mit dem höchsten Verbrauch.

In diesem Falle muss der Tierhalter gemeinsam mit einem Tierarzt prüfen, welche Gründe zu dieser Überschreitung geführt haben können und wie die Behandlung mit Antibiotika verringert werden kann.

Betriebliche Therapiehäufigkeit oberhalb Kennzahl 2 Ergibt der Vergleich schließlich, dass die betriebliche halbjährliche Therapiehäufigkeit oberhalb der Kennzahl 2 der bundesweiten halbjährlichen Therapiehäufigkeit liegt, so bedeutet dies, dass der Tierhalter zu den 25 % der Tierhalter gehört, die deutschlandweit am meisten Antibiotika verbrauchen („Vielverbraucher").

Der Tierhalter muss dann gemeinsam mit dem Tierarzt einen schriftlichen Plan erstellen, der Maßnahmen enthält, die eine Verringerung der Behandlung mit Antibiotika zum Ziel haben **(schriftlicher Reduktionsplan).**

Der Plan ist um einen Zeitplan zu ergänzen, wenn die nach dem Plan zu ergreifenden Maßnahmen nicht innerhalb von sechs Monaten erfüllt werden können. Der Reduktionsplan muss der zuständigen Behörde innerhalb von zwei Monaten vorgelegt werden.

Die Behörde kann den Plan ändern oder ergänzen (§ 58 d Abs. 3 Nr. 1 AMG), sie kann Anordnungen zur Reduktion des Antibiotika-Verbrauchs treffen und sie kann insbesondere eine Impfung der Tiere anordnen (§ 58 d Abs. 3 Nr. 2 AMG). Des Weiteren kann die Behörde auch Anordnungen bezüglich der Tierhaltung treffen. Dies können Anordnungen im Hinblick auf die Hygiene der Tiere, die Fütterung, die Art und Weise der Mast einschließlich der Mastdauer, der Ausstattung der Ställe sowie deren Einrichtung und der Besatzdichte sein.

87.4.1 Sanktionen

Sofern ein Tierhaltungsbetrieb die Kennzahl 2 erheblich oder mehrfach überschreiten sollte, kann die Behörde neben den vorgenannten Maßnahmen zusätzlich anordnen, dass Antibiotika nur noch durch den Tierarzt angewendet werden dürfen.

Stellt die Behörde fest, dass ein Tierhalter den auferlegten Anordnungen nicht Folge leistet und dass deshalb die Therapiehäufigkeit wiederholt oberhalb der Kennzahl 2 liegt, so kann die zuständige Behörde das **Ruhen der Tierhaltung** im Betrieb des Tierhalters für einen bestimmten Zeitraum, längstens für drei Jahre, anordnen (§ 58 d Abs. 4 AMG).

88 Welche Meldepflichten gibt es und wer ist deren Adressat?

Jürgen Althaus

88.1 Meldepflichten des Tierhalters

In den §§ 58 a und b AMG werden dem Tierhalter verschiedene Meldepflichten auferlegt. So hat der Tierhalter eine Vielzahl von Daten an die zuständige Behörde zu melden. Zu diesen Angaben gehören unter anderem:

- Name des Tierhalters, Anschrift der Tierhaltung
- Angabe der Nutzungsart
- Bezeichnung des angewendeten Arzneimittels
- die Anzahl und die Art der behandelten Tiere
- die Anzahl der Behandlungstage einschließlich der Tage, an denen das Antibiotikum therapeutisch wirksam ist
- die insgesamt angewendete Menge des jeweiligen Antibiotikums
- Anzahl der Tiere der jeweiligen Tierart und Nutzungsart, die zu Beginn des Halbjahres im Betrieb gehalten werden, im Verlauf eines jeden Halbjahres in den Betrieb aufgenommen und im Verlauf eines jeden Halbjahres aus dem Betrieb abgegeben worden sind. Die Abgabe von Tieren schließt auch verendete und gemerzte Tiere mit ein.

Im Falle einer Rindermast muss der Tierhalter ferner angeben, ob es sich um Mastkälber bis zu einem Alter von acht Monaten oder um Mastrinder ab einem Alter von acht Monaten handelt. Im Falle einer Schweinmast muss der Tierhalter ergänzend angeben, ob es sich um Ferkel bis einschließlich 30 kg oder um Mastschweine über 30 kg handelt (§ 58 a Abs. 1 Nr. 3 AMG).

88.1.1 Form der Mitteilung

Die vorstehenden Meldungen können sowohl in Papierform als auch in elektronischer Form erfolgen. Sofern der Tierhalter die elektronische Form wählt, erfolgt die Mitteilung der Daten zur Arzneimittelverwendung und zum Tierbestand elektronisch über die HIT-Datenbank (HI-Tier-Bereich TAM).

88.2 Mitteilung durch Dritte

Es besteht der Grundsatz, dass der Tierhalter selbst die gesetzlich geforderten Daten mitteilen muss. Es besteht jedoch auch die Möglichkeit, dass der Tierhalter **Dritte mit der Mitteilung der Daten gemäß §§ 58 a und b AMG beauftragen kann.** Insbesondere der den Bestand betreuende Tierarzt kann ein „Dritter" im Sinne des Gesetzes sein.

Die Mitteilung der Daten durch einen Dritten setzt voraus, dass der Tierhalter dies zuvor der zuständigen Behörde unter Nennung des Dritten sowie dessen Registriernummer angezeigt hat. Der Tierhalter muss danach angeben, für welche Registriernummer nach Viehverkehrsverordnung, einschließlich Tier- und Nutzungsarten, die Mitteilung durch den Dritten erfolgt sowie welche Daten durch den Dritten mitgeteilt werden, z. B.

- nur die Mitteilung der Tierhaltung
- nur die Mitteilungen zur Antibiotika-Verwendung,
- nur die Mitteilungen für die in jedem Halbjahr zu Beginn im Betrieb gehaltenen Tiere, die im Verlauf eines jeden Halbjahres in den Betrieb aufgenommenen bzw. aus dem Betrieb abgegebenen Tiere.

Eine Kombination der aufgelisteten Mitteilungen ist möglich.

88.2.1 Mitteilung von Antibiotika-Daten

Die Anzeige an die Behörde muss insbesondere angeben, ob Daten gemäß § 58 b Abs. 1 Satz 1 AMG („Arzneimittelanwendungs- und Abgabebeleg-Daten") durch den Dritten mitgeteilt werden.

Die Anzeige des Tierhalters, wonach ein Dritter (z. B. der Tierarzt) mit der Mitteilung der Daten gemäß §§ 58 a und b AMG beauftragt werden soll, kann ebenfalls schriftlich oder elektronisch im HI-

Tier-Bereich TAM erfolgen. Dafür sind mittlerweile entsprechende Formblätter vorgesehen.

Für den Tierarzt stellt sich die bedeutsame Frage, was er seinerseits beachten muss, wenn er als Dritter für die Mitteilungen durch den Tierhalter benannt wird. Zunächst einmal muss die Anzeige dem Tierarzt rechtzeitig bekannt sein. Darüber hinaus muss die Anzeige dem Tierarzt inhaltlich bekannt sein. Er muss also exakt wissen, welche Mitteilungen durch ihn erfolgen sollen.

Praxistipp

Hier können allerdings in praktischer Hinsicht Probleme auftreten. So hat der Tierarzt in rechtlicher Sicht die Möglichkeit, Daten gemäß § 58 b Abs. 1 Satz 1 Nrn. 1–4 AMG, d. h. „Antibiotika-Anwendungsdaten gemäß Bestandsbuch" mitzuteilen. Dies dürfte allerdings durch den Tierarzt nur schwer möglich sein, da er sodann verbindlich Daten über die Anwendung eines Antibiotikums durch den Tierhalter mitteilen muss.
Hier stellt sich sogleich die – arzneimittelrechtlich durchaus bedeutsame – Frage, wer für die Richtigkeit der mitgeteilten Daten haftet. Was passiert, wenn der Tierarzt gemäß Bestandsbuch Antibiotika-Anwendungsdaten mitteilt, diese Daten allerdings nicht der tatsächlichen Anwendung entsprechen?

88.2.2 Daten zum Tierbestand

Darüber hinaus hat der Tierarzt die Möglichkeit, als „Dritter" gemäß § 58 b Abs. 1 Satz 1 Nr. 5 AMG Daten zum Tierbestand bzw. zu den Zu- und Abgängen von Tieren mitzuteilen. Auch dies dürfte praktisch nur schwer möglich sein und setzt voraus, dass der Tierhalter dem Tierarzt diese Informationen vollständig zur Verfügung stellt.

88.2.3 Arzneimittelanwendung und -abgabe

Des Weiteren muss dem Tierarzt die Anzeige inhaltlich bekannt sein, d. h. welche Mitteilungen durch den Tierarzt erfolgen sollen. Dies können auch Daten gemäß § 58 b Abs. 2 Satz 1 Nrn. 1–5 AMG sein, d. h. Nutzung der Daten des „Arzneimittelanwendungs- und Abgabebelegs". Dazu müssen allerdings im „AUA-Beleg" erfasst sein:

- Identität der Tiere, sofern sich aus der Angabe die Nutzungsart ergibt
- Registriernummer gemäß Viehverkehrsverordnung für den Tierhaltungsstandort, an dem Antibiotika eingesetzt werden.

Merke

Für den Fall, dass der Tierhalter seinen Tierarzt beauftragt, für ihn die geforderten Mitteilungen zu machen, sieht § 58 b Abs. 2 Satz 2 AMG vor, dass der Tierhalter gegenüber dem Tierarzt schriftlich versichert, dass er die Antibiotika ausschließlich gemäß der Behandlungsanweisung (siehe Arzneimittelanwendungs- und Abgabebeleg) anwenden wird. Darüber hinaus sieht das Gesetz eine schriftliche Versicherung gegenüber der zuständigen Behörde vor, dass der Tierhalter bei der Behandlung nicht von der Behandlungsanweisung des Tierarztes abweichen wird bzw. abgewichen ist.

Hier ist wiederum bedeutsam, dass die Versicherung des Tierhalters gegenüber der zuständigen Behörde entscheidend ist für die Freigabe der Daten zur Berechnung der betrieblichen Therapiehäufigkeit. Die schriftliche Versicherung gegenüber dem Tierarzt ist wiederum die Verpflichtung des Tierhalters, die Behandlungsanweisung zu befolgen und Abweichungen nur nach Rücksprache mit dem Tierarzt vorzunehmen.

88.3 Meldepflichten des Tierarztes

Auch dann, wenn der Tierhalter seine Mitteilungspflicht nicht auf den Tierarzt übertragen sollte, steht der Tierarzt aufgrund der gesetzlichen Regelungen in der Verantwortung. So muss der Tierarzt dem Tierhalter für die Antibiotika-Anwendungsmeldung zusätzlich zu den bereits nach der tierärztlichen Hausapothekenverordnung (TÄHAV) erforderlichen Angaben Folgendes mitteilen:

- Handelt es sich bei dem Arzneimittel um ein Antibiotikum?
- Für welche Nutzungsart wird es angewendet?

- bei Anwendung durch den Tierarzt:
  - Bezeichnung des Antibiotikums
  - insgesamt angewendete Menge der Antibiotika
  - Behandlungsdauer bzw. Wirkdauer in Tagen

88.3.1 Wirkdauer

Darüber hinaus muss – gerade bei Langzeitantibiotika (Wirkdauer über 24 Stunden) – der Tierarzt dem Tierhalter die Wirkungstage mitteilen. Hier ist zu beachten, dass die Wirkungstage nicht der Wartezeit entsprechen. Wirkungstage sind vielmehr die Behandlungstage (Anwendung des Antibiotikums) und die Tage, an denen das Antibiotikum – unter Aufrechterhaltung seines therapeutischen Spiegels – noch nachwirkt.

88.4 Antibiotika-Minimierungskonzept

Eine besondere Bedeutung kommt dem Tierarzt dann zu, wenn die betriebsindividuelle Therapiehäufigkeit des von ihm betreuten Betriebes die Kennzahlen 1 oder 2 überschreitet. In diesem Fall hat der Tierhalter auf der Grundlage einer tierärztlichen Beratung innerhalb fester Fristen einen schriftlichen Plan zu erstellen, der Maßnahmen enthält, die eine Verringerung der Behandlung mit Antibiotika zum Ziel haben (§ 58 d Abs. 2 Nrn. 1 und 2 AMG).

Insgesamt gesehen haben die durch die 16. AMG-Novelle geregelten arzneimittelrechtlichen Vorschriften sowohl für den Tierhalter als auch für den Tierarzt eine große Anzahl von rechtlichen Neuerungen mit sich gebracht, welche unmittelbar Auswirkungen auf die Arbeit – wie auch die Zusammenarbeit – beider Berufsgruppen mit sich bringen. Es wurde eine Vielzahl von Pflichten normiert, welchen gleichzeitig weitreichende Überwachungs-, Kontroll- und Sanktionsbefugnisse der Behörden gegenüberstehen.

Die neuen arzneimittelrechtlichen Vorschriften der §§ 58 a bis g AMG lassen erkennen, dass sich die meisten Verpflichtungen zwar an den Tierhalter richten, der den Bestand betreuende Tierarzt allerdings intensiv eingebunden wird. Nach dem gesetzgeberischen Willen erfordert ein modernes Tiergesundheitsmanagement durch den Halter lebensmittelliefernder Tiere eine permanente Analyse der Bestandsgesundheit und damit auch der Ursachen für mögliche Erkrankungen der Tiere. Dazu zählt, dass der Tierhalter alle Parameter, die ihm zur Einschätzung der gesundheitsbezogenen Situation seines Betriebes zur Verfügung stehen, nutzt, um daraus Erkenntnisse für die zukünftige Vermeidung von Krankheiten zu erhalten.

Merke

Zwar wird der Tierhalter als Verantwortlicher für die Gesundheit seines Tierbestandes verpflichtet, Kontrollen über den Einsatz von Arzneimitteln, die antimikrobiell wirksame Stoffe enthalten, vorzunehmen und die Gesamtsituation seines Betriebes zu beurteilen. Dabei soll der Tierhalter die eine Antibiotika-Behandlung auslösenden Faktoren erkennen und deren Ursachen abstellen oder Betriebsabläufe ändern.

Es ist jedoch offensichtlich, dass der Tierhalter in dieser Situation auf eine sehr enge Zusammenarbeit mit dem bestandsbetreuenden Tierarzt angewiesen ist. Dadurch wiederum werden die Anforderungen an die von dem Tierarzt im Zusammenhang mit der Bestandsbetreuung zu erbringenden Leistungen erhöht.

Fazit

Der Tierhalter muss regelmäßig Daten zu seinem Tierhaltungsbetrieb an die Behörden übermitteln. Er kann jedoch einen Teil dieser Mitteilungen an den Tierarzt übertragen.

Zusätzlich hat der Tierarzt eigene Mitteilungspflichten, besonders in Bezug auf die Minimierung des Antibiotika-Einsatzes.

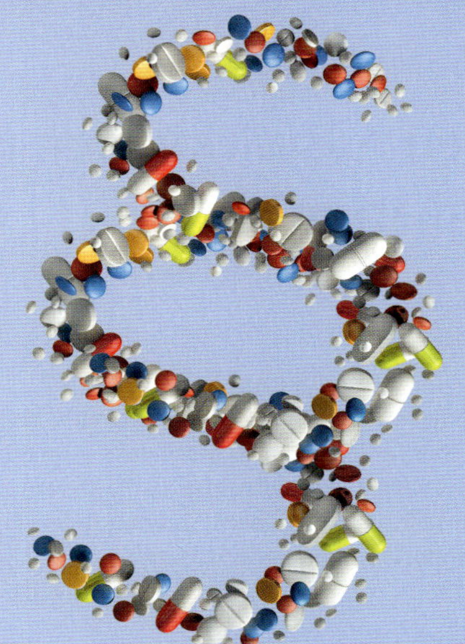

Fotolia©psdesign1

Teil 13 Haftungsrecht

89 Welche zivilrechtlichen Auswirkungen hat eine fehlerhafte Medikation?

Jürgen Althaus

89.1 Einleitung

Viele Tierärzte haben es in ihrer Praxis schon erlebt: Trotz größter Mühe und Sorgfalt im Zusammenhang mit der Verabreichung eines Arzneimittels kommt es zu Komplikationen (z. B. Blutergüsse, Lähmungen o. Ä.) oder gar zu Todesfällen (das behandelte Tier stirbt infolge der Verabreichung eines Arzneimittels).

Die Tierhalter sind dann meist emotional äußerst aufgebracht und konfrontieren den behandelnden Tierarzt mit verschiedenen Vorwürfen – seien diese berechtigt oder unberechtigt. Häufig erheben diese Tierhalter – oft nach Konsultation eines motivierten Rechtsanwalts – finanzielle Forderungen, beispielsweise in Form von **Schadenersatz, entgangenem Gewinn oder Erstattung anderweitiger Tierarztkosten.**

89.2 Beispiele

Die Gründe für die aufgezeigten Komplikationen und die daraus resultierenden Streitigkeiten können vielfältig sein, wie die nachfolgenden Beispiele aufzeigen sollen.

Beispiel

Beispiel 1

Eine Kleintierpraktikerin verabreicht einer Hündin im Zusammenhang mit einer Kaiserschnittoperation Narkosemittel, und zwar 1 ml Alvegesic, 3 Injektionsampullen Diazepam und 1 Einheit Narcofol. Die Hündin verstirbt im Anschluss an die Operation. Die Tierhalterin behauptet, die Tierärztin habe das Narkosemittel angesichts der körperlichen Konstitution der Hündin überdosiert, was zum Tode geführt habe.

Beispiel 2

Ein auf die Betreuung von Nutztieren spezialisierter Tierarzt stellt bei Kühen eines Milchviehbestandes folgende Symptome fest: Milchabfall, reduzierter Allgemeinzustand, vereinzelte Todesfälle. Der Tierarzt geht aufgrund der klinischen Symptome und der Ergebnisse der labortechnischen Untersuchungen von einer Rindergrippe aus und entscheidet sich für eine medikamentöse Therapie in Form einer Impfung des Milchviehbestandes mit dem Impfstoff Bovigrip. Der Impfstoff wäre bei tatsächlichem Vorliegen einer Rindergrippe zutreffend gewesen. Tatsächlich litten die Tiere des Bestandes nicht unter einer Rindergrippe, sondern unter einer Clostridien-Infektion (Clostridium perfringens). Der verabreichte – und im konkreten Falle unzutreffende – Impfstoff führte zu einer Verschlimmerung der Symptomatik und dem Verenden mehrerer Milchkühe.

Beispiel 3

Ein Pferdepraktiker verabreicht einem Hengst zur Durchführung einer Kastrationsoperation eine sogenannte Triple Drip-Infusion, bestehend aus 500 ml Myolaxin 15 %, 24 ml Xylazin 2 % und 7 ml Ketamin 10 %. Zur Gewährleistung einer ausreichenden Tiefe der Narkose verabreichte der Tierarzt sodann weitere Ketaminlösung 10 %, insgesamt 57 ml innerhalb von 30 Minuten. Das Pferd erlitt einen Streckspasmus und verstarb.

Beispiel 4

Ein Pferdepraktiker verabreicht einem Pferd zur Behandlung einer akuten Kolik ein entkrampfendes Arzneimittel mittels einer Braunüle. Der Tierarzt hat die Injektionsstelle weder desinfiziert, noch hat er die Braunüle nach der Injektion auf Durchlässigkeit überprüft. Die Injektionslösung gelangte nicht in den Blutkreislauf, sondern in das Muskelgewebe des Halses, wodurch es zu einem sehr großen irreparablen Abszess kam.

89.3 Haftung des Tierarztes

Derartige tierärztliche Fehler („Behandlungsfehler“ oder „Kunstfehler“) führen unter Umständen zu einer zivilrechtlichen Haftung des Tierarztes. Eine derartige zivilrechtliche Haftung kann sich zum einen aus dem zwischen dem Tierarzt und dem Tierhalter geschlossenen Vertrag und zum anderen unmittelbar aus dem Gesetz (§ 823 BGB) ergeben.

Hält der Tierarzt bei der Behandlung den tierärztlichen Sorgfaltsmaßstab **(„tierärztlicher Standard“)** nicht ein, verstößt er gegen die sich aus dem Vertrag ergebenden Pflichten, da er eine Behandlung nach den Regeln der tierärztlichen Heilkunde verspricht. Zudem stellt dieses Handeln einen schuldhaften und rechtswidrigen Verstoß gegen die das Eigentum schützende gesetzliche Norm (§ 823 BGB) dar, da hierunter auch das Tier fällt.

89.3.1 Behandlungsfehler

Zunächst haftet ein Tierarzt bei Vorliegen eines tierärztlichen Behandlungsfehlers. Der Begriff des tierärztlichen Behandlungsfehlers bezeichnet das nach dem Standard der Tiermedizin unsachgemäße und schädigende Verhalten des Tierarztes oder kurz: die Verletzung der gebotenen Sorgfalt.

Ob die Behandlung fehlerhaft ist, hängt entscheidend von dem **Sorgfaltsmaßstab** ab, der an die Tätigkeit des Tierarztes in der konkreten Situation angelegt wird. Entscheidend sind dabei die **„von einem gewissenhaften Veterinärmediziner zu erwartenden tiermedizinischen Kenntnisse und Erfahrungen“.**

Neben dem Vorliegen eines Behandlungsfehlers ist eine weitere Voraussetzung für die Haftung des Tierarztes, dass zwischen dem Behandlungsfehler und dem geltend gemachten Schaden ein **Kausalzusammenhang** besteht. Der von Seiten des Tierhalters behauptete Schaden muss also durch den Behandlungsfehler hervorgerufen sein.

89.3.2 Aufklärungspflichtverletzung

Neben einem Behandlungsfehler kann eine Haftung des Tierarztes ferner in Betracht kommen, wenn von einer Aufklärungspflichtverletzung des Tierarztes ausgegangen werden kann. Der Tierarzt, der es seinem Auftraggeber gegenüber übernimmt, ein Tier zu behandeln, schuldet in erster Linie den Einsatz der von einem gewissenhaften Veterinärmediziner zu erwartenden tiermedizinischen Kenntnisse und Erfahrungen.

Außerdem ist es im Allgemeinen auch seine Aufgabe, den Tierhalter über die Behandlungsmethoden und die Gefahren zu beraten. Diese Beratung ist die Voraussetzung dafür, dass der Tierhalter entscheiden kann, welche Behandlung er für sein Tier oder seinen Tierbestand anstreben soll. Hierzu gehört die Erörterung der Art und Weise der geplanten Therapie in groben Zügen, ihrer Erfolgsaussichten und ihrer Risiken.

! Merke

Verletzt der Tierarzt seine Beratungs- und Aufklärungspflichten schuldhaft, können gegen ihn ebenso vertragliche Schadenersatzansprüche angetragen werden, wie dies bei einem Behandlungsfehler der Fall ist.

89.4 Beweislast

! Merke

In einer haftungsrechtlichen Auseinandersetzung ist es grundsätzlich Aufgabe des Tierhalters, die Voraussetzungen des geltend gemachten Schadensersatzanspruchs – also das Vorliegen eines Behandlungsfehlers oder einer Aufklärungspflichtverletzung – zu beweisen. Ferner muss der Tierhalter den Kausalzusammenhang zwischen dem behaupteten Fehler und dem Eintritt des behaupteten Schadens beweisen.

Eine Besonderheit hinsichtlich der insoweit bestehenden Beweislast kann bei Vorliegen eines sogenannten **groben Behandlungsfehlers** bestehen.

89.4.1 Beweislastumkehr

§ Urteil

Der Bundesgerichtshof hat in einer aktuellen Entscheidung vom 10.05.2016 (Az. VI ZR 247/15) entschieden, dass ein grober Behandlungsfehler bei der Behandlung eines Tieres durch einen Tierarzt regelmäßig zur Umkehr der objektiven Beweislast für den ursächlichen Zusammenhang zwischen dem Behandlungsfehler und dem Gesundheitsschaden führt.

Diese Entscheidung hat für Aufsehen und erhebliche Verunsicherung in der Tierärzteschaft geführt.

Allerdings gingen auch bereits zuvor die Oberlandesgerichte nahezu einhellig davon aus, dass die in der Humanmedizin entwickelten Rechtsgrundsätze hinsichtlich der Beweislastumkehr bei groben Behandlungsfehlern auf die tierärztliche Behandlung zu übertragen sind.

Der Unterschied besteht nun darin, dass nach der Rechtsprechung des BGH ein grober Behandlungsfehler (also ein Fehler, der aus objektiv tierärztlicher Sicht nicht mehr verständlich ist, weil er einem Tierarzt einfach nicht unterlaufen darf) **grundsätzlich** zu einer Beweislastumkehr führt, ohne dass dem Richter insoweit ein Ermessen im Einzelfall zukäme.

Die Vorinstanz, das Oberlandesgericht Oldenburg, hatte eine solche Einzelfallabwägung noch vorgenommen und diese damit begründet, dass der behandelnde Tierarzt anders als beim Menschen beim Tier in weit größerem Maß auf indirekte Rückschlüsse zur Krankheits- bzw. Verletzungsursache und zum Behandlungsverlauf angewiesen sei. Zudem könnten die Haltungsbedingungen sowie das unwillkürliche und begrenzt steuerbare Verhalten die Behandlung erschweren. Auch die Richter des BGH wollen die vorstehenden Besonderheiten der tierärztlichen Behandlung anerkennen und berücksichtigen, jedoch bereits bei der Wertung, ob überhaupt ein grober Behandlungsfehler vorliegt.

Im Ergebnis muss also nach wie vor der Tierhalter die erste Hürde nehmen, indem er beweist, dass überhaupt ein Behandlungsfehler vorliegt und dass dieser gleichzeitig als grob zu qualifizieren ist.

Die Gerichte bedienen sich zur Beantwortung der Frage nach dem Behandlungsfehler und seiner Einordnung regelmäßig der Hilfe eines veterinärmedizinischen Sachverständigen. Wird in dessen Gutachten „lediglich“ ein einfacher Behandlungsfehler festgestellt, bleibt es bei der bisher bekannten rechtlichen Situation, dass der Tierhalter beweispflichtig ist für die Ursächlichkeit zwischen dem Behandlungsfehler und dem eingetretenen Schaden.

Ausschlaggebend ist die Rechtsprechung des BGH zur Beweislastumkehr allerdings dann (aber auch nur dann), wenn im ersten Schritt ein grober Behandlungsfehler festgestellt wird. In diesem Fall obliegt dann grundsätzlich dem Tierarzt der Beweis dafür, dass eine Ursächlichkeit zwischen seinem groben Fehler und dem eingetretenen Schaden gerade nicht besteht.

Praxistipp

Praktisch dürfte sich aufgrund des aktuellen BGH-Urteils für den auf Schadenersatz verklagten Tierarzt nur wenig ändern.

Allerdings sollte mehr denn je das Augenmerk darauf gerichtet sein, im Verfahren von vornherein gezielt zu den konkreten Umständen der Behandlung vorzutragen und dem Gericht deutlich aufzuzeigen, inwieweit in etwa Haltungsbedingungen oder das der tierischen Natur entsprechende unberechenbare Verhalten die Behandlung erschwert haben können und somit der Unterschied zur Behandlung eines Menschen besonders zu berücksichtigen ist.

In der Folge werden sich der Gutachter und letztlich auch das Gericht mit den vorgetragenen besonderen Umständen beschäftigen müssen, was mitunter die Weichen zugunsten des Tierarztes in Richtung einfacher Behandlungsfehler stellen kann.

Sofern der Tierhalter das Vorliegen eines Behandlungsfehlers, einer Aufklärungspflichtverletzung, den Eintritt eines Schadens und den Kausalzusammenhang zwischen dem Fehler und dem Schaden beweisen kann oder aber der Kausalzusammenhang zwischen einem groben Behandlungsfehler und dem Schaden gemäß dem zitierten Urteil des BGH vermutet werden kann, so ist es denkbar, dass sich der Tierarzt begründeten zivilrechtlichen Haftungsansprüchen ausgesetzt sieht.

Beispiel

Wenn also der Tierarzt in Anlehnung an das eingangs beschriebene Beispiel es unterlässt, das Gewicht der zu operierenden Hündin festzustellen und daraufhin das Narkosemittel überdosiert, so kann darin ein Behandlungsfehler zu sehen sein. Wenn der Tierhalter darüber hinaus beweist, dass dieser Behandlungsfehler zum Tod der Hündin geführt hat, so wird der Tierarzt zum Ersatz des daraus resultierenden Schadens verpflichtet sein.

In einer derartigen Situation wird es nicht nur Aufgabe des Tierarztes sein, den behaupteten Voraussetzungen des Schadenersatzanspruches, sondern auch der Höhe des behaupteten Anspruches entgegenzutreten.

In der Praxis zeigt es sich sehr häufig, dass Tierhalter überzogene Forderungen etwa mit der Behauptung geltend machen, es habe sich bei dem verstorbenen Hund um einen „wertvollen Zuchthund" gehandelt, der angesichts seines Alters in jedem Fall noch mehrere Würfe hochpreisiger Welpen hätte gebären können. Hier summieren sich die Schadenersatzforderungen bei Kleintieren sehr schnell auf hohe fünfstellige Beträge. **Im Falle einer fehlerhaften Medikation bei der Behandlung von Tierbeständen oder wertvollen Sportpferden ist das Haftungsrisiko unter Umständen ungleich höher.**

An dieser Stelle soll abschließend darauf hingewiesen werden, dass eine umfassende Behandlungsdokumentation die Erfolgsaussichten in einem Haftungsverfahren deutlich erhöhen kann. Insoweit ist die in Frage 33 (S. 104) im Zusammenhang mit der Anwendung und Abgabe von Arzneimitteln diskutierte Dokumentationspflicht auch haftungsrechtlich von Bedeutung.

Urteil

Die Rechtsprechung geht inzwischen auch im tierärztlichen Bereich von einer Verpflichtung aus, die wichtigsten diagnostischen und therapeutischen Maßnahmen und Verlaufsdaten festzuhalten (vgl. OLG Hamm, Urteil vom 22.04.2002, Az. 3 U 1/01). Ausreichend ist dabei jedoch eine stichwortartige Aufzeichnung, die einen anderen Tierarzt in die Lage versetzt, die Behandlung weiterzuführen, ohne Irrtümern zu unterliegen.

Praxis

Wenngleich an die Art und den Umfang der Dokumentation insgesamt nicht ebenso hohe Anforderungen gestellt werden wie in der Humanmedizin, so ist es aus haftungsrechtlicher Sicht durchaus zu empfehlen, gesicherte Befunde, klinische und labordiagnostische Daten, Art und Dosierung eines Arzneimittels, besondere Umstände des Einzelfalls u. Ä. zu dokumentieren. Mithilfe einer ausführlichen Dokumentation wird ein Tierarzt eher in der Lage sein, einem behaupteten tierärztlichen Fehlverhalten argumentativ entgegenzutreten.

89.5 Zusammenfassung

Eine fehlerhafte Medikation kann zivilrechtliche Haftungsansprüche seitens des Tierhalters nach sich ziehen.

In einem zivilgerichtlichen Haftungsprozess muss grundsätzlich der Tierhalter die Voraussetzungen des geltend gemachten Schadenersatzanspruchs – also das Vorliegen eines Behandlungsfehlers oder einer Aufklärungspflichtverletzung – beweisen. Des Weiteren muss grundsätzlich der Tierhalter den Kausalzusammenhang zwischen dem behaupteten Fehler und dem Eintritt des behaupteten Schadens beweisen.

90 Hat die Dokumentation auch eine haftungsrechtliche Bedeutung?

Jürgen Althaus

90.1 Einleitung

In der Praxis kommt es häufig vor, dass ein Tierhalter den behandelnden Tierarzt zivilgerichtlich in einem Haftungsprozess wegen eines behaupteten Behandlungsfehlers in Anspruch nimmt. Neben dem üblichen Vorwurf, wonach dem Tierarzt ein Behandlungsfehler unterlaufen sei, wird häufig auch behauptet, der Tierarzt sei seinen Dokumentationspflichten nicht nachgekommen. Dies habe zur Folge, dass mangels einer Dokumentation im Wege der Beweislastumkehr vermutet wird, dass der Tierarzt einen Behandlungsfehler begangen hat und er aus diesem Grunde haftet.

Doch ist dies zutreffend? Im Zusammenhang mit der tierärztlichen Dokumentation werden regelmäßig viele Fragen aufgeworfen, etwa:

- Muss ein Tierarzt überhaupt dokumentieren?
- Welchen Umfang hat eine Dokumentationspflicht?
- Wie detailliert muss eine Dokumentation erfolgen?
- Welche Folgen hat eine unterbliebene Dokumentation?

Beispiel

Mit diesen Fragen hatte sich in einem aktuellen Urteil das Oberlandesgericht Oldenburg (Az. 11 U 5/15, Urteil vom 11.09.2015) zu beschäftigen. In dem Berufungsrechtsstreit hat die Tierhalterin als Klägerin verschiedene Behauptungen im Zusammenhang mit der von der Beklagten (Tierärztin) durchgeführten tierärztlichen Behandlung anlässlich einer Kaiserschnitt-Behandlung einer Hündin aufgestellt. Die Klägerin hat dabei insbesondere behauptet, die Tierärztin habe einerseits die anlässlich der Narkose verwendeten Arzneimittel (1 ml Alvegesic, 3 Injektionsampullen Diazepam, eine Einheit Narcofol) überdosiert und andererseits die Dosierung des Narkosemittels nicht ordnungsgemäß dokumentiert. Durch die Überdosierung habe die Tierärztin den Tod der Hündin verursacht. Des Weiteren, so die Klägerin weiter, sei in der unterlassenen Dokumentation ein grober Behandlungsfehler zu sehen, der zur Beweislastumkehr führe.

90.2 Dokumentationspflicht

Das Gericht beschäftigte sich in der genannten Entscheidung zunächst mit der generellen Verpflichtung zur Dokumentation. Hier führte das Gericht aus, dass die Dokumentationspflicht von Tierärzten zunächst nur als Standespflicht geregelt sei.

§ Urteil

Allerdings gehe die Rechtsprechung auch im tierärztlichen Bereich davon aus, dass die Dokumentationspflicht als Nebenpflicht aus dem zwischen dem Tierarzt und dem Tierhalter geschlossenen Vertrag besteht. Es bestehe insofern eine Verpflichtung, die wichtigsten diagnostischen und therapeutischen Maßnahmen und Verlaufsdaten festzuhalten (so: OLG Hamm, Urteil vom 22.04.2003, 3 U 1/01). Ausreichend sei jedoch eine stichwortartige Aufzählung, die einen anderen Tierarzt in die Lage versetzt, die Behandlung weiter zu führen, ohne Irrtümern zu unterliegen.

Die Dokumentation – so das Oberlandesgericht – diene im veterinärmedizinischen Bereich allein medizinischen Zwecken. Die Funktion der Dokumentationspflicht beschränke sich auf die Sicherstellung wesentlicher medizinischer Daten und Fakten für den Behandlungsverlauf, nicht aber auf die Sicherung von Beweisen für einen späteren Haftungsprozess des Patienten.

Eine Dokumentation, die aus medizinischer Sicht nicht erforderlich ist, sei auch aus Rechtsgründen nicht geboten (so: BGH, Urteil vom 06.06.1999, Az. VI ZR 290/98).

Nach Auffassung des Oberlandesgericht seien hinsichtlich Art und Umfang der Dokumentation nicht so hohe Anforderungen zu stellen wie in der Humanmedizin, was daraus resultiere, dass der ärztliche Behandlungsvertrag vom Grundrecht des Patienten auf Selbstbestimmung beherrscht werde, während dies im tierärztlichen Behandlungsvertrag keine Rolle spiele.

Das Oberlandesgericht sah in dem zu beurteilenden Fall **keine Verpflichtung** der Tierärztin, die genaue Dosierung eines Narkosemittels zu dokumentieren, solange die Verabreichung der Narkosemittel an sich festgehalten ist. Daran ändere nach Auffassung des Gerichts auch nichts, dass aus veröffentlichten Empfehlungen von Tiermedizinern die zeitnahe Anfertigung eines Operationsprotokolls, aus dem auch das Narkoseregime hervorgeht, empfohlen wird. Diese Empfehlungen legen nach Auffassung des Gerichts keinen verbindlichen Maßstab fest, sondern seien reine Handlungsempfehlungen. Es gebe keine Verpflichtungen der Tierärzte, sich daran zu halten.

90.3 Mangelnder Nachweis

Der Sachverständige kam in dem von dem Oberlandesgericht zu beurteilenden Fall zu der Einschätzung, dass eine eventuelle Überdosierung des Narkosemittels möglicherweise zum Tod der Hündin geführt haben könne. Dies sei allerdings keineswegs zwingend. Die Klägerseite konnte somit den ihr obliegenden Nachweis, dass eine Überdosierung erfolgt ist und die Hündin aufgrund dieser Überdosierung verstorben ist, nicht führen.

Sodann hatte sich das Gericht mit der klägerseits aufgeworfenen Frage einer Beweislastumkehr auseinanderzusetzen. Das Gericht führte dazu aus:

„Im Rahmen einer Beweislastumkehr wegen mangelnder Dokumentation könnte nur die Pflichtverletzung an sich unterstellt werden, nicht aber ein Ursachenzusammenhang zwischen dieser und dem eingetretenen Schaden. Eine zusätzliche Beweislastumkehr hinsichtlich der Kausalität könnte nur dann angenommen werden, wenn die Dokumentationslücke einen groben Behandlungsfehler indizieren würde (Anmerkung: In der Konsequenz deckt sich dies mit der Rechtsprechung des BGH in dem aktuellen und vielfach zitierten Urteil vom 10.05.2015; Az. VI ZR 247/15). Dies ist hier nicht der Fall. Da die Überdosierung durch die Klägerin nicht näher erläutert und vor allem nicht ausgeführt wurde, welche Dosierung vorliegend überhaupt angenommen werden soll, kann allenfalls von einem leichten Behandlungsfehler ausgegangen werden. Dies gilt umso mehr, als die dokumentierten Mengen der bereit gestellten Narkosemittel nach Einschätzung des Sachverständigen dafür sprechen, dass die Höhe der Mittelgabe ordnungsgemäß bemessen wurde. Dieser leichte Behandlungsfehler wäre jedoch nicht geeignet, eine Grundlage für Beweiserleichterungen hinsichtlich der Kausalität zwischen Behandlungsfehler und Tod der Hündin zu bilden."

Auf der Grundlage dieser Überlegungen hat das Oberlandesgericht die Berufung der Tierhalterin zurückgewiesen und damit im Ergebnis das erstinstanzliche Urteil bestätigt. Bei dieser Gelegenheit sei angemerkt, dass die Tierhalterin die Tierärztin auf Zahlung von 72.000,00 € in Anspruch genommen hat.

Die Entscheidung des Oberlandesgerichts Oldenburg ist überaus begrüßenswert, da sie klare Ausführungen zur Dokumentationspflicht in der Tierarztpraxis einerseits und zur Frage der Beweislastumkehr andererseits macht. Das Gericht hat durch die zitierte Entscheidung übertriebenen Vorstellungen der Tierhalter Grenzen gesetzt.

Praxistipp

Aus anwaltlicher Sicht ist jedem Tierarzt zu empfehlen, umfangreich und sorgfältig im Sinne der beschriebenen Entscheidung zu dokumentieren. Lückenhafte oder gar völlig unterbliebene Dokumentationen können sich in einem Haftungsprozess unter Umständen sehr negativ auswirken.

Die in Kap. 31.2 (S. 100) und folgenden dargestellten Nachweispflichten im Sinne des § 13 Abs. 1 TÄHAV stellen zivilrechtlich ebenfalls ein Mittel zur Dokumentation dar.

Eine ordnungsgemäß Dokumentation (auch eine solche im Sinne des § 13 Abs. 1 TÄHAV) schützt möglicherweise nicht nur vor arzneimittelrechtlichen, sondern auch vor zivilrechtlichen Konsequenzen. Dies gilt in der Kleintierpraxis (zum Beispiel Verabreichung eines Herzmedikamentes) ebenso, wie in der Großtierpraxis (zum Beispiel Verabreichung eines Antibiotikums gegen eine ansteckende Krankheit). Es verhält sich sicherlich so, dass Kleintierpraktiker in absoluten Zahlen häufiger zivilrechtlich in Anspruch genommen werden. Dennoch sind auch Großtierpraktiker im Falle einer behaupteten fehlerhaften Medikation nicht vor einer zivilrechtlichen Inanspruchnahme geschützt.

Fazit

Die Dokumentation stellt nicht lediglich eine arzneimittelrechtlich vorgesehene Verpflichtung dar. Vielmehr kommt der Dokumentation in einem zivilgerichtlichen Haftungsprozess eine entscheidende Bedeutung zu. Hier gilt der Grundsatz „lieber mehr, als zu wenig dokumentieren“.

Sachverzeichnis

A

B

C

D